叶开的亲子教育手记

一位语文教育引领者的亲子成长记录

叶开◎著

ZHEJIANG UNIVERSITY PRESS
浙江大学出版社
·杭州·

图书在版编目（CIP）数据

叶开的亲子教育手记 / 叶开著 . -- 杭州 ： 浙江大
学出版社，2024.3
ISBN 978-7-308-24368-1

Ⅰ . ①叶⋯ Ⅱ . ①叶⋯ Ⅲ . ①家庭教育 Ⅳ . ① G78
中国国家版本馆 CIP 数据核字 (2023) 第 212767 号

叶开的亲子教育手记

叶开　著

选题策划	胜亚文化
责任编辑	罗人智
责任校对	朱卓娜
责任印制	范洪法
封面设计	尚书堂·刘青文
出版发行	浙江大学出版社
	（杭州市天目山路 148 号邮政编码 310007）
	（网址 :http://www.zjupress.com）
排　　版	李红梅
印　　刷	上海盛通时代印刷有限公司
开　　本	710mm×1000mm　1/16
印　　张	18.75
字　　数	290 千
版 印 次	2024 年 3 月第 1 版　2024 年 3 月第 1 次印刷
书　　号	ISBN 978-7-308-24368-1
定　　价	56.00 元

目录

第二部　吃喝拉撒事

第三部　家庭与学校

第四部　自我的认识

第五部 故事与阅读

第六部　画画与音乐

绪　言

十年前就已经开始的减负成长

一　阅读与成长

读者朋友翻开这本书，读到第一篇就会知道，十年前我们就在给孩子减负了。

我们女儿乔乔现在在北美读大学，读的是认知科学与英语文学双专业。这两个学科对中国学生而言，是公认的难读的，对英语能力要求很高。但乔乔从小就有良好的中英文阅读习惯，有扎实的中英文写作能力，读下来并没有那么吃力。

在孩子成长过程中，我们一直在自觉地做减法——

入学前：不提前学习，不提前识字，不提前学加减乘除。

入学后：不多做作业，不报课外班；让孩子多阅读、多画画、多玩。

在同年级孩子的父母报各种课外班时，我和太太带着孩子到处玩。很多幼儿园小朋友识字一两千，我们却不教自己的孩子提前识字。刚上小学时她算是个文盲，对什么都感到新鲜，相比提前懂的孩子，她上课反而更专心。

也不提前学拼音。但小学教法有问题，拖一个学期都教不完。太太认为拼音需要强记，要自己亲自教。我们买了一张彩色拼音图挂在门上，太太的教法是整个拼音图一次从头学到尾以增加记忆强度、提升整体认知，不到两个星期，孩子就学会了。

乔乔三岁时，我们就让她玩电脑，通过键盘学习二十六个英文字母，当时她的小手还没有鼠标大。我们让她从简单游戏开始：一只气球挂着字母飘过百亩林天空，在键盘上找到字母一揿，就有一支箭射出击破气球，字母降落时会发出标准读音。就这样，在玩耍与听读中，她记住了英文字母，学会了准确发音。

英文重在正音，中文重在识字。

瑞典汉学家林西莉的《汉字王国》里收录了很多甲骨文，我让她有空时画着玩。甲骨文相当于质朴的抽象画，与孩子的天性很契合。

识字也要循序渐进，不用死记硬背，更不能强迫孩子抄写几十遍。只要多阅读，从作品上下文中形成语感，不断地认识新字，有效地巩固旧词，自然而然地都记住了。

小学一年级，乔乔的识字量就跟上同班同学了。

小学二年级寒假，我递给她一本《哈利·波特与魔法石》，建议她看看，不认识的生字可以跳过。小孩子刚开始阅读时，可以先囫囵吞枣，以后再反复地阅读。

乔乔一看就入迷了，反复读了十几遍，书脊都裂开了。小孩子记忆力好，又反复多次阅读，书中内容滚瓜烂熟，你问她什么都随口说来。

三年级生日前，她读完了六册（当时中文版第七册还没有出版）。这时我们趁热打铁，给她买了一箱子英文精装纪念版。虽然那时她还没有足够能力读原版，但阅读重在提升兴趣，适当地鼓励孩子挑战自己，是更好的阅读提高方式。

到初中，她才将这箱书全部读完。与"哈利·波特"有关的书，我们都尽量帮她搜集，有时候她看到有相关新作品出版，也会提醒我们去买。这样，家里收集了一大堆相关图书，几乎可以说是准专业阅读了。我写文章想提到某个细节，都直接请教她，小家伙随口就说，比翻书还准确。后来她又上英文网站写同人文[1]。虽然小

---

1 同人文：拥有相同兴趣、志向的个人或团体所创作的文学，这些作品可以是对某作品的改编、再创作，亦可以是完全原创。

小年纪，她也可称作"哈利·波特"专家了。

在反复阅读"哈利·波特"后，她又将阅读兴趣拓展到《纳尼亚传奇》《指环王》等奇幻作品。她又顺藤摸瓜地去《指环王》同人网站，还把国内小朋友创作的八千多字同人文翻译成英文。她还摸进了《变形金刚》同人网站，在那里混了好几年。在活学活用中，她的英文能力有了极大提升。她成年之后仍然喜欢《指环王》《霍比特人》，继而又找到了《克苏鲁神话》，中英文版都读得烂熟，她们同人圈都亲切地把《克苏鲁神话》的作者叫作"爱手艺"。这些作品及延伸影视作品以及同人文等，似乎就没有她不知道的。她这样自然而然地拓展阅读，才是更有效率的学习。

着迷于一本书并反复阅读，是"与命中注定的那本书的遇见"，孩子们的识字量、词汇量自然就潜移默化地积累起来了，语感就自然而然地养成了。在这基础上再进行创造性写作，孩子的想象力和创造力，都能得到更好的激发。

除"哈利·波特"系列、《指环王》《克苏鲁神话》之外，还有很多书也适合孩子们阅读：《小王子》《黑骏马》《绿野仙踪》《柳林风声》《丛林之书》《骑鹅旅行记》《长袜子皮皮》《野性的呼唤》《夏洛的网》《查理与巧克力工厂》等等，除幻想小说、动物小说、魔幻小说之外，还有科幻小说、武侠小说、穿越小说、修仙小说、玄幻小说等，也都不必排斥。但无论哪一种类型，都要找代表性作品来阅读。人的时间有限，不可能全都读，要读就读头部作品，从而提高自己的阅读审美能力。

尊重成长规律，让孩子在不同年龄读不同的好书，才能更有效地激发孩子的阅读兴趣。而如果随便找几本世界名著硬塞给孩子强迫他读，那么反而会导致孩子厌恶阅读。

二 学习黄金期

从生长规律来看，小学阶段阅读与写作的训练至关重要。

从语言到文学，从阅读到写作，从小学到高中，这是一个有机学习的过程，与成长同步。

"听说"能力在家庭和社会交往中就可以完成，无需语文教师特别培养。古今多少文盲都没有上过学，但只要其听说能力正常，一般日常交流都没问题。语文教育界一般都强调"听说读写"，但其实语文教育重点应放在"读写"上，"听说"这一个环节无须过分强调，尤其不应过分"声情并茂"地训练朗读。

小学到中学是一个人的学习黄金期，应在这一时期更好地实现对孩子的深阅读与创造性写作的激发。这个时期应细分为以下三阶段：

一、**6—10岁为"幻想期"**。这个时期孩子处于"幻想"阶段，尚不能有效区分真实与虚假，更适合阅读幻想类、动物类、童话类作品。以幻想类写作训练为主，更能激发孩子的写作兴趣。"幻想期"是人生的创造力巅峰期，奠定了一个人未来的创造力。幻想力与创造力是人类独有的能力，一旦丧失几乎就不可恢复了。想象力丰富的孩子，未来会以独特的创造力来提升自己的境界，引领社会进步。

二、**11—14岁为"探索期"**。这个时期的孩子进入了青春期，对外部世界充满好奇，对两性关系十分敏感，任何风吹草动都能在他们内心的草原上刮起风声。家长和教师应减轻作业负担和考试压力，更关心孩子的心智健康，多与孩子交流，让孩子多锻炼，多强健身体。这个时期适合阅读成长类、探索类、科幻类作品，仍以虚构写作训练为主。这个时期确立一个人的独特个性，建立未来人生的情感基础，成人之后感受幸福的能力主要在这个时期形成。通过写作来表达自己的独特情感，一个孩子会更好地度过青春期。

三、**15—18岁属于"逻辑期"**。这个时期孩子能区分真实与虚假，要学会独立思考，敢于挑战权威。他们的生活交织着焦虑与憧憬，他们总是想确立自己的独特价值取向，这个时期更适合阅读人文类、社科类、科普类作品，以说理性写作训练为主。"逻辑期"是逻辑思维能力形成的重要阶段，这一时期要让孩子在说理性写作中学会理性思考，学会用事实来判断，合理地表达自己的观点。这一阶段也是一个人确立人生观与价值观的重要时期。

在每一个成长阶段，孩子的心智发育、认知模式都各有不同。家长要认识到孩子在不同年龄段，心智状态与认知能力都有差异，各个阶段有各个阶段的特点，顺应这种认知能力的阶段性特点，才能高效率学习。在幻想期强迫孩子读哲学、社科类图书或世界名著，这是超越他们心智能力的做法，学习效果反而不好，学习效率也会低下，还会让孩子形成畏难心理，让他们的阅读积极性受到打击。只有极少数孩子天赋异禀，大部分孩子还是应该循序渐进。

其次，中小学生处于学习黄金期，不能停留在阅读舒适区，阅读中要有一定的知识困难和智力挑战。

没有难度的阅读是娱乐性阅读。成年人可以娱乐性阅读，但中小学生阅读要有一定难度。要让他们在阅读中突破认知屏障，不断地进入未知领域，从而锻炼思维能力，形成判断力，提高写作能力。

每个孩子生而不同，各有自己的禀赋。只有家长给他们更多的阅读时间，让他们更自由地成长，他们才会长得更好。

三　写作驱动力

我在一篇文章中说："写作能力是人生的通用能力。"

又说："写作是人生中的盐。"

还说："写作能力让你更有机会打破职业的天花板。"

写作能力是现代社会的基础能力。应用型写作和创作型写作，都是有价值的写作；虚构写作和非虚构写作，都能锻炼写作能力与表达能力。但不同年龄段，侧重点不同。小学生天真烂漫喜欢幻想，就应该让他们多读幻想作品，以使他们脑洞大开地虚构创作，而不要让孩子写空洞作文。那些空谈人生大道理的作文套式，会让孩子养成滥用词语的恶习。

写作的核心是自然、准确地表达。

意大利文学大师伊塔洛·卡尔维诺说："准确是最优美的文字。"

讲述一件事情，表达一个观点，创造一部作品，语言都要自然准确，否则无法有效传递信息。

自然、准确地表达，也是日常生活的需要。如果暧昧不清，则会造成困扰。

比如，经常有人这样发微信："在吗？"

我总感到别扭，不知该怎么回答。

这是终极之问：在，还是不在？这是一个问题。

如果被问者"不在"，他可以回答"不在"吗？

如果被问者"在"，他也不必回答"在"。

微信是一种留言机制，不管对方"在"与"不在"，你都可以留言。

留言一定要写准确，写合适，做到表达自然，不然就达不到交流目的。

如果不是熟悉朋友，没有保密要求或特殊内容，那么尽量发文字，而不要用语音。

写作能力是通用能力，不同职业、不同年龄、不同阶层，都可以打通屏障。无论你学什么专业，从事什么职业，无论你兴趣爱好如何，有什么特殊的禀赋，如果你拥有更好的写作能力，就更有可能打破职业的天花板。

无论是在小学、初中、高中、大学还是毕业后参加工作，写作能力都具有决定性作用。中考与高考，关键在语文，语文关键在写作。写作能力越强，人生越有提升的可能性。

在孩子6—14岁的关键八年里，我更提倡培养孩子的创造性写作的能力，因为创造能力属于高维能力。以创造性写作的能力"降维打击"来应付考试作文，简直是"杀鸡用了宰牛刀"，常会起到"居高临下，势如破竹"的效果。

四　减法与加法

做减法，是因为现实社会给孩子的压力太大。

要使孩子更好地成长，不仅要减轻孩子的校外学习负担和校内作业负担，还要减轻兴趣班负担。减减减，减掉不必要的压力和负担，才了解孩子的天赋，才能分清何为轻、何为重，才能分清何为主、何为次；才能根据孩子的个性和天赋，给他们更准确地做加法。

课程和作业太多是负担，兴趣班太多也是负担。我们就报了一个兴趣班，学钢琴，让孩子每周去老师家一次。我们降低目标，不考级，不期望加分，而是想让孩子有一定的音乐修养。

乔乔另一个兴趣是画画，但我们没有给她报班。孩子的画画兴趣坚持到现在，虽然没有达到专业水平，但她至今热爱画画，并结识了一些共同爱好者，有自己的小社群。她小学时就能手绘出自己想象的世界，以及各种动物角色。她初中时，我们给她买了专业绘图板，她一直用到了上大学。现在iPad Pro功能更强大，她就改用平板了。

另外，我们还较早让乔乔使用电脑。除了已经说过的用电脑学习二十六个字母、听说英文，我们还指导她学会操作电脑、玩游戏与探索互联网。一些人把孩子的近视率高归咎于电脑与游戏。其实，很多孩子每天近十个小时被关在学校，放学后又有做不完的作业，能用电脑玩游戏的时间少之又少。近视率高是因为作业太多和缺乏运动，怎么也怪不到电脑与游戏头上。北美的孩子用电脑和玩游戏时间更长，近视率却远低于中国孩子。

只有减少作业，减少兴趣班，才能保留孩子的真正兴趣与爱好，才能增加孩子运动锻炼的时间。一个人的时间是有限的，要找到最适合孩子的项目，最好给孩子安排一项高强度的专业训练项目，如游泳、羽毛球、乒乓球、网球等。小学阶段长身体更重要，要少学习，少做作业，多玩耍，多运动。家长可以和孩子探讨，选择负担得起的合适运动项目，让孩子学会其中一项专业运动，这将为他们今后的人生提供重要的帮助。

我们在这方面做得不够，孩子缺乏专业运动能力。小家伙后来找到了一项运动：射箭。她自称很热爱，练得也不错。

我们还尝试减少家务内容，如做饭、洗碗、洗衣服之类。我们认为这类日常技能无须从小训练，孩子长大后独立生活时，自然而然就学会了。

乔乔从小擅长做手工，一度沉迷于刻图章，刀剪使用非常熟练。她后来独自到北美读大学，一个人生活，要学会洗衣服、做饭、洗碗等。她就自己研究，很快就熟练使用烤箱、电炉、洗碗机、洗衣机，还学会做玉子烧、大根汤等令人"不明觉厉"的美食。她将培根煎一下；再炒点白菜，然后将一瓣蒜切成薄片。根据她的指导，我们如法炮制，发现这种做法确实美味可口。

这些生活技能是一种拓展能力，不是"预存储知识"，无须提前训练，只需"即需即学"就好。

五　两种能力

人的能力可分为基础能力和延伸能力，相应的知识也可以分为"预存储知识"与"即需即学知识"。

有些基础知识，如识字、算术、阅读、写作、编程等都需要预先学习，这就是"预存储知识"。在这些基础知识上养成批判性思维及辨别是非的能力，保持学习兴趣与终身学习能力，从而构成了一个人的"基础能力"。

"基础能力"不能临时突击而须提前学习。"延伸能力"如做饭、洗衣服等生活技能，一般来说"即需即学"就可以了。

此外还要区分"高折扣率知识"与"高保值率知识"。

在互联网信息爆炸时代，知识陈化速度越来越快了。我们要保持持续学习新知识的能力，避免被陈化率高的知识禁锢，不然可能会陷入人生困境中。

上面谈到过的"预存储知识"大多是"高保值率知识"，而那些不能拓展、难以升级、没法跨界的知识，大多都是"高折扣率知识"。一个人一定要提高"高保值率知识"含量，避免人生搁浅在"高折扣率知识"上。

举两个例子说明"高折扣率知识"：

一是话务员。在铁路、电力、邮政等大型国有企业中，话务员一度是很吃香的职业。话务员进入防尘电话间前，要先换上白大褂。话务员也有技术大练兵，比如熟记各单位各领导号码，一接到转分机要求得立即找到接口。有些聪明能干的话务员能背几百个分机号，动作熟练如蝴蝶穿花。但程控电话普及之后，话务员被迫下岗，他们有些人发现自己除了插线头，什么也不会干。把领导电话号码背得烂熟的高级技能，在程控电话面前毫无用处。

二是纺织女工。过去在大型国营纺织厂里，很多资深女工都能得到单位领导另眼相待。工厂里生产效率高不高，全靠纺织女工那令人眼花缭乱的技能了。技术标兵在厂里是大宝贝。自动纺织机出现后，资深女工下岗了，她们发现自己除了纺纱，什么工作都不会做。

这些"高折扣率知识"在成就一个人的同时，也会把他们深深地困住。但"高保值率知识"则不同，它可以帮助一个人实现跨界、转移、重新创业，让他在人生改变中获得更多的可能性。

拥有"高保值率预存储知识"，学会运用这些知识来做判断，并更有效地解决实际问题，这比花大量时间去死记硬背更重要。

乔乔中英文能力强，动手能力也不弱，稍加自学就能学会很多生活技能，还能自学解决一些维修维护的小问题。比如拧螺丝打开专业游戏电脑，给过度发热的CPU涂硅脂、装新风扇之类的，都不在话下。她自己琢磨洗衣做饭之类，更可以无师自通，多试几次就会了，无需从小就锻炼。一个人核心能力是批判性思维能力，是良好的写作表达能力和明辨是非的能力，生活技能类反而是次要能力，不必提前学习次要能力，否则就会违反成长规律，反而事倍功半。

逻辑思维能力与判断能力也属于基础能力。在现代社会中，面对海量信息及各种诱惑，一个人要做出及时有效的判断，以避免上当受骗或遭受人身伤害。这不仅要有逻辑思维能力，还要学会与朋友、家人商讨，向老师或专业人士咨询。每个人都有"知见障"，但只要能冷静下来，合理咨询，从不同角度看问题，就更有可能发现问题所在。而如果要在国外生活，那么拥有更好的英文能力，表达清楚以更好地交流，就显得至关重要了。

乔乔几天前曾收到了一封用学校邮箱发来的邮件，说提供互联网工作机会，每天只需在线弹性工作两小时左右，报酬优厚云云。她没有匆忙回复这封邮件，也没有透露个人信息，而是暂时放下，先忙完自己手头的作业，再来思考这封邮件的真实性。虽然这份邮件是通过学校信箱发的，但不能确定其真实性，也难以判断是不是诈骗邮件。学校有学生帮助机构，有各类咨询办公室，她于是给学校网络办公室的老师打电话。经过沟通后，老师让她把邮件转发过去，说可以帮助查证。

我和太太都赞扬了她的处理方式，这就是逻辑思维能力和是非判断能力。

后来老师回复说，这份邮件确实有问题。

在孩子的成长中，有些能力需要早锻炼，有些则宜暂缓培养。阅读与写作就需要早"储备"，而生活技能类的培养则可以缓行。有些家长为了锻炼孩子，让他们很小就独自上学，如果有校车接送，管理严格规范，这样也是可以的。但独自上学不是特殊技能，孩子长到一定年纪自然而然就会习得。可孩子太小的话，其自我保护能力就不够，碰上问题会手足无措，遇到坏人也难以对付得了。

六　知识共享时代

这里要专门呼吁家长们重视互联网知识库，认真评估互联网的好处。

在万物互联时代，如果仍停留在学校课堂知识上，孩子不仅会学得累，而且会学得笨。这样下去，孩子到高中毕业就可能变得呆头呆脑，而大学毕业后参加工作，真就可能变成"985废物"。

互联网升级很快，从台式机的Web 1.0时代到智能手机的Web 2.0时代，仅过去二十年，我们马上就要进入Web 3.0时代了——正流行的"元宇宙"或许只是Web 3.0的雏形，还不是Web 3.0的全貌。人们赋予了Web 3.0很多概念，如区块链技术、去中心化等，不过Web 3.0还在发展中，要准确描述还不容易，只能创想。

互联网的第一和第二阶段，已深刻影响并改变了人类社会的各个层面，也改变了教育技术和教育观念。教师高居讲台垄断学科知识的旧时代已经过去了，现在是以互联网知识库为基础的知识自由共享的新时代。在互联网时代，已经几乎不存在垄断的、秘密的知识了。几乎所有人类知识，无论是基础知识还是高深理论或独特工程技术，大部分都能在互联网知识库里找到。一个人要学习大学本科或者博士阶段的专业知识，实际上已经不需要进入大学校园里去学习。一个人只要具有"基础能力"而进行自主学习，就能深入宝山，满载而归。

在过去知识垄断时代，你有一个疑问一个难题，想找到一位明师请教非常困难。而在互联网时代，大部分相关知识一查就能找到答案，即使是找不到现成答案的高精尖问题，也可以远程请教相关领域的顶级专家。实际上，只要会批判性思考，从多方面多角度阅读、思考、对比，大部分问题都能找到合适的答案。

互联网学习最美妙之处是将"知识垄断"变成了"知识共享"。互联网时代的新教育，要基于知识共享的现实来思考。过去那种教师在讲台上灌输，学生在课桌后拼命做笔记的课堂关系，早就应该"翻转"了。现在的师生关系不应再是"灌输–接受"，而应变为"平等–交换"，师生也应转变为知识共享伙伴。互联网知识库浩如烟海，教师所知仅是沧海一粟。因此要打破教师固有权威，把师生关系重新定位为知识共享伙伴，这才是未来学习的新模式。教师不再担任"知识垄断者"，而是要转变为"知识共享者"。当然教师在特定学科领域有一定知识深度，因年龄大而比学生更有社会经验，同时情感经历可能更加丰富。因此，教师还可以充当学习共享小组的"情绪调整带头大哥"，在孩子相对匮乏的情感、社会经验等方面，给予帮助。比如，学生失恋时需要安慰，这在网上不容易找到帮助，而好老师就可以更有效地帮助孩子。

七 成长的快乐

20世纪90年代有一部情景剧《成长的烦恼》风靡全国，我也是忠实观众之一。

剧中是典型美国中产阶级一家人：杰森医生一家五口，老大迈克、老二卡罗尔、老三是本，三个小家伙各有自己的乐趣，也各有自己的烦恼。最小的本到底有什么烦恼，我还真没看出来。可能他是一个"小屁孩"，日常吃喝拉撒闹兼告状，没有作业，还谈不上成长，没啥真正的烦恼。老二卡罗尔是"傻白甜"初中生，性格开朗，学习成绩好，但总为一些事情烦恼：男生喜欢她，她烦恼；男生不喜欢她，她也烦恼。老大迈克是"无良青少年"，没心没肺的，一开口说话就让人讨厌。他学习成绩差，时不时还惹是生非。三个孩子的共同特点是没作业。

美国教育制度与我们不同，他们有他们自己的烦恼，我们也有我们自己的烦恼。但如果能减轻烦恼，增加快乐，何乐而不为呢？

如何减轻烦恼，增加快乐？说来容易，做起来难，对于我们来说，必须先切实有效地实施"双减"，而不能校外减负、校内增压，同时家庭施压。

真正做到"双减"，可以给孩子找回更多可支配时间，好处多多。

一是孩子能多睡眠，身体会更好；

二是孩子能保持个人兴趣，增加幸福感。

孩子上了大学，你会发现其个人兴趣反而成了他的优点。

我家孩子上小学前，一有空我们就带她外出游玩。不一定是去大山大川，不一定是远足探险，有时只是到处随意走走，跑跑跳跳，一家人在一起看看风景，眺望眺望远方。记得那几年，我们在周边长三角地区开车游逛，去了不少地方。杭州、苏州都是常去的，西湖、太湖一有空就去溜达。远一点如天目山、雁荡山、天台山、黄山等，也都去爬过、走过、看过……一家子人在一起，就是最好的记忆。

现在女儿上大四——她现在读认知科学和英语文学双学位，认知科学是新兴学科，知识范围极广，涉及计算机科学、脑科学、神经科学、心理学、哲学、文学等各个学科。小家伙说认知科学是系主任亲自上课而且信马由缰，三个小时不知道"跑"到哪里去又不知道从哪里"跑"回来。但系主任是这方面权威，写过很多文章，出版过很多专著。要是英语不好，理解力不够，根本就跟不上他的思路。英语文学则要学习中古英语，读乔叟、莎士比亚等时代的作品，阅读量还超级大，有时候一天一本都读不完。因为双专业学习课程太多，学习非常紧张，英文能力不够的话，读下来会非常痛苦。

现在我们终于明白为何中国孩子出国留学，大都选择读理工科、商科了。除了实用性和功利性考量，还因为这些学科对英语能力的要求比较低。有些数学系、计算机系的学生，到大学毕业了，都不能用英文写一篇基本合格的论文，但这一点都不妨碍他们考试成绩超好，GPA超高。而文学、哲学、认知科学这些文科和跨专业学科，每学期要读完动辄上千页的教材，英语程度如果不够，学起来真是太难了。

有一天女儿收到一则广告，没想到北美也有很多（华人）机构代写论文。理工商各科都有，明码标价，似乎童叟无欺。然而，竟没有认知科学与英语文学。我们一起大笑：差评！

由此可见，从小培养好阅读能力与写作能力，拥有很强的英文能力，实在太重要了。作为在中国长大的孩子，乔乔要跟以英语为母语的同学一起学习，这尤为不易。但乔乔英文读写能力也很强，不仅英文读写好，还能说一口纯正英音——这尤其让我们惊讶。

2017年夏天乔乔高二时，我们全家去英国玩，在伦敦住了近两个月，其间到各个大学去参观。在伦敦南岸一个咖啡馆，有位老女士以为乔乔是在英国长大的华裔。后来在爱丁堡玩，有一次打电话订座，店员的苏格兰口音我们一点也听不懂。乔乔一通叽里咕噜后，说订好了。我们到店里，苏格兰小伙没反应过来。后来他解释说：还以为你们是英国人呢。

2018年高中毕业那个夏天，在小朋友的强烈要求下，乔乔开了一门发音课《英音，一学就会》，有一百多位小朋友报名。她第一次当老师，纯正英音收获了学生们的很多惊呼。

她上大学的三次暑假开了三次精读课，带孩子们读《好兆头》《哈利·波特》《傲慢与偏见》。我跟着也读了这三本英文书，完全是囫囵吞枣、雾里看花。我觉得《好兆头》更难，新词汇、俚语等较多。但孩子们都跟下来了，梅落南山、九丈星河、吾初新梦、云风等小朋友对《好兆头》都十分热爱，不仅读了作品，还看了改编的连续剧。

还有一位性格独特的小朋友（因此不能直接写她的名字）跟着乔乔姐姐迷上了《神秘博士》，她尤其热爱皮卡老爷版和DT大叔版这两部而讨厌最新女博士版。她反复阅读，对剧情简直了如指掌，也买了各种周边（电话亭、胡椒罐等）。她四年级暑假写了一篇五万字的同人文，五年级暑假写了一篇六万字的同人文，小小年纪就学会了纯正的英音。

乔乔的英文能力既不是父母教的，也不是学校老师教的，我们也没给她报过课外班。中国孩子通常都学美音，学英音的很少，何况好老师也难找。她说是通过看英剧、看BBC节目，在YouTube上看脱口秀视频等，自己认真琢磨、努力练习而掌握英音的。根据她的说法，光是伦敦就有二十五种不同口音，而苏格兰口音的差异也很大。另外，威尔士竟然有自己的威尔士语，简直让人震惊。作为一个学英语的外国人，乔乔说她把口音定位在BBC标准语上，这也是没办法的折中之举。

不过，她后来又说，写作能力还是在《哈利·波特》《指环王》《变形金刚》等英语论坛上写同人文练成的。以上经验，仅供大家参考。

所有这一切都说明，阅读与写作都要有大量时间供孩子支配。因此，作为父母，就要有足够的智慧，帮助孩子做减法，帮他们找回属于自己的可自由支配的时间。

总结一下：

不报补习班，减少作业负担，不在起跑线抢跑，让孩子的成长更自然，发展也更有后劲。

当然，也不是完全的"散养"，而是尊重孩子的成长规律，让其在不同年龄段读不同的书，进行适合这个年龄段的写作训练，从而实现高效率学习的目的。

孩子在低龄时该玩玩该乐乐，不提前学习，不报提高班，入学后从绘本阅读快速转向纯文字阅读，到三年级就能习惯阅读整本好书。这样就可以在孩子不同年龄段，抓住不同的学习侧重点：

小学时期专注于深阅读与创造性写作，初中跟上理化生的学科教学进度，高中时期对自己的弱项稍加强化。整体而言，这是较为流畅的成长进程。

成长既要靠他们自己探索，也要靠父母的陪伴，陪伴也是最好的教育。

这是我们的切身体验。

2022年3月1日于多伦多

2022年3月6日改于多伦多

第一部

在玩耍中长大

陪伴是最好的教育

　　每位父母都会遇到这个问题：什么时候让孩子独立？

　　三岁？六岁？九岁？

　　面对复杂的社会，我们通常会进行复杂化思考，以复杂应对复杂。我们通常没有想到"反其道而行之"，如古人云"删繁就简""大道至简"，或如武侠小说中说的"以无招胜有招"。

　　很多父母都想让自己的孩子尽早独立，好应对未来的残酷竞争——比如让他自己刷牙、洗脸、穿衣、吃饭、睡觉、做作业、过马路、独自上学。有的还希望让孩子自己洗衣服、做饭等。这些都是父母们想到的人生锻炼，父母们认为在今后人生中，越早独立的孩子，就越可能占据好的人生位置。

　　这种教育认识有很深的传统文化背景。我们这些做父母的疑虑重重地面对陌生世界，对混乱复杂的社会又深感恐惧。这种恐惧投射到孩子身上，就变成了焦虑的有机传递，不断加重孩子的负担。很多家长拼命给孩子创造更好的、更多的、更强的、更快的资源，希望自己的孩子能实现各种复杂的超能力学习，对这个世界上看不见的竞争对手来个"弯道超车"——找名校，买学区房，报最贵的辅导班，尽最大努力，透支未来三十年……这一切努力，最后都间接变成压在孩子身上的巨大负担。

　　通常，一般人的家庭教育观念都是做加法，家长们被各种辅导机构打鸡血，不断地给孩子增添负担，拼命地给孩子报各种班：英语！奥数！作文！

　　各种培训机构都在渲染自己打造出的孩子有多么成功，不断给家长们洗脑，让家长感到不奔忙就对不起孩子。家长把自己所有未实现的愿望都寄托在孩子身上，就像愚公把移掉大山的重任传给子子孙孙一样，其实这是把自己的无能和错误决策，转换成子孙后代一代代付出毕生努力都无法还清的高额债务和利息。你可能认为自己的孩子是个不世出的大天才，不给他找最好的学校，不给他报最贵的补习班，就可能耽误了这位大天才。

　　我们脑海里闪过无数超能英雄的身影，发现别人的孩子都是全能高手。人比人，吓死人，而内心越来越焦虑。

　　孩子总要长大，总要离开父母独立生活。但在什么时候、以什么方式独立，则是微妙而具体的生命体验过程，不是简单地画一张蓝图就可自行实现的。这个过程与父母设定的目标有直接关联。如果你要培养超能英雄，就要做加法，什么砖块、铅球都往他身上加；如果你要享受孩子健康成长的过程，就耐心地等待，让他慢慢长成自己本该成为的那个人。这样，孩子可以尽量地保有好奇心，拥有自己独特的生命兴趣，能够持续学习并不断完善自己。这样，孩子就是自己在主动面对整个世界。

　　其实父母过分焦虑也无益。真正的天才都不是培养出来的，是他们自己慢慢长成的。

　　就像森林里的大树，不是天天浇水日日施肥才长大的。不要在幼苗时期，打着关心的旗号每天去松土、拔草、踩泥、施肥，那样做可能不小心把幼苗踩死了。让他们按照本性成长，顺应天时，在四季风雨中慢慢地长，就如同小树慢慢就长成了大树。

　　唐代散文大家柳宗元作《种树郭橐驼传》，写植树大师郭橐驼之所以种的树长得都特别好，就是因为他尊重树的成长，不去过分地摆弄树苗。

　　当然，藤蔓只能长成藤蔓，灌木只能长成灌木，小草只能长成小草。但藤蔓、灌木、小草也都有不可替代的独特价值，不是每一种植物都需要长成大树，也不是每个人都要变成爱因斯坦。你的孩子可以是网球运动员，可以是马术专家，可以是徒步旅行达人，还可以是一个白日梦专家。日本有一个家庭主妇特别擅长整理家务，竟然也成就了一番事业。

每个人都会有自己的未来，父母不必破坏他们的本性。顺应自然，让他们有更多更宽阔的空间，来发展自己的兴趣，这样他们就更有机会长好。

这个世界在飞速变化着。第三次工业革命浪潮涌动，随着互联网普遍化以及万维网不断深入，加上人工智能的飞速发展，无数新工作、新职业被创造出来。现在很多工作是三十多年前无法想象的。三十年后，孩子们将要从事的职业或许现在还没有被创造出来。孩子们的职业是他们自己创造出来的，不应该由父母安排。在这样一个飞速发展的时代，父母其实也没有能力去设定未来。

孩子慢慢长，从情感上，从志气上不断丰富自己，才能为自己的未来创造一个独特而妙趣盎然的新世界。

我不主张强迫孩子过早"独立"。

孩子与父母的相处与交流，是他们培养情感的最重要方式。在相互依存关系中，孩子与父母在一起会产生信赖感和强烈的安全感。这样，孩子在精神上不易产生孤独、寂寞、忧郁、无助的情绪。父母的爱与陪伴，会给孩子们带来安全感和信赖感，这对他们未来保持相对乐观的情绪、更集中的注意力和更为坚毅的人生态度，都有很大帮助。

不同的孩子有不同的性格，不同的家庭也有不同的情况。有些孩子较依赖父母，有些孩子更独立。父母要找到与自己孩子相处的内在节奏，和孩子形成一种心照不宣的默契。

孩子的独立，总会在不知不觉时来临，你不用着急。

这些年来我碰到很多父母，并与他们交流自己的"育儿经"。

我不爱说"育儿"，而是提倡与孩子一起慢慢长大。

在孩子的成长过程中有很多快乐的事情，家长陪着孩子慢慢长大，自己也邂逅一个前所未有的世界。

我自己本是一名专业编辑、一名小说家，因为孩子的出生，在陪伴她长大的过程中，我收获了无数的灵感，得到了无数的快乐，还意外地获得一个新身份：语文教育专家。

在孩子长大过程中，我们不妨少做加法，多做减法。

当大部分父母都在带着孩子奔忙于各个奥数班、作文班、英语班时，我们带着孩子去游山玩水、谈天说地编故事。一些孩子在幼儿园时就学会了两千多个汉字，记得几千个英语单词，在补习班中还学会高级数学运算。而我的女儿在进小学前是"文盲"，她爱涂鸦和弹钢琴，爱听爸爸妈妈读书，常常要求爸爸无中生有地现编各种怪异故事。

这些都是我做的减法实践。

那时候我不懂脑科学知识，只是从具体带领孩子的角度，本能地认为不能过早地对孩子进行开发，不能在她还没有基本长成时过早地消耗她的能量。后来读到相关知识，我才知道脑科学专家早就对此有过深入的研究，证实"过早教孩子认字"是错误的做法。虽然不排除有个别孩子天赋异禀，但"绝大多数正常的孩子要到5—7岁时，角回区髓鞘形成才能基本完成"。专家在对照研究中发现，"一组不顾孩子大脑的生理成熟度而超前识字的孩子，到小学三年级以后，阅读能力基本被普通孩子反超"。

就这样，我家孩子保持脑袋空空，几乎没有学什么高超本领，就这样进入了"学校江湖"。她读的是小区对面一所新开的普通民办小学。小学时我们不挑名校，更不去费力搞什么学区房。学校离家近，接送方便，节省钱财，减轻父母劳累，正可谓一减卸百负，三全其美。

我们这种减法教育的具体实践，到孩子现在长大了才发现受益无穷。

如果我们身体胖了，我们会减肥，而且越减越快乐。可是，为何我们对孩子要不断地增加他们的负担呢？

对孩子的十年陪伴，让我发现很多貌似高深的教育理论都是多余的。

教育就是爱，就是激活，就是顺其自然、自由自在。

爱与陪伴是最好的教育。

教育不在理论中，而在细节的实践里。

以下是我十年来的手记，供有心的父母参考。

一　遥控爸爸

做父母的大概都一样，小孩出生之后，就一天天地感受欣喜：转头，翻身，坐起，站立，走路。孩子成长的各个阶段依次到来，一个阶段比一个阶段快。

乔乔出生后第九天就出医院了，在家里一直是我给她洗澡，我也花了大量时间陪她玩。如果乔乔学会的第一句话是"妈妈"，那么她第二声一定是"爸爸"了。她接着学会的话是"抱"，加起来就是："爸爸抱！"刚会说话时，她最爱说这句三字经："爸爸抱！"

乔乔很结实，沉得跟个秤砣似的，还要让我整天抱在手上。

我跟太太说，如果乔乔长到水牛的重量，她老爸这么练下去，一定会成为武林高手。到那时，我就像吃菠菜的大力水手，捏起坏蛋就像抓一只蚂蚁般轻巧。到那时，我就叼着烟斗闯天下，再也不在家里当"煮夫"了。

乔乔很快就长到了四周岁，按照中国人算虚岁的习惯，应该是五岁了。

一天，我们都陪她玩得筋疲力尽了，靠在椅子上休息。乔乔自己跑到外面客厅里去玩橡皮泥。我和太太松了一口气，赶紧喝茶，歇一阵恢复一下元气。一会儿，乔乔蹑手蹑脚进来，脸贴在我身上说："爸爸，你的玩具没电了。"

我一时没听懂。

乔乔又说："爸爸，你的玩具没有电了，给它装上电池吧。"

说完，她转过身来。原来她把自己变成了我的玩具，而且已经没电了。

这好办，我假装在她的背后打开电池盖，装上电池，再关上，说："好啦，有电了。"

乔乔立即像电动玩具那样转起来：左转，右转，向前，向后。

乔乔说："爸爸，你玩我啊，你玩我啊。"

乔乔把我看的一本书捧给我说："爸爸，你的遥控器。"

我用这本书遥控乔乔，嘴里发出指令，让她前进，让她后退，让她蹦跳，让她转圈。哇，我动动嘴皮子，她就乖乖地动起来了，真好玩！遥控"玩具"真听话。有时"玩具"不太听指挥，但基本上运转正常。

过了一会儿，她又跑过来说："爸爸，你的玩具又没电了。"

我又装上"电池"，"玩具"又有电了。

如此再三，再四，反复，再反复，爸爸过足了遥控一个大活玩具的瘾。虽然父母貌似拥有呵斥打骂孩子的权力，但大多数时间其实都受宝贝的支配和遥控。婴儿时期，她不断地要吃奶，要换尿布，要哄睡觉，两个小时醒一次，妈妈真是睡不了一个囫囵整觉。大一点，会走路，会说话了，要陪她玩游戏，要给她讲故事。有些故事讲了好几遍，还是要讲，一直讲到口干舌燥。

"遥控玩具"游戏真是一个绝妙的创意。如果小孩都像遥控娃娃那样听话，那样不添乱，那样有秩序，恐怕所有家长都愿意立即拥有。

遥控是一种美好的感觉，它让人拥有一种良好的心情，一种随心所欲支配东西的快乐。遥控是给予和获得的完美结合。比如电视机，你要开就开，要关就关，它绝不跟你讨价还价。其他带遥控功能的电器也一样。社会上的其他领域，道理跟这差不多，实在遥控不了，可以像慈禧太后那样搞个垂帘听政——两者的特点，都是某人大权在握，拥有生杀予夺的能力。我遥控女儿就跟慈禧太后遥控清廷差不多。

当居家男人这么久，整天收拾来整理去，一下子拥有这么大的权力，我乐昏了头，失去了理智，陶醉在遥控中，违背"过犹不及"的教导，丧失了警惕性。

突然，玩具女儿又跑来了。

我以为她又说自己没电了，女儿却说："爸爸，轮到我遥控你了！"

嘿嘿，这是一个玩具对遥控者的反命令。她貌似玩具，实际上是遥控器；我貌似主人，却毫无权力。这样的例子，放到社会上，也合适。

2004 年 12 月 20 日

【心得】

在陪伴与玩耍中，孩子常常会表现出出人意料的想象力和创造力。

二 胆小的自行车运动员

今天跟老同学约在华东师大西餐厅略聚，下午五点钟我才从师大出发回家。出学校后门进枣阳路，过金沙江路左转进杨柳青路，一路上经过好几个红绿灯后终于上了沪宁高速进外环线回家。五点四十分到家。

乔乔在车上一直乖乖地坐着。她是遵守安全规则的好榜样，一上车就坐在增高垫上，系好安全带，老老实实地靠着后座。我常跟乔乔说，乘车或过马路，无论什么时候一定要注意安全。我们在马路上的第一要紧事，就是时刻提高警惕，特别要小心骑助动车的人。他们眼里没有什么交通规则，也没有什么红绿灯，只有自己要走的路。此外，还要警惕开车跟无头苍蝇一样的家伙。走在斑马线上，我很少见有汽车会放慢速度，几乎每一辆车都在上演着生死时速。

乔乔还小，很多事情不太明白，但是注意安全这点她谨记在心。

在车上，乔乔说要给妈妈打一个电话。她说很要紧，简直迫不及待。

乔乔拿手机熟练地拨通家里电话，跟妈妈说："我们在路上，正在回家。"

她又继续闲聊了一会儿，才挂机。快到沪闵路高架岔口，她又说要打电话。拨通了，她让妈妈先把自行车搬到楼下，她一到家就要练习骑自行车。

乔乔说："妈妈，我要运动，我要出汗，回家洗澡，拉粑粑。"

我们进小区门，乔妈已经等在门口了。我把汽车停进车库，上来时，小乔乔骑着自行车过来了。

乔乔是个谨慎过头的小女孩，对什么都不放心，活动能力跟说话能力成反比。

到车库入口时，我说："乔乔，你从这个斜坡骑下去。"

乔乔说："不行，我不行。"

我说："没关系，我会保护你的。"

乔乔鼓起勇气，到快要下坡时，作要跳车状。

我说："嘿，宝贝，你怎么啦？"

乔乔说："爸爸，我不行的，危险。"

我说："我会保护你的。我教你，你可以捏住车刹，慢慢地滑。"

乔乔还是不敢，掉头走了。

乔乔边骑边说："爸爸，我还小嘛，以后长大了，我就不怕了。"

2005 年 3 月 15 日

【心得】

孩子天性各有不同，活动能力强的孩子，要引导集中注意力。但我们家孩子反之，要引导多运动。

三 郊游和大葱

天气预报为 33 摄氏度。

根据我的生活经验，实际温度将会达到 36 摄氏度以上。在这种温度条件下，乔乔和全班同学，带着家长们一起出发去春游了。

目的地在奉贤。一路上巨堵，学校的包车开了两个多小时，去杭州也足够了。然后，来到一片人挤人、车挨车的地方。有桃林，不过被荆棘丛包围着，花期过了，枝头上长着密密的小桃子。在这片桃林周围，当地村民开发了春游项目。最好玩的是从草坡上坐车往下滑。这是一辆普通的板车，底下有轮，要像纤夫一样拉上坡顶。

我牵着乔乔的小手，拖着板车，一起到了坡顶。

从小山坡上眺望，周围郁郁葱葱，春意盎然。虽然阳光强烈，但感觉温煦美好。

乔乔尖叫说："爸爸，我不要滑草，我就在上面看看算了。"

我说："不行，上来了就要滑。"

我"威逼利诱"地把她哄上滑板车，抱好，抓好，下冲！

哇，的确非常疯狂！而且确实有一定的危险。当地农民没经验，不懂得组织安排。这种节目，一定要分批引导。一批滑下，拖走，再让下一批滑下。不然，后车撞上了前车，就会造成游客受伤。但乱哄哄中，竟然没发生碰撞事故，也是乱中万幸。

接着玩水车，玩漂流——不过是一条小河浜，有个老伯伯撑条竹筏，让人在竹

024

筏上坐一会儿。河水浑黄，水面上漂着菜叶、枯枝和其他垃圾。

接着放风筝。

人太多，大家放的风筝最后全都搅到一起了。

最后，幼儿园春游队一行，六辆大巴浩浩荡荡杀奔一块农田。孩子们和家长们每人拔了两根大葱，之后大家都兴高采烈地上车，然后回家了。

2005年4月29日

【心得】

学校组织的春游秋游，大多是形式主义，父母要尽量找时间陪孩子多玩。

四 西山枇杷东山雨

昨天我们去太湖西山采枇杷。

这是早就计划好的。我们带着乔乔，和汪俊睿一家、谈依澜一家、田老师一家、圆圆一家，都是中班的小朋友和家长，大家一起出来玩。

我一直很喜欢太湖、西山。两星期前我们曾在西山和东山转，出东山时恰逢下雨，我把车停在一条小道上，前后无人，也无车。傍着新嫩芦苇，听着淅淅雨声，满眼水茫茫，天空湖面连成一片。

就这样在座位上躺着了，睡着了。

睡醒，雨停，驱车去西山。

新雨之下，万物涤尘，满眼皆让人心生欢喜。

那时西山枇杷还没有成熟，密匝匝于雨中摇曳闪烁，雾气缭绕，景象诱人。

这次来西山，枝头枇杷已经金黄澄澈，香味醉人了。

我们找了一户农家，商量去她家摘枇杷。摘枇杷不是最终目的，而是想让小孩子尽兴地玩。西山农村收拾得很干净，路上沙土柔软，没有过去农村特有的粪便垃圾的味道。

山上枇杷已成熟。

每个小孩子都拿到了一根竹竿。他们对竹竿的兴趣超过了枇杷，一路上议论纷纷，呼啸而行。

五个孩子中汪俊睿活动能力最强，我们女儿最弱。她尝试用竹竿东勾勾，西扯扯，一个枇杷也没有弄下来。至于品尝枇杷，这可不容易。

我倒是聊发了少年狂，爬到树上边摘边吃，乔乔和乔妈则在树下接。

"爸爸了不起！"乔乔说。

她不知道，我是在番石榴树上倒挂着长大的。

小时候，父亲用竹子帮我在树上搭了一个窝。我整日待在树上不肯下地。如果我一直在树上生活，手脚并用地爬来爬去，餐风饮露，不再下地直立行走，会不会最终变回成猴子呢？

我一度以此为目标，努力地在树上生活。

在我们这个时代，森林早就消失了，树上生活最终只是一个梦想。

1976年9月1日，开学第一天，我下地跟着父亲一起去龙平小学报到，正式入学读书了。这一天，意味着我这个想像祖先那样生活在树上的努力，宣告永久失败。我必须下树，学会直立行走，并且在这漫长的文化和秩序中，努力学习，并在密密挤挤的社会中找到生存的空间。

三十年后我又上了树，但我已经变成了一个胖男人。时光如梭，毁人不倦啊。

在脆弱的枝条上站着，听树枝发出脆生生的断裂声，让我终究感到非常怅惘。

2005年5月30日

【心得】

孩子让你重返童年快乐时光。后来我受此激发灵感，写了一篇《倒挂在树上的童年》，还打算写一部给孩子们看的儿童小说《树上的男孩》。当时给女儿讲了很多，她都喜欢。散文是写了，儿童小说《树上的男孩》竟然至今都没有写出来。

五 乔乔校对

我在看一篇文章，乔乔在边上问："爸爸，你看什么呢？"

我说："爸爸在工作啊，宝贝，就是看文章，改错别字。"

乔乔凑过来一起看，见到"10"，就说："这是一个阿拉伯数字，如果你打印出来，我就给你圈上，然后改成一横一竖的'十'。"

我平时拿稿子回家校对，她有时会在旁边凑热闹，记住了校对规则。通常来说，我会把内文的阿拉伯数字统一成汉字，这样看着舒服些。她记忆力好，又细心，就记住了。

乔乔在旁边搭积木，搭完了问我："爸爸，你觉得我的积木搭得怎么样？"

我说："好，真好，太好了！"

乔乔说："爸爸，你怎么不说'哇呀，太好了'呢？"

我说："有时候可以改一个说法。"

乔乔看着我说："哇呀，是这样啊？"

我说："哇呀，你这么快就学会用'哇呀'了啊？"

乔乔大笑。

2005 年 8 月 28 日

【心得】

介入父母的工作？这也是一种玩耍中的学习。不同职业的父母，尽可以在适当时候，让孩子一起参与工作。例如是工程师，不妨给孩子做手工安装的机会。比如搭积木，从简单到极复杂的需要一千多片才能搭成的航母或直升飞机。我们孩子因为喜欢刻橡皮图章，而迷上用刻刀去刻章。这些"闲活"，让孩子有了发展其他能力的机会，因此我们孩子动手能力还不错。作为她业余爱好的画画一直被保持下来了，没想到现在成了她的一项重要能力。

六　十五月亮十四看

农历十四日晚上，我想，中秋节这种事情，人人都在十五晚赏月，岂非无趣？今晚我们正好有空，何妨先赏？天气预报说，冷空气云团到了河套地区，说不定明天会阴霾一片。

于是，在一阵奔忙之后，和乔妈带着乔乔，一起直奔郊区纪王镇红卫村。一个同学在那里有一幢农房，几年下来，经营得颇有味道。他家二楼凉台，在树木掩映之下，安静雅致，可喝茶，亦可赏月。

晚上十一点钟，我们到达红卫村，已睡着的女儿被狗吠惊醒了。

村里只有零落人影，在夜色中晃动。一个路边店门前，有人在打桌球，清脆的撞击声传得很远。在我倒车时，同学出来，呵呵道："真是'僧敲月下门'啊。"

月亮在一层薄云掩映下，朦胧隐约，并不清爽，但我以为这样也是好的。

风带着凉意，在身上轻拂，只在凉台旁的榧树梢，产生点点的律动。

女儿醒了，我们五人坐在凉台上，喝茶，剥花生，嗑瓜子，看月亮，聊天。清凉月色，披洒在身上，白天的热转成了软软的凉意。女儿倒是越来越精神了，她努力地剥着花生，还跟我们一起喝茶。大家懒洋洋的，把那不甚明了的月亮，从农历十四日晚上，一直赏到农历十五零点，进入农历十五凌晨。

笼罩在月亮周围的薄云消退了，露出皎洁明月，在晶莹透明的天空中流光溢彩。这样的月亮和这样的安静，我们已经很久没有体会过了。

有只大鸟浮在夜色中，滑翔而过，消失在远处。

我们最早欣赏到了十五的月亮，在凌晨。

这种感觉有些特别。

乔乔在躺椅上，在像浸透了牛奶的月光里酣然入睡了。我们给她盖了一条毛巾被，继续说着话。聊得很随意，像乘一条小船顺流而下，顺手打捞起一个话题，随口就说开去。

凌晨三点，我们才辞别回家。

我抱着乔乔，连着毛巾被一起搁在后座上。

天空中悬浮的月亮，这一刻似乎更加通透了。

我跟太太说："这时如果去太湖，肯定别有一番风味。"

我想象着太湖浩渺的湖面，上有一轮明月凭虚御空，而人生天地间，唯情所牵，浮想联翩，不亦乐乎？

2005 年 9 月 18 日

【心得】

难得这样"从心所欲"，又能说走就走，有点东晋名士王子猷"雪夜访戴"的意思呢。

七　出去走走

今天非常寒冷。

昨天下了一天雨，先是小雨，接着中雨，对上海起了冷却效果——北方阴冷空气像我们上大学时听齐秦唱的《北方的狼》，"凶狠"地侵占了江南大片土地。不过也该冷了，再不冷，节令就不对头了。任何反常季节都令人不安，也许隐藏着凶邪，也许预兆不吉，容易导致感冒发烧或其他季节性毛病。

我们必须提高警惕，勤加衣裳。

一到周末，乔妈就有强烈冲动，总想到什么地方去走走。我和乔乔正好相反，我俩不想动，我俩想宅在家里。乔乔是个超级懒虫，她的经典话语是：都周末了，还不在家里好好玩啊。

乔乔最热爱自己家了。我们带她到外面吃饭，晚上八点钟左右她就会嘟囔："爸爸，我们该回家了。"

我有时会说："宝贝，爸爸妈妈在哪里，哪里就是家。"

乔乔说："可是我想回家……"

乔乔非常想回家里。她对家有依赖，家给她带来自由感和安全感。

星期六下了一天雨，刮了一天风，出去是不明智的。聪明的做法是冬眠。我们

029

不是小熊维尼，我们不会冬眠。但我们待在家里，宁可发呆出神，也比到外面被寒风吹得浑身哆嗦强。

今天寒风刺骨，但阳光明媚，有一种欢乐的假象，不出去是不行了。我先起来，洗车加油。星期五汽车停在单位葡萄架下，树上小鸟一见到汽车停在下面，就兴高采烈地拉屎，且精准命中。我可怜的车满顶鸟屎，挡风玻璃也一片狼藉。小鸟小鸟很得意，不过我要鄙视你！你们把我的车当成茅坑了。也许从高处往下看，一辆车很像茅坑？谁能请教小鸟呢？

鸟屎洗干净，油加满了，我们终于出发了。

乔乔一上车就说："既然出门了，就去宜家玩吧。"

满足了乔乔愿望，接着满足乔妈愿望。我们把车停在宜家地下车库，从宜家出来，去徐家汇给她买双冬天穿的鞋。

周末徐家汇，包括地铁，像是出了什么大事一样人挤人，如潮涌。无数人在地下涌动，行动路线极其复杂，挨挨挤挤，令人不安。

乔乔也很讨厌这种混乱，她只想找个清静安全的地方好好玩。

只有乔妈兴致勃勃。

一家三口，三种兴趣。

2005 年 12 月 5 日

八　体力不支的小女生

今天，乔乔的感冒似乎好点了。早餐后，我带她到楼下儿童乐园玩。

乔乔说："好啊，我去喂小金鱼。"

家里没有可用的面包，乔妈建议带上她爱吃的蛋奶星星。这次病毒性感冒，是她少数几次生病中最严重的一次，肠胃不佳，食欲不振，竟一下子瘦下来了三四斤。乔乔原是一个著名壮孩，现在竟然能摸着肋排了。我们好不心痛。

说话间，下了楼。

正是春光明媚好时节，天气和煦，树木青郁。如非乔乔体弱，说不定我们去天目山了。世事烦扰，内心积郁，要去清空一下身体和脑袋里的垃圾。天目山、莫干山是最合适的地方——这两座山距离上海都不太远，天目山车程在三个半小时内，莫干山在两个半小时内。跑得太远，不仅无趣，花销也太大。

去年十一，我们去温州雁荡山、临海玩。先到了一个游人不太去的山川旮旯，在一处山溪潺潺的谷地，陪乔乔玩水，浸在冰凉的水中找石头、撩水。背后是青郁的橘子树，沿着山谷一路婆娑远去，爬上两边高峻的山坡。白云一片，清风几缕，芳心一寸，顽童二三，真个悠闲自在。

玩了一下午，去参观一座早已被人遗忘的晋代古刹延恩寺。这座曾经显赫的古刹，栋梁颓圮，台痕阶绿，当庭有几棵大树偶尔落下黄叶，一片安静到肃杀的气氛。我背着乔乔站在几米外看那个牌匾，教她识读上面的寺名。夜色从杳渺的远方迤逦而来，凉气顺着山麓流泻而下。

我感到莫名的惆怅，"南朝四百八十寺，多少楼台烟雨中"，不知杜牧笔下，有没有位于东南形胜的这座延恩寺呢？

到晚上，我们本想再回临海住，然后继续向仙居等地出发的。但乔乔说："爸爸，我们回家吧。我想家了。"

于是，晚上我一路不停地开车，五个半小时后回到了上海。

有了这个教训，我们知道以后不能离家太远。乔乔是个恋家的小孩。她的口头禅是：天都黑了，该回家了吧？

既然什么地方都去不了，那只好待在家里了。

在水池边喂鱼，玩了一阵，时近两个小时，乔乔体力不济，要回家了。我很庆幸没有强行拉着她出远门。她这几天吃得很少，体力不行，出远门会很受罪的，弄不好会加剧感冒，那就不妙了。

回到家，她喝了一点水，在沙发上坐一阵，睡着了。

2006年4月8日

【补注】

我们在延恩寺时曾见有脚手架，工人上上下下，正在整修。近十年来全国寺庙重新修整的风气越来越盛。十多年过去了，延恩寺估计香火已经很旺了吧。但不知道还能不能给人以静穆清修的幽静？不知出家者还能不能得到内心的平静？不知道祈福者的脚步有没有磨破寺庙的门槛？世事变幻，人生易老，不可知也。

九　下在水里的鸭蛋

从千岛湖到天目山，要在浙西山区各种曲折路段盘旋。我们查看地图，发现可以从05省道到分水，经由16省道至於潜，然后到天目山。地图上16省道标志很明显，上路走了一段双向两车道的新修道路后，才发现这之前行的是一条泥泞小道。沿着清浅的天目溪蜿蜒向北，进入莽莽苍苍中。一路上大雨瓢泼，风景如画，两种心情交织，焦虑并愉悦着。

我们不断遇到塌方和修整路段，在崎岖、颠簸中，别有一番趣味。树木苍郁，新雨后，空气宜人。

不到一百公里路程，我开了两个多小时。

从於潜转入藻溪至天目山的藻天线是一条坦途，路况非常好。到老庵方向开上盘山道。盘山道前段较宽敞，真上山就狭窄了。乔妈坐在后排，紧张得不断低声说小心小心慢点慢点。真正的考验是转入更小的坡道后，爬完友松山庄那一小段黄泥路：面对一个小S型急弯，有三十多度的陡坡。我们的毕加索车轴距长，掌握不好的话，一把方向盘总打不上去，要在这样陡弯路段做倒车移位动作一两次才能把车头倒好。坡太陡，倒车容易溜，非常不容易。最吓人的是，边上就是有三四米落差的悬崖。乔妈和乔乔坐在后排一声不吭。等上到山庄后，她们从车里出来，什么话也没有说。

后来习惯了这个S弯道，从火山大石谷返回，我一把就打得正好，上了两个急弯，感觉非常刺激，非常爽。

在友松山庄跟我的硕士生导师王晓玉教授以及师公黄源深教授一家聚会聊天，这倒是非常惬意之事。这次我们运气超好，竟能品尝到师公的美食家儿子黄飞珏下山采购的真正野味：石鸡、石板鱼、野鸡。我家全都是俗人，不能脱俗，对红烧肉和草鸡兴趣一直不减。

友松山庄的草鸡养在后山的竹林里。雨后嗞嗞拱出来的春笋之间，几十只草鸡在自由地啄食。自由是假象，因为我们这些披着人皮的黄鼠狼看得垂涎三尺。

乔乔最喜欢在山坡上挖竹笋。她是首长级的，挥镐两下，震着了手掌，发现这貌似简单的活计比较困难，就把镐递给了乔妈。乔妈继续挥镐，刨了一根春笋，累得满头大汗。第二根，她就无论如何也刨不出来了。这根春笋长在碎石和盘根错节间，要把它完整地挖出来确非易事。山庄老板娘亲自指导，说要三面刨开，探明笋根方向，然后下镐，带着笋根把它整个挖出来。

这些春笋非常娇嫩，煮熟清炒，味道爽脆，无渣，天然健康，减肥第一选择。

在山溪中，友松山庄砌起了一个小潭。雨后水量大，可在潭边玩水。乔乔撩着玩，小手浸在潭里，好像春笋样娇嫩。她突然发现有两只鸭蛋躺在水底石头上，洁白滋润如玉石。

"爸爸，你看看，你看，那是什么？"乔乔非常激动。

"那是鸭蛋。"

"哇，我还以为是石头呢。"乔乔说，"爸爸，我能捞起一个吗？"

"这个得问阿姨了。"我说。

"阿姨，我能捞一个鸭蛋吗？"乔乔问，"我会非常小心、非常小心，不会打破蛋壳，让小鸭子受到惊吓的。"

"这两个鸭蛋没有小鸭子，"老板娘说，"晚上，我炒松菇给你吃，很鲜。"

"但是，"乔乔说，"还得问问鸭子妈妈。"

鸭妈妈浮在水潭另一边，承受潺潺山溪，一动不动地，在那里待着，有如一位深思熟虑的哲人。水潭另一边是高大的竹子，粗大的竹笋间杂其间。更高处，并没有路。老板娘说攀上去可以一直去到西天目山，再翻过去，就是安吉。

这趟路程大概要六七个小时。她说，偶尔会有些登山爱好者来这里上山去安吉。我听了悠然向往，但作为著名的"思想巨人"加行动矮子，我只是通过脑袋里的奇思妙想来完成虚拟的登山之旅。可以想见，这样的行走极其艰难，最好有熟悉路径的山民引路，也最好带饮用水等各种登山补给。我们体力本来就普通，如果准备不足，那是自讨苦吃。

虽悠然向往，但是我们很淡定，根本不行动。我眺望着陡直的山坡，只见粗大的竹子一路高上去，遮天蔽日。细碎的阳光不成样子地泄漏下来，只是一种若有若无的游丝。但这样的阳光也是好的，光亮，还不扰人。

七八个小时的路程，没有经过一段时间的训练，一般人大概都坚持不下来吧。但过去的人，因为要用双腿完成几乎所有的交通，反而有远程的脚力。

后来去火山大石谷等地，我发现用碧玉来形容天目山的山泉是最恰当不过的了。火山大石谷里的山泉，一汪一汪的，清澈透亮，沁人心脾。潭里显出来的就是那种碧玉的颜色，没有一丝杂质，甚至连飘在上面的灰尘都不忍心落下来——如果这澄澈的空气中真的有灰尘的话。这里的空气和友松山庄、天目山等地的空气，都一样的清冽、干净，滋润肺腑。肺里残存的那些城市尘埃和废气，在这里像被清洗过了一般。天然的食品、纯净的空气、碧玉般的山泉，我不知道自己还需要什么。

火山大石谷里，砌有一处水槽，天然的火山岩矿泉水汩汩涌出。其味甘甜，其质纯净，令人齿颊回味，令人难忘。我一口气就喝了两瓶共五百毫升的量，感觉自己像一个水桶，水在肚子里晃动。

天目山是一个值得反复流连的地方。我们不是特意去逛什么风景名胜，而是在这里休憩，放慢自己的身体运转速度。

在这样一个高速飞转、人人头晕脑涨的世界，让自己慢下来，是一件艰难的事情。然而，我相信，放慢，才能在我们的人生中，看到一幅幅本如飞矢般流逝的美景。那种走马观花，尽量占有的旅游，我不感兴趣，我喜欢这种慢的感觉。

很多美好的感受，都在人生的漫漫路途中，才能甘甜地回味。

在这人不多的火山大石谷（现在改名叫天目大峡谷了）里，我们乔乔甚至干上了那"煞风景"的勾当，直接把小嫩脚泡进冰凉清澈的溪水里。

据当地人说，这些水是从西天目那一千五百多米高的泉眼里流出来的。

2006年5月9日

【心得】

这就是所谓的"游山玩水"了吧。在天目山，惊讶于"西天目"和"东天目"的神奇，我又构思了一个儿童幻想作品，给孩子现编现讲。故事在十年中，不断发酵，最后变成了一个庞大的构思，我和女儿一直在思考，在谈论人物设置，在谈核心，谈世界观。这是一种很好的写作学习过程。乔乔现在长大了，在与我散步时，一直在研究人物设定和平行世界的问题。她说，爸爸，我都长大了，你还没有写出来。继续惭愧三四下。

十 埋牙记

国庆前，我们早早就跟谈伊澜妈妈及她的朋友们约好了一起去浙江临海玩。

10月3日，我们驱车前往临海"桃渚古城"。没有想到，从临海到桃渚古城，比临海到仙居还远。一路上，我们走了不少弯路，谈伊澜松动了很久的牙齿在吃东西时突然掉了，落到汽车座位下面。我在一座新修建的大石佛面前停车，翻开座位，在缝隙中，找到了谈伊澜的珍贵牙齿，大家都很高兴。

那是一座很有意思的石佛，大概有十几米高，底座还没有完成，估计是有关方面修建来作为一个景点，以连接桃渚古城和旁边的峰林的。

我们赶到桃渚古城，才发现这不过是一座城墙低矮的土堡。桃渚古城旁边，有一片由河流分割而成的十三渚景区，中间密布稻田和橘林，乡野味道浓郁。但桃渚古城和十三渚都被开发成收费项目了。我们带着一点失望，返回去年刚刚来过的涌泉。

来到涌泉万亩橘林后，在路旁停车，置身于幽静的山岙间，任轻风吹拂，清新空气畅流肺腑，一时精神飒爽。

谈伊澜和乔乔休息了一阵后，开始向远处山顶上的观音塔进发。

谈伊澜说要把牙齿埋在塔里。

我说，那座塔很远的。看着不远，望山跑死牛。

她们在四处看看，想了想，就在橘子树旁停下来，蹲在小径上寻找合适地方，用石子砸路面。我和谈伊澜爸爸都很惊讶，我们问："你们要把牙齿埋在这里吗？"

她们不顾，继续砸路面，把砸下来的细沙装进小瓶子里。我给她们拍DV，谈伊澜爸爸想方设法给她们拍照片。六岁大的小女孩，拒绝被拍照。她们躲着镜头，甚至撅起屁股，把脑袋埋在两腿中间。在临海时，我和谈伊澜爸爸戏谑地互相以"市长"相称，两位妈妈则被封为"秘书长"。"谈市长"是数学家，长期在欧美做访问学者，他从临海江南长城时开始，就一直努力地要引诱谈伊澜等小女孩抬起头来，好得到最佳的镜头画面。一而再，再而三，最后黔驴技穷。在我的DV镜头里，可以看到"谈市长"四处奔忙、不断努力的踪迹，不知道他有没有拍到好照片。我的DV里，倒是看得见这两位小女孩的古怪行径。

她们在第一个地点挖了一会儿，又下到另外一级临溪——遗憾的是今年溪里几乎无水——的橘林边，继续挖土。

如是者反复再三，她们开始向橘林深处走去，终于在一株橘子树下找到了一个合适的地方，把秘密地藏在乔乔挽起来的裤脚里的牙齿，认真地埋了进去，然后在土上面倾倒装在瓶子里的细沙，仿佛是一个神秘的宗教仪式。最后，谈伊澜还找来了一根狗尾巴草，插在上面，说："……要不然，下次我们来，就找不到了……"

我说："这故事，可以称为依澜葬牙……"

她们看看我，没有说话。

我又说："你们的牙齿埋下去，会不会长出很多恐龙啊？"

她们看看我，很疑惑的样子。她们还不知道赫拉克勒斯，也还不知道龙牙战士。

如果神话能够实现，也许过一段时间，谈伊澜的牙齿会长成一棵大树，上面结满了牙齿形状的果实。

在一个没有神话的现代社会，人们什么奇迹也不相信，只是淡漠无趣地为浮生俗事而奔忙，以至于我们的日常生活越来越无聊了。

说到有聊无聊，还是古人更胜一筹。

临海游览之后，我们沿着309省道，在浙东山川之间穿行，一路风光无限，来到了老蒋故居溪口镇，镇旁的剡溪古来即是倍受诗人赞颂的好水。

《世说新语》载："王子猷居山阴，夜大雪，眠觉，开室，命酌酒，四望皎然。因起彷徨，咏左思招隐诗，忽忆戴安道。时戴在剡，即便夜乘小船就之。经宿方至，造门不前而返。人问其故，王曰：'吾本乘兴而行，兴尽而返，何必见戴？'"

"山阴"即绍兴，距离剡溪大概有七八十公里。以小船摇橹，不可谓近。而王子猷竟然有这样高的兴致，想到朋友戴安道立即就去。去了也就算了，可是他到了戴家门前，却回头走了。这种乘兴而来、兴尽而归的自由自在精神，也只有那个时代的人才做得出来吧。

李白居鲁几年，一旦作别鲁东诸友，想起又要去吴越胜境漫游，写《梦游天姥吟留别》以快己意："……湖月照我影，送我至剡溪。谢公宿处今尚在，渌水荡漾清猿啼。"

站在剡溪旁，吟诵古代大诗人的不朽诗篇，我感到自己脑袋空空，如江边见月，似万物只剩纤尘，胸臆荡荡，一样皆无踪迹。

剡溪仍然清澈见底，但时见垃圾漂浮而去。

我们行于剡溪岸旁，亦见有居民于河中洗菜、捣衣。溪口也算人口稠密之千年古镇，发展成了很见规模的城市，人们居然还可以在溪水中洗菜漂衣，真是久违了的景象。

溪口山水秀丽，如诗如画，这里的乡人，也大多性情温和，脾气平顺，不是穷山恶水出刁民的地方。

2006年10月7日

【补记】

一晃十年过去了，不知道两个小女生当年种下的牙齿发芽、开花、结果了没有？古人到一个地方，总有诗赋流传。我们乏才，但也可以记点心得，资补记忆。

十一　换牙记

乔乔到了换牙季节，这段时间我比较关心她的牙齿。乔乔不嗜糖，乔妈也注意培养她刷牙的习惯，因此她没有蛀牙。根据理论，换牙后她的新恒牙应长得比乳牙好。

我们小时候换牙，把拔下来的牙齿恭恭敬敬地放在手心里，双脚并拢，内心默念，然后虔诚地把牙齿抛到屋顶瓦垄上去。这仪式，我父亲说，能让我们的牙齿长得整齐。

我对这种仪式最认真，也抛得最细心。

仪式是一件美好的事情。

前些天，我写过一篇文章，是记载乔乔和谈伊澜在涌泉万亩橘林里埋牙的事情。那个下午，两个小女孩为了给牙齿找个好归宿，忙了整整三个小时。这也是一种仪式，小孩子以后回想起这件事情，仍然会兴致盎然。在大人看来很幼稚的事情，对小孩子有决定性的影响。因此，我会鼓励她们尝试，不视为幼稚而加以打击。

晚上，我陪乔妈和乔乔去吃披萨。小孩子喜欢披萨，我则一直不太有兴趣。据我观察，女生对西餐的兴趣比男生高，大概因为西餐仪式感重，有趣味，且就餐环境干净，不吵闹。这跟大多喜欢咋呼的男生有天壤之别。

拔了两颗门牙，乔乔说话漏风了。我跟她说："乔乔，从此之后，你应该笑不露齿了。"

乔乔问："为什么？"

我说："因为你缺了两颗门牙啊。你想露齿，也没有牙齿可露啊。"

乔乔立即闭紧嘴巴。

小女生天生爱惜自己。

这个季节，乔乔换牙速度加快。我去丽江一个星期，乔妈带她去儿科医院拔了两次牙。其中一颗，后面已经长出新芽了，还是老而不僵，霸占地方，不肯退出历史舞台，不得不对它实行"专政"。另外一颗，也已经很松了，但乔乔不敢让我下手。

我跟她说："我们小时候，都是爸爸妈妈拿着一根线绑着牙齿，这么一拽，就掉了。"

乔乔很恐怖的样子看着我，大声哇啦："不要！！"

前天，我刚从丽江回来，歇到下午，乔乔放学回家了。

她走进房间，得意地对我说："爸爸，我给你变个魔法。"

我问："什么魔法？"

乔乔说："你看我的牙齿。"

我定睛一看，才看见她一颗门牙像门帘一样在她牙龈上飘来荡去。她吹气、吸气，牙齿前后摇晃，看着非常恐怖，可是她乐滋滋的。

我说："宝贝，让爸爸仔细看看。"

我伸出手，小东西转身就逃了。

我跟乔妈合计，来到她房间，用温言软语稳住她，说："给爸爸看看……就看看，别紧张……"

她警惕地看着我，很不情愿地张开嘴巴。

我查看一下，以"迅雷不及掩耳盗铃之势"——我戏仿韩乔生老师，开玩笑的哦——轻轻一揪，把那颗打秋千的牙齿揪离了牙龈。

事就这样成了。

乔乔张大眼睛，简直惊呆了。

我对乔妈说："要不要来点仪式？"

"来点吧？"乔妈说。

我装模作样地嘀咕了几句。

"爸爸，你说什么啊？"乔乔问。

"咒语……"我说。

乔乔看着我，很感兴趣。

我真希望自己懂咒语，把这颗漂亮的牙齿变成一颗珍珠。

乔乔用橡皮泥制作了一个手工玉米，我们怎么看都像一颗颗黄色的牙齿。这么看，越看越像，觉得有些怪异啊。

现在没有平房瓦背，我的咒语形存实亡。

我最后用一张餐巾纸包裹着这颗牙齿，把它扔到垃圾桶里。

2006 年 11 月 10 日

十二　一个人的远征

星期六上午，阳光明媚，天气寒冷。

这两种不同的气象特征，有机地结合到一起，让上海的秋天，开始具有了冒险的气息。

乔乔像往常周末一样，早早起床，穿着睡衣，悄悄溜到客厅去看动画片。

为了从"博客中国"搬家到"新浪博客"，我从昨晚忙到今天凌晨，本来想睡个懒觉，但乔乔早起，我只好也起来洗漱了。

周末总是想干点什么。

离家不远的地方，本来有一个儿童翻斗乐的，不知为什么，上星期乔乔她们赶过去，却发现这个刚开张的乐园关闭了。乔乔于是嚷着要去中山公园翻斗乐。我刚下班回家，想着又要远征，感觉非常不情愿。于是，我暗示她说，就在我们家楼下玩一下吧，那个小乐园也挺好玩的。乔乔本来不愿意，后来我让她自己下去，小小地冒险一下。果然，小孩都爱冒险。她听我这么说，扑闪着眼睛说："好的，我自己下去，我会的。"

她自己系鞋带，我也由她。这双新买的运动鞋，带子太长，乔乔从乔妈那里学来的蝴蝶结打法并不合适，容易松动脱落。她在奔跑时，如鞋带松了，自己踩在鞋带上，一跤摔倒，那就糟糕了——轻则吓一跳，重则擦破皮，更恐怖的是一不小心跌进了乐园旁边水池里。那水池虽浅，但在这样的深秋天气，磕着、碰着、吓着、冻着，都令人揪心。

于是，我亲自上阵，动手给她系鞋带。然后，我一通反反复复的叮嘱，各种不放心，这才打开栅栏，把这只小白兔放到原野上——这个原野是我想象的原野——

040

我还往她手里塞了一根香蕉。对我这谨小慎微的小市民来说，小孩走出房门，就是进入原始森林。这个小红帽，必须设法对付狼外婆。

楼下的儿童乐园，由连成整体的滑滑梯、跷跷板、木马、悬索桥构成。乔乔的一切历险，她新结识的小伙伴，她将会遇到的狼外婆，都只会在这个有限的空间展开——其实我在楼上就能看得一清二楚。我家的四个房间，正对着这个丛林，我就像一个窥视者，观察着这一切。

然而，我还是忧心忡忡。

2006 年 11 月 12 日

十三　过生日

昨天是乔乔七周岁的生日。

为过生日，一个多星期前，她就跟同桌孙昭若说了，请孙昭若来我们家玩。

孙昭若妈妈陆老师是五年级班主任，兼教她们一年级数学。此前，我们一直听说她名字，但没见过面。乔乔继承了我的差劲传统，对数学毫无灵性。跟孙昭若同桌，算是冥冥中自有天佑了。

我又顺便邀请了乔乔幼儿园同学谈伊澜，乔妈也邀请了她的同事张勇奋带儿子张学澄来参加。现在家庭条件好，小孩子见多识广，对一般事情兴趣都不大，只有过生日还愿意踊跃参加。而且，小孩子扎堆，本来就是一件很有意思的事情。

为招待这么多客人，我跟乔妈分工合作。送乔乔上学后，乔妈去拿事先订好的蛋糕，我去菜场采购各种原料。

一通忙活，做好佳肴若干，不料，孙昭若什么都不爱吃，让我们感到着急和难为情。后来，我不得不拿出绝活，烤了一大堆鸡翅中。孙昭若高兴了，一口气吃了七个，留下了一大盘子的骨头。现在的小孩子都喜欢吃烤鸡翅，连难缠的小孩子，这招一般也可以通吃。放着腌制一会，再自己烤箱里烤，这样的鸡翅味道最棒。除了盐、生抽、黑胡椒粉等，一勺糖非常重要。经过高温烘烤，糖融化，去腥效果极佳。烤制时，可以先将内翅朝上，两百度先烤十五分钟，然后翻过来，将外翅朝上烤五分钟，基本就可以了。这样翅膀色泽金黄，比较好看。

小孩子有自己的玩伴之后，就躲进房间里玩去了。

生怕东西不够吃，乔妈多买了一个蛋糕：一个巧克力蛋糕，一个抹茶蛋糕，两个蛋糕的外形和味道都不错。现在的蛋糕，比以前做得好多了，至少没有放那么多糖。

幸运的是，乔乔生日居然是在周末。她跟小朋友们玩了整整一天。

今天，我们全家十点半才起床。

2007年3月18日

十四　社会主义新农村

一大早，我们一家开车，带上张勇奋和她儿子张学澄，谈伊澜妈妈自己开车，一起从华东师范大学出发去湖州菱湖镇射中村。

已经是春暖花开时节。

虽天气突然转冷，却是满园春色关不住。这里桑树一派嫩绿，偶有飞鸟扑簌腾空，在安静的乡村，显得非常恬然。

射中村所在的菱湖镇为湖州所辖，自古乃鱼米之乡、文化大郡。古来遗风所泽，河池纵横，桑树满堤，所在皆是春天的消息。这里有几排白色的新房子，被称为"社会主义新农村"，是乡村改造的一个样板。但农民都想进城，而这些农村新房子却被城里来的人买了。

据说射中村是古代后羿射日的胜迹，"文革"前一直保存完好的后羿香火庙也是千年古建筑。可惜，在那个火烧一切的年代，这座庙被拆掉了，原址上建了一座乡村小学。现在，人们又想起来要重建这座后羿庙，正在打地基，兴土木。

我们沿着小河边走，看到一条弯曲的沿河小路上，每家每户门前都建有巨大麻条石铺设的小码头，现在已经废弃不用，"苔痕上阶绿"了。过去，这些都是供装运桑蚕的小船停靠的码头，很多现在貌似不起眼的人家，过去可能是乡绅巨富。他们以小船为交通工具，把有名的湖州丝绸生意一直做到了上海。张艺谋电影《摇啊摇，摇到外婆桥》里那个愣头愣脑的水生，就是从湖州去上海的。

在旧村址前，有一座石拱桥，那些一米多长，四十厘米宽厚的麻条石，凌空架在水面上，无声无息地过了几百年，呈现着油光光的色泽。

我们在一块石头上看到康熙年号。

住在那里的朋友老费帮我们雇佣两位老艄公，摇橹载着我们沿着这条河道荡舟，一路上还看到很多资深小桥在水面上静谧地立着，任风雨流逝而不动声色。有一座在荒僻中自生自灭的小石桥，居然长满了爬山虎以及其他植物，看着非常古旧，让人望之肃然。

两位资深艄公，执着摇橹，节奏匀称地划着船。在演漾春水上，木船平稳无声地滑行，只听见摇橹的欸乃声中，水面被摇橹哗啦划破，响动于身旁升起，越发显得周围沉静清新。纯净的空气沁心沁脾，久而久之，感觉身体也透澈了，脑子也空明了。在清新空气中浸泡，就跟在水中泡澡一样，都有使人神清气爽之功效。而沐浴在浓氧中，浑身焕然一新的感受，非亲历其境不能描述。

小孩子吱喳说个不停，在热烈地谈论某个动画片人物，并不关注春江春水春枝与春色。只有偶尔在岸边桑树丛里出现的几只慵懒鸭子，才让他们稍稍分心，发出一些惊讶的尖叫。

苏东坡《惠崇春江晚景》里有"春江水暖鸭先知"名句，目睹此情景，可见是写实的。不知苏东坡游湖州时，有没有路经我们走过的这条河道？

鸭子们似乎也得了时代病，懒洋洋的，既不觅食，也不游水，而是在水面上荡着。只有那些小鸭子在水面上忽然游过，打几个潜水闪子，才搅动了河水的春意和活力。

一个多小时倏然而逝，晚上又有难得吃到的野生水芹、现采现做的马兰头、现拔现炒的大蒜，以及让孩子们都欢欣不已的真正草鸭蛋。老费妹妹说，这都是吃小鱼长大的鸭子生的蛋，拌着现割的韭菜，炒出来的鸭蛋浑黄如金，香气扑鼻，令人垂涎欲滴。

我们请费姐帮忙，去找当地农家代为搜罗鸭蛋。总共弄了十二斤，分成三份。

后来我们听说，鸭蛋终结者谈伊澜家，不到一个星期就把这些鸭蛋彻底消灭了。

2007年4月5日

十五　朱家角的波光桨影

今天下午，雷声闪闪，阵雨频频。在家里无聊，我提议去朱家角玩。

朱家角不远，很久没去了。我们刚出门，忽然就雨急风骤，打得汽车玻璃哗哗响。我开雾灯，放慢速度，旁边汽车却一辆接一辆呼啸而过。无论什么天气，也无论什么情况，路上都是这样疯狂。

到朱家角时是下午四点多，过了收费时间。

我一直极反感小镇收门票，这本来就是自然存在的，不是商业开发出来的，更不是水浒梁山的产业，本来就只应该以服务业收费。但各地收费已经三步一岗五步一哨了，不交钱寸步难行，交了钱才可以走几步。

走了一阵，乔乔说很想坐船。

夜幕下，凉风习习，我们在放生桥上，吹拂着身心，眺望着河水潾潾，感到沁凉无比。既然乔乔喜欢，就去坐船吧。船家见我们一家三口，早盯上了我们，缠上了乔乔，百般劝说，还从价格上加以利诱。我说，这样不去都不行了。

一个彪形大汉，胳膊上腱子肉弹跳着，单手划桨，船行迅速。他胳膊比我大腿还粗，腱子肉十分强健，我惊叹为武林高手，忍不住开玩笑说："老大，你一定是武当山下来的吧！希望没有得罪你！"

乔乔悄悄地捏捏我，我解释说："爸爸是开玩笑的。"

大汉性格倒很温和，也热情。他一路摇桨，一路解说，把船摇进朱家角居民街里的河道中。这河道两旁，我们刚刚走过，夕阳中一路漫步，看小镇人家悠游自在，凉风抚面，别有一番风味。吃完饭后，夜幕降临，小河两旁路灯也亮起来了，别有一种风致。

刚才，在放生桥上，我们从岸上看河里的游客，现在，我们是从河面上看两岸的浮光暗影。镜子里外，两个截然相反的角度，我们都经历了。不知是岸上的我们真实，还是河面上的我们真实？

生活中，节奏永远有快有慢。我们现在，生活节奏是越来越慢了。这是故意放慢的，并不是得道高人那种自然的自在。不管怎么说，急匆匆并不是生活全部，而很多人却把匆忙当成是人生的一切了。

摇船荡漾中，乔乔兴趣极高，两旁波光桨影，皆入眼帘，她的眼睛也似乎燃着光焰。

2007年8月20日

十六 擎天柱是柱子哥

昨天天气晴朗，久违的——感觉已经有一年那么长——太阳出来了。然而，草坪上、屋顶上的积雪，仍然顽固不化。倒是窗下水池，太阳照射到的一角，在慢慢地融化——一边冷冷地结着冰，另一边已经漾起了涟漪。

如不是穆婉清及其姥姥来敲开我们家门，我们还赖在被窝里不起床呢。两个孩子弹了一会儿钢琴，把芭比娃娃的房子拿出来玩。玩到中午，我们包馄饨，吃完，穆婉清姥姥来把她接走了。

下午两点半，我们带乔乔去看周星驰新片《长江七号》。大人每张七十元，小孩半价。看一场电影，加上一中桶爆米花二十元，总共要两百块钱。我不知道中国电影的观众——一小撮有钱人除外——谁能随便去买票看电影？盗版无法避免，重要原因之一是电影票价太贵。我工资条上扣完四金个税等费用，大概是一千七八百元，我太太两千三四百元，共计四千左右的工资。这场电影票价，占了我们工资收入总额的二十分之一（加上奖金等其他收入，也要占四十分之一）。而这仅仅是在电影院的一个半小时的消费。接着，我们在港汇永华电影院旁的"葡京制造"里吃饭。排号排到二十多号，等了半个小时，花一百六十多块钱，吃了几种莫名其妙的菜。

吃完，去港汇儿童玩具城。

乔乔如入开心馆，到处摸，到处看。她在乐高玩具那搭积木，看了好一通变形金刚，又到其他玩具馆看。前两天，她和乔妈刚在久光百货买了一架遥控直升飞机，三百元，玩得不亦乐乎。这次，她又看上了变形金刚。但她很自觉，认为贵，没有要求买。

我看那变形金刚，堆在乐高架子上，已经成山了。

我问:"乔乔,要不要买一个变形金刚?"

乔乔看着我,沉吟。

我问:"你不是喜欢变形金刚吗?"

廖小乔说:"当然喜欢啦。"

我说:"那就给你买一个?"

乔乔说:"好是好,但是不太好。有点贵吧?"

岂止贵啊,简直是太贵了。变形金刚中的老大"擎天柱",威风凛凛,惹人喜爱,但我老是记不住他的名字,甚至记成了坏人的头目"威震天"。乔乔让我叫他"柱子哥",可是我很快又记成了"南霸天",简直不可救药了。

乔乔说:"爸爸,你叫他柱子哥好了。"

我说:"哦。"

乔乔说:"这下你记住了吧?"

我说:"我记住了。"

我问:"那买不买呢?"

乔乔说:"我喜欢是喜欢的,就是有点贵,有点昂贵……"

我说:"我们乔乔是个乖孩子,喜欢,爸爸就买一个,没关系。我们只有你一个孩子啊,勉强还买得起。"

乔乔说:"当然喜欢了!"

于是我们买了一个擎天柱,二百七十八元。

这么出来一趟,在港汇六楼和三楼转了一阵,加上三个人来回地铁票价二十四元,我们总共花了五百多元。前天,乔乔和乔妈在久光百货,买了美国产的粒粒糖一百元,遥控直升飞机三百元,吃了意大利披萨一百元,也五百多元。两趟随便出行,一千多块钱出去了,占我们全家月工资收入的四分之一。这就是我们现在面临的物价和消费。当然,这算是高一点的消费。朋友们不总是挖苦我们家是中产阶级家庭吗?可饶是"中产阶级",我们这种看电影的奢侈出行,一年也没几次。今年带着孩子一起出来玩的,好像就这两趟。如果我们能够天天这么消费,当然算是收入挺高的,钱花得挺愉快的。然而,这不过是特例,是春节,是寒假,是习俗中允许花销一下的日子。

我们只有一个孩子，尚且如此，如果我们有三四个孩子，那还得了？

我跟乔乔说："我们只有你一个孩子，不给你买给谁买呢？"

在回家路上，乔乔一定要把擎天柱从塑料袋里拿出来抱在怀里。她的"柱子哥"虽威风凛凛，但个头还是小。乔乔已经长大了，她抱着"柱子哥"，就像抱着一个婴儿。

到家后，她迫不及待地打开了盒子。

乐高盒子包装非常严实，要拆开，得非常小心地使用剪刀和裁纸刀。

现在，她要把"柱子哥"变形成一辆威猛大卡车。

这是一个非常复杂的变形过程，但好像没有说明书。现在我明白了，说明书根本就没有办法写。这种transformers（变形金刚），如无现代电脑技术辅助，可能很难设计出来，那些原件的匹配实在太复杂了。

乔乔花了一个多小时，把"柱子哥"变成了大卡车。

乔乔从小就搭乐高积木，动手能力很强。

她心里乐开了花，破天荒同意摆pose让我给她拍个照片。

洗澡上床后，她坐在床上继续玩，一直玩到将近晚上十二点钟，实在困得不行了，还吹嘘说她能继续坚持一到两个钟头。可脱掉衣服，举着"柱子哥"，没几分钟，这位cowgirl（牛妹）就睡着了。

2008年2月4日

十七 水泥丛林搭帐篷

难得星期六这么阳光明媚，为了给乔乔打气，我提议去闵行体育公园搭帐篷。

两年前五一，为实现搭帐篷梦想，我们和朋友一起去浙江千岛湖玩。

他们先行，据说在山里搭了帐篷，还玩了烧烤，让乔乔无比羡慕。在千岛湖岛上没有搭成帐篷，乔乔一直很遗憾。自从那之后，我们一直说要找机会再去搭帐篷，但满眼望过去，上海周边数百里范围，哪里有可搭帐篷之处？想来想去，最后在家里搭了一次。乔乔勇敢地要求独自睡在客厅帐篷里，为此她心中充满了甜情蜜意。此后就再也没有时间、没有心情，也没有地方搭了。帐篷收进壁橱，气垫藏之阁楼，要在城市里寻找搭帐篷之地的心情终于彻底消退殆尽了，也终于，被证明是小资的矫情。

但今天却是货真价实的行动。

我们背上气垫、帐篷、饮用水、饼干、薯片，兴奋地下楼。

中午十二点十分，车到闵行体育公园——这才发现，最适合搭帐篷之地居然就在我们旁边。

太阳在空中热烈地普照，营造一种温暖的景象。但空气仍冷飕飕的，温度在摄氏七八度徘徊。乔乔兴奋过度，幸福笑容满脸开放，坚持要自己亲自背帐篷。这个伟巴斯特帐篷是三年前我在4S店里抽奖抽到的。伟巴斯特汽车天窗我们没装，帐篷白赚到一个。伟巴斯特促销汽车天窗，我们白拿了一个帐篷，总觉得不好意思，算为他们做了个免费广告吧。这帐篷设计简单，色彩搭配协调，做工质量亦佳，简易轻便，重一公斤多。乔乔眼下力大如小羊，背帐篷简直是小蚂蚁驮饭粒，轻松畅快。只有厚实气垫沉重无比，作为父亲，我是干这体力活的不二人选。

闵行体育公园建好四年多，近上海外环线，位于农南路——七宝中学门前——以南，顾戴路以北，外环线以西，新镇路以东。今天我亲自掐表，沿公园步行一圈需时三十分钟，不到三公里。Google了一下，知道公园面积总共1260亩。占地面积不小，又是崭新设计，适合散步、运动和休闲。公园里还设计有蜿蜒车道，游人可以租借三人自行车骑行——这是公园的合理赚钱办法——也可以溜旱冰，还有大片水面，可以租电动船开：这些都是给公园"捐钱"。通胀时代，我们得精打细算，尽量少花钱。在通货膨胀中，我们这虚假中产阶级终于被打回了小市民原形，只好顺着公园边道，贴着墙角一路向靠近外环线的草坪方向走。这边有大片平整的草坪，供城里人搭帐篷过瘾。

我们挑了一块阳光明媚、相对僻静的草坪，开始搭帐篷。我和乔妈支帐篷，乔乔自告奋勇给气垫打气。我们还没有真正活动开来，就有兄妹两个小孩子溜着轮滑杀到。

一个男孩靠近乔乔说："我能不能帮你？"

乔乔说："好啊。"

听口音有些怪，我们抬头观察，这才发现，这兄妹俩非我族类，乃"番邦蛮夷"是也。

乔乔问："你是哪国人？"

"希腊。"

"Greece？"乔乔说，"你的普通话讲得不错噢。"

"当然。"男孩也不谦虚。

他们开始合作。这一忙活，我才发现，气垫密闭气嘴忘带了。这样，打气就没有办法密封。我很惭愧。但孩子们一点都没有气馁，他们继续往气垫里面打气。他们也知道气没办法保存，但他们就喜欢往气垫里打气。打着打着，就变成游戏了。乔乔和他们拿着打气筒喷气玩。他们一会儿说可以清洁身上枯草，一会儿说可以当吸尘器，想出各种点子，玩得不亦乐乎。

希腊小友父亲是希腊人，母亲是上海人。他们身上父系基因较强势，两个小孩都金发碧眼，一看就是洋人。但他们说的一口纯熟普通话，听在耳朵里，会产生错觉。

这么好的阳光，这么好的玩伴，大大地满足了乔乔的愿望。

在这样的城市和这样的时代，搭帐篷显然已经变成了一种不切实际的游戏。与其求远，不如就近。根据我们的经验，就算跑到几百公里外，也找不到一个合适搭帐篷的地方。就算找得到那种真正的野外，像我们这种退化了的文明弱人，根本不能适应，更无野外生存之技能。

我和乔妈在帐篷里坐着，一边翻书，一边聊天。

乔乔和那兄妹俩变着法子玩游戏。

一直玩到下午，凉风已经瘆人了。

我们回家，一到家我就找到了密闭气嘴。

乔乔自己一个人就把这个庞大气垫打足了气。她说："爸爸妈妈，今天晚上我就要睡在帐篷里……"

乔妈说："睡在气垫上可以，帐篷就算了，别把地板划坏了。"

乔乔比较好商量，不是动不动就撒泼的孩子。她同意了。至于是不是真的能自己独自在客厅里睡气垫——我们曾劝她回到自己房间里去睡，她拒绝了，说在客厅里，有灯光，她不会害怕——且听下回分解。现在，她自己正在看《网球王子》呢。

在影片方面，对迪士尼、梦工厂、二十世纪福克斯等公司生产的动画大片，我和乔乔都非常爱看。动画连续剧，日本的更加适合孩子的趣味，我们也不反对。《樱桃小丸子》《网球王子》《猫眼三姐妹》《神奇宝贝》《名侦探柯南》，乔乔爱看，有些我们也爱看。另外，我们还买了《土拨鼠的故事》《猫和老鼠》等，更是老少咸宜了。

又是疯狂的一天。

2008年2月23日

十八　房间里的野营

在闵行体育公园野营，激起了乔乔要实现个人独立的勇气。晚上回家，她自己把气垫打足后，非常有成就感，在气垫上蹦蹦跳跳，兴高采烈。

乔乔说："今天晚上，我要在这里睡觉。"

我们看着她，笑眯眯的，静待下文。

乔乔自己房间有床，是乔妈小时候梦想拥有的公主床。但买回家后，乔乔对自己的公主床没兴趣，一直跟妈妈赖着，挤在一起睡，我被挤到了朝北房间。她试过自己回房间睡，但躺下睡不着，她的理由是怕黑。这事情也就作罢了。

然而，睡在气垫上，她却是认真的。

我们也很认真，帮她铺好床被，灌好热水袋，她就乖乖上床了。

最后，乔乔还不忘记提醒说："我睡着了，谁也不许把我搬回妈妈的床上去……"

晚上，她很快就睡着了，睡得还挺香。我晚上起来看了两次，见她在软软的被窝里，睡得很香很甜。

第二天，乔乔继续要求在气垫上睡，我们也满足了她的要求。

……晚上十二点，我出房间察看时，她已经不见了。我赶紧趴到沙发底下找，没发现她。我又到乔妈房间，伸手摸了摸边上，摸到了一撮软软的头发。这小东西，悄悄溜回去，已经在妈妈的床边睡着了。

也就是说，小探险家回到了妈妈的暖被窝。

2008年2月26日

十九　葫芦丝少女

二月底去云南普洱市，在与缅甸接壤的西盟佤族自治县待了几天，三月九日回家。因行程匆忙，也因为当地安排很紧凑，一直没有时间逛商店，所以没有给乔乔买什么礼物。我每次出差，都要给乔乔买一样礼物，这次马上又要到她生日了，乔妈提醒我给买礼物。

从西盟县回到普洱市做了一场文学讲座。到晚上，因为我在讲座上公开"抗议"给我们喝绿茶，当地朋友带我去一个版画家别墅兼展览馆喝正宗普洱茶。喝茶后，我直接去机场。三十五分钟后飞机降落在昆明机场，当时已是晚上十点三刻了，被存文学兄和他妻子叶多多接去宾馆休息。第二天一早，善解人意的叶多多就送我到机场。在机场商店里转了半天，我决定买一个葫芦丝。我想，就这个吧，给女儿做纪念。

回到家，拿出来，没想到乔乔认识葫芦丝。

乔乔高兴地说："爸爸，葫芦丝！"

我很惊讶，真不知道她是怎么认识的。

"我们学校有！"乔乔说。

哇，学校真不赖。

"这是我最喜欢的礼物！"乔乔宣布说。

她打开盒子，拿出葫芦丝，吹出了一点声音，两眼放光，满脸得意。

小孩子学习能力强，她很快就能吹出调子来了。

我虽然鼓着双颊拼命喷气，仍然吹不成调。

2008年3月13日

二十　"迷信"集中营

我们从小受无神论教育长大，一副无畏无惧死脑筋，对封建迷信嗤之以鼻的模样。可随着年龄增长，不明之事情越来越多，慢慢地变得越来越"迷信"了。

前几天，我们刚说乔乔身体底子好，不爱生病。她就给我们颜色看了。

晚上，天气转暖，她手舞龙蛇，脚蹬被子，早上一起床就大打喷嚏，喉咙沙哑。

第三天，感冒有加重趋势。问她身体乏力不，头脑发胀不，她都摇头，精气神也足，看来问题不大，我们也就不是很紧张了。不给吃药，只嘱咐她多喝点水。乔乔在学校里很少喝水，也不上厕所，这是我们最不放心的。

我一直给她灌输这样的"落后"观念：女孩子身材好是最重要的。她胖墩墩的身材，进小学一年级后大幅削减了，虽皮肤尚不白嫩，却有点婀娜身姿，让我这做父亲的非常得意。

现在小学二年级，乔乔长大了，都能穿妈妈瘦时穿的薄棉线小背心了。学校教育她们要热爱劳动，她一回家就到厨房转悠。我又给她灌输"封建思想"：劳心者治人，劳力者治于人。体力活通常是简单的，你看爸爸妈妈从来都没有特别学习过，饭菜也烧得不错啊。劳动，是需要时才去做就可以了。不需要时，专门去做，就是虚伪的，也是无用的。我还说，每个人都有自己的事，你只要做好你自己的事情，就是最好的劳动。

很显然，我的这些话不符合学校美德教育的观点。我的看法，让她感到迷惑不解。不过，她长大很多了，也懂事多了，吃蔬菜虽然还不主动，但和水果一样都不拒绝吃。

乔乔是肉食者。

"肉食者鄙，"我说，"你知道这句话吗？"

乔乔不知道，她不知道为何素食就高尚。总之，很多道理，都是人们说得多了，习惯成自然，又不思考，人云亦云，也就成了真理。那"劳动光荣"的说法，现在看看，也不怎么有理。劳动分有效劳动和无效劳动，还分真实劳动和虚伪劳动，还有苦力劳动和作秀劳动之分，自然更有体力劳动和脑力劳动之分。这些复杂的观点，乔乔还小，又哪里会明白。学校继续灌输僵化道德教条，很容易让学生没有探索的兴趣，缺乏思考的能力。可见，我们所处的时代，是实际情况和大道理脱节的时代。

昨天，乔乔把我做的干煎青鲷鱼移到自己面前——她最爱吃干煎鱼了——一刻不停地吃，我们要在她吞食鱼肉的间隙，给她塞蔬菜和米饭。我对乔乔说，爸爸现在还不需要你帮着干活，需要时，我一定请你帮忙。不过呢，你一个人霸占一条鱼吃，这个习惯不好。虽然爸爸妈妈不会跟你抢，仍然会让给你吃的。但是，你也应该跟爸爸妈妈分食这条鱼。

"爸爸、妈妈，我吃好就给你们吃……"乔乔说。

"宝贝乖，你多吃点吧。"

我和乔妈像蒸汽机车时代火车头里的辅助工小烧，不断地往有节奏地张开的锅炉口里送煤块。

先有孩子的格非提前享受溺爱孩子的快乐后，曾表达过这样的高见：小孩子是不怕溺爱的。

这话跟社会上普遍盛行的"苦行"教育理论不符——这种教育理论建立在军事化角度，认为孩子都要吃苦，都要劳动，都要吃苦耐劳。我懒得反对这似乎"永远正确"的大理论，但在孩子过得好好的时候，故意寻找苦难给她去体会，这种做法不是作秀就是有病。

我们有了孩子后，在具体的抚养孩子过程中，越来越同意格非的高见。我们也都知道不要过分溺爱孩子的大道理，但是大道理在我们这个社会往往有些空洞，也有些站不住脚。爱，是父母和孩子之间最真实的情感，如果连爱都没有，那这种情感是可疑的。但是，爱而不溺之，确实需要父母在具体生活中言传身教，把握好一个微妙的尺度。

昨晚，乔乔睡着了，我跟乔妈说："好在小东西没有发烧……"

"嘘！别这么说……"乔妈"迷信"地说，"前两天我们还说她不生病呢。"

"不会吧？"我说，"迷信是要一点，但是也不可全迷信。"

小东西睡得甜美极了。

但是，我们又怎么知道呢？那感冒病毒，邪恶而微观，人类肉眼看不见，人类的肉手摸不着，我们又不深通医理，只能凭感觉了。

这时，迷信还有点心理安慰作用呢。

2008 年 3 月 14 日

二十一　溜冰小女孩

乔乔一直佩服幼儿园的溜冰神童汪达伟，也盼望着自己能拥有一双滚轴旱冰鞋。可因为锻炼少，胆子小，活动能力差，她不敢溜，我们一直没有给她买。去年，她用我们成年人折叠自行车学会了骑行，车技还处于较低级程度，不敢上，不能下，动辄要爸爸牢牢抓住。

上个星期二，我们答应带她到迪卡侬去买溜冰鞋。

虽胆小谨慎，但乔乔对溜冰神往又热爱，穿上溜冰鞋在迪卡侬店里的地板上溜了几圈。开始是售货员大哥哥扶着，后来自己胆战心惊地溜滑了几下。我们看她确实热爱，就买下了。一起买的还有一套护膝、护肘和护腕，全套设备，可谓武装到牙齿了。

这几天，上海进入了百年不遇高温期，每天火烧火燎，出门就是一身臭汗，气温到傍晚还不"退烧"。也就溜旱冰，能让一向讨厌出汗、不愿意出门的乔乔在傍晚冒着酷热下楼。我陪着她到小区道上练习。

乔乔身体很好，体质也好，反应能力也不错，但她拥有一颗超级胆小的心。这让我们想到了《绿野仙踪》里的胆小狮。胆小狮什么也不缺，就缺勇气，因此他什么都做不好。我只要让她松手，她就哇哇叫。其实，她松开手，自己慢慢滑，已经可以溜了。可即使强行松开手，她也照样蹒跚学步，不敢稍微迈开大步伐移动。看着她这样子，我既好笑又好气。

为鼓励她，我吹嘘自己在大学时曾经溜过旱冰。那时是四个轮子的，更加不好溜。我曾在华东师大游泳池边那个粗糙的水泥溜冰场上摔过一个大屁蹲儿，尾椎骨坐在地上，感觉全身都碎了。爬起来发现没有什么问题，又继续溜旱冰。

乔乔听我这么说，更加害怕。

前天和昨天，她已经可以松开我的手自己向前了。虽然很谨慎，很慢，但在向前滑。你还能对一个八岁小女孩要求什么呢？她从小就娇生惯养，从小就依靠爸爸妈妈。总不能把她推出去进行魔鬼锻炼吧？反正我们是小市民，要求不高，平安健康，快乐知足，这就好了。

2008 年 7 月 28 日

后记：玩，疯狂地玩

这部分基本就是玩，到处玩，自由地玩，有些疯狂地玩。

在游玩中，也不必总是想着"益智"，不必总想着学习，而是自在行走于山水中，让自己轻松着，与自然界交换能量。

现在因为利益驱动，绘本阅读推广者满大街都是，已经造成了绘本万能的假象。很多有心的妈妈，有心得过头了，买回大量的绘本，扔给孩子。她们以为这样，孩子就能一劳永逸地"赢在起跑线上"了。这种想法很偷懒，也不见得真能起效果。

绘本有自己的价值，但也只是一种图文读物而已。父母可以择其优，适当买一些，抽时间与孩子共读，其价值更多的在于"亲子"活动，形成父母与孩子的情感交流，而不在于"学习"，不在于"认字"。在六岁之前的低幼阶段，我提倡更多地去玩，更多地去活动，更多地去动手，这样才能让孩子发展自己的身体，增强对自己身体特性的认识。

在追逐嬉戏的时代，不必过多地喂养"精神饲料"，而占据他们太多时间。如果挑选不当，那些绘本是物无所值的。

我在很多场合下，都跟年轻的父母们说，不要给孩子报那么多班，尽量腾出时间来多陪他们玩玩。孩子一眨眼就会长大，但与他们一起玩的时光，会成为记忆中的珍珠。

我自己，就留下了这些记忆。

现在编书稿，重读这些记忆中的一颗颗珍珠，我自己很有些感动。

2016 年 5 月 7 日

关于快乐成长的推荐阅读书目①

1.《猜猜我有多爱你》，[爱尔兰]山姆·麦克布雷尼，[英]安妮塔·婕朗绘，梅子涵译，明天出版社出版。

荐语：一本关于父爱的绘本。小兔子和兔爸爸分别用肢体语言来表达自己的爱有多大，生动、自然、有趣。

2.《逃家小兔》，[美]玛格丽特·怀兹·布朗，[美]克雷门·赫德绘，黄迺毓译，明天出版社出版。

荐语：一本关于母爱的绘本。小兔子要独自离家闯天下啦，但无论到哪里，妈妈的爱一直跟随着。

3.《我妈妈》《我爸爸》，[英]安东尼·布朗，余治莹译，河北教育出版社出版。

荐语：我们都要当这样有趣、有爱的好爸爸好妈妈。英国绘本大师安东尼·布朗以浓厚的爱献给天下的父母。

4.《我们行!》，[爱尔兰]山姆·麦克布雷尼，[英]查尔斯夫格绘，郭衍培译，文化发展出版社出版。

荐语：一本关于友爱与相处的绘本。小袋鼠、乡村鼠和嘎嘎鸭三个小伙伴一起玩耍和鼓劲。

5.《母鸡萝丝去散步》，[英]佩特·哈群斯，信谊编辑部译，明天出版社出版。

荐语：爆笑巧合绘本。狡猾狐狸尾随着去散步的淡定母鸡萝丝，然而它出尽洋相也抓不到母鸡。

6.《晚安，月亮》，[美]玛格丽特·怀兹·布朗，[美]克莱门·赫德绘，阿甲译，北京联合出版公司出版。

荐语：关于晚安的绘本。乖乖的小兔子睡前要向月亮、电话、红气球、桌子、椅子说晚安。

7.《不睡觉世界冠军》，[英]西恩·泰勒，幾米绘，柯倩华译，新星出版社出版。

荐语：关于睡觉的绘本。睡觉时间到了，可黛拉的玩具伙伴们樱桃猪、霹雳鼠、豆豆蛙还都不想睡觉，黛拉要哄他们变成世界上最快的睡觉冠军，可真不容易！

8.《好饿的毛毛虫》，[美]艾瑞·卡尔，郑明进译，明天出版社出版。

荐语：关于成长的绘本。用优美的绘画和生动的语言，讲述一颗虫蛋变成毛毛虫，再变成美丽蝴蝶的整个成长过程。

9.《棕色的熊、棕色的熊，你在看什么？》，[美]比尔·马丁，[美]艾瑞·卡尔绘，李坤珊译，明天出版社出版。

---

① 由于大多数图书版本更新较快，此书目仅列出版机构名称，不列出版时间。——编者注

荐语：关于观察世界的绘本。孩子可以通过韵律生动的对话，看到棕色的熊看到的各种动物及相关颜色。

10.《小熊和最好的爸爸》(全7册)，[荷]阿兰德·丹姆，[荷]亚历克斯·沃尔夫绘，漆仰平、爱桐译，贵州人民出版社出版。

荐语：关于内心与情感交流的亲子绘本。在熊爸爸的呵护下，好奇又爱探索的小熊面对了整个世界。

11."小兔汤姆系列"(第一辑全6册)，[法]克斯多夫·勒·马斯尼，[法]玛莉-阿丽那·巴文绘，梅莉译，海燕出版社出版。

荐语：关于成长与呵护的绘本。小兔汤姆要长大，要逛海滩，要逛商店，要生病，兔妈妈要认真看好他，不然他会走丢啦。

12.《大象小不点》，[奥]埃尔温·莫泽尔，赵远虹译，北京联合出版公司出版。

荐语：关于成长与意志的绘本。大象小不点走丢了，他要去找妈妈找爸爸，要回到家里去。绘画极其优美。

13.《城市老鼠和乡下老鼠》，[英]贝妮黛·华兹，刘海颖译，长江少年儿童出版社出版。

荐语：基于探索与自我反思的绘本。乡下老鼠很想知道城里老鼠是怎么生活的，城里老鼠很想知道乡下老鼠是怎么生活的，后来他们终于碰到一块了……

14.《野兽国》，[美]莫里斯·桑达克，宋珮译，贵州人民出版社出版。

荐语：关于自我成长的绘本。与妈妈大吵一架之后，小男孩迈克斯开始了漫长的冒险，来到了野兽国并当上了国王，但他最终因思念亲人而放弃国王宝座回到家里。这本书让我们知道每个人内心都有一只猛兽，克制它是成长必不可少的过程。

15.《让路给小鸭子》，[美]罗伯特·麦克洛斯基，柯倩华译，河北教育出版社出版。

荐语：关于社会责任的绘本。鸭爸爸马拉和鸭妈妈马拉太太到处飞，想找到一个最好的地方，让小鸭子可以安全地生活。最后他们来到公园里，在警官的帮助下，人们都学会了礼貌地给小鸭子让路。

16.《大卫不可以》，[美]大卫·香农，余治莹译，河北教育出版社出版。

荐语：关于心灵成长的绘本。大卫是个调皮捣蛋的小孩子，每天到处惹祸，妈妈跟在后面大喊："大卫，不可以！"但即便大卫如此捣蛋，妈妈最后还是会抱着他说："大卫乖，我爱你！"

17.《吃掉黑暗的怪兽》，[英]乔伊斯·邓巴，幾米绘，彭倩文译，新星出版社出版。

荐语：关于情绪健康教育的绘本。小孩子都害怕黑暗，但有一个小怪兽生来就喜欢黑暗，它觉得黑暗好美味，一直不断地吃，最后把黑暗都吃光了。没有黑暗，这下可糟啦！

18.《美味的朋友》(全6册)，[日]丰田一彦，季颖译，长江少年儿童出版社出版。

荐语：关于身体健康教育的绘本。不用担心，读了这本精心绘制的图书，原本挑食的孩子就爱上吃苹果、蔬菜、豆腐和各种有营养的食品啦。

19.《月亮的味道》，[波兰]麦克·格雷涅茨，漪然、彭懿译，二十一世纪出版社出版。

荐语：关于好奇心与探索的绘本。月亮是什么味道？好想尝一尝！可是怎么也够不到，大家都好想知道，于是大象站在乌龟背上，长颈鹿站在大象背上，斑马站在长颈鹿背上……

20.《青蛙弗洛格的成长故事（第一辑全12册）》，［荷］马克斯·维尔修思，亦青译，湖南少年儿童出版社出版。

荐语：关于心灵成长的绘本。青蛙弗洛格在成长过程中有好多困惑和难题啊，好在它有很多朋友，大家一起想办法。

21.《不一样的卡梅拉》（12册），［法］克里斯提昂·约里波瓦，［法］克里斯提昂·艾利施绘，郑迪蔚译，二十一世纪出版社出版。

荐语：关于心灵探索的绘本。小母鸡卡梅拉和她的孩子卡梅利多与卡门，她们是不一样的小鸡，她们都好奇、热情、充满探索的勇气，还能解决问题。

22.《你看起来好像很好吃》（全7册），［日］宫西达也，杨文译，二十一世纪出版社出版。

荐语：关于爱与宽容的绘本。"小盆友"都超喜欢恐龙，喜欢看恐龙的样子，喜欢恐龙的生活。他们知道遥远的白垩纪，认识凶恶的霸王龙……但是这本书出人意料，当霸王龙正要扑向小甲龙时，它听到小甲龙的一句话，被打动了……它们开始学会宽容相处。

23.《可爱的鼠小弟》（全22册），［日］中江嘉男，［日］上野纪子绘，赵静、文纪子、猿渡静子译，南海出版公司出版。

荐语：关于探索世界的绘本。从鼠小弟的小视角描绘精彩大世界，以简洁明了的句子、出人意料的情节、富有创意的独特画面设计而闻名，是极佳的亲子读本。

24.《米菲绘本》（第一辑），［荷］迪克·布鲁纳，童趣出版有限公司编译，人民邮电出版社出版。

荐语：关于观察生活的绘本。简单温馨的生活故事如珍珠般串起：去动物园、过生日、做客、生病……你得什么都经历过，什么都知道才好。米菲兔的形象也超可爱，请注意小兔和兔爸爸的嘴巴！

25.《小熊比尔和大熊爸爸》，［德］内勒·莫斯特，［德］米歇尔·朔贝尔图，宁宵宵译，新星出版公司社出版。

荐语：关于亲子游戏的绘本。大熊爸爸和小熊宝宝一起玩游戏，一起探索，大熊爸爸肩负着小熊宝宝一起去冒险。绘画极有质感，黄暖色调超温馨。

26.《活了100万次的猫》，［日］佐野洋子，唐亚明译，接力出版社出版。

荐语：关于生命与爱的体验的绘本。有一只猫活了一百万次，死了一百万次，拥有过一百万种身份，被一百万人宠爱，但是它自己浑浑噩噩，对一切都漠不关心，直到有一次遇见了一只白猫，它才发现了生命的价值。这是生命与爱之歌，让我们敬畏生命，敬畏爱。

27.《你笑起来可爱极了》，［爱尔兰］山姆·麦克布雷尼，［英］查尔斯夫格绘，郭晓晓译，文化发展出版社出版。

荐语：关于情绪调节与自我成长的绘本。小袋鼠有一天突然闷闷不乐，感到做什么都没劲，看到什么都没有意思。袋鼠妈妈想尽办法，让它快乐起来。

28.《爷爷一定有办法》，[加] 菲比·吉尔曼，宋珮译，明天出版社出版。

荐语：关于家庭情感培养的绘本。约瑟有一个能干的爷爷，他总有办法解决问题，把旧毯子改成外套，把外套改成马甲……还有老鼠一家也是其乐融融的，即便艰苦也乐观、友爱。

29.《小黑鱼》，[美] 李欧·李奥尼，彭懿译，南海出版公司出版。

荐语：关于成长与智慧的绘本。一条勇敢而智慧的小黑鱼，它的红鱼小伙伴们都被凶猛的金枪鱼吃掉了，它自己逃出来，在海礁里生存……有一次，它想出了好办法，让小红鱼游在一起形成一条大鱼样子，小黑鱼当眼睛，这条庞大的"巨鱼"，把其他大鱼都吓跑了。现代绘画风格，令人印象深刻。

30.《白雪公主和七个小矮人》，[德] 格林兄弟，[美] 兰德尔·贾雷尔英译，[美] 南茜·E. 伯克特绘、杨武能、杨熹译，二十一世纪出版社出版。

荐语：童话故事绘本。被评为最美的白雪公主绘本，美国绘本大师伯克特以十四岁的女儿为模特，以精细的古典主义手法和绚丽色彩演绎。

第二部

吃喝拉撒事

慢慢长，让他们先赢，我们不着急

小孩子的生长是一个奇妙的旅程。

我在微信上看到有人把各种美丽、奇特的道路图片拼接到一起，让人看到不同的道路、不同的风景。我们的孩子也会走上各种不同的道路，经历不同的人生。如果把他们的人生道路拼在一起，将是一幅绚烂之极的迷图。

我们的记忆也从最微小的细节开始，随着时间流逝而逐渐简略。时光飞逝，孩子渐长，父母冷暖自知。

我们都有这种体验，在小孩子满月之前，我们对他们的感受是一天一天算的：第一天来到人世间，发出响亮的啼哭声；第二天胃口增进，似乎要张开眼睛；第三天长出眼睫毛，扑闪扑闪的……满月之后，则是一个月一个月算的：第一个月充满好奇地看待新世界；第二个月决定探索自己的未来；第三个月第一次剃胎毛……周岁之后，则是一年一年算的：第一年专注于自身成长——第一次翻身，第一次坐起，第一次站立，第一次开口，迈开第一个步伐，学会第一个字母；第二年进入文明世界——背诗、画画、写字、上网、学习语言，以并不稳当的步伐在人类的大地上奔跑；第三年；第四年……

没人看见草在生长，也没人看见孩子在生长。他们的生长，就是在观察、探索、思考、表达中，不断地呈现出来。

孩子的生长，在我们的记忆中都是一段一段的，他们似乎是跳跃着不断长大：他突然会说话了，他突然会聊天了，他突然会背诗了，他突然会画画了……他突然长高了。

周岁之前，孩子什么都是好的，都是可爱的，都是难忘的。我们每天紧紧地盯着他们，用照相机、录像机记录下他们的一举一动，为他们的点滴变化而兴奋。

正式进入社会文明秩序前，他们的一切都是自然而然的、非现实的。现代文明社会告诉我们一种现实，小孩子却看到人们无法探知的超现实。他们的世界是有神性的，他们以万物有灵的态度看待"小千世界"的万事万物。他们喜欢听各种动物故事，他们为各种不幸而难过，他们同情弱小、憎恨邪恶，他们宽厚地看待世界和大人们，并且满怀爱与怜悯。

在这个阶段，亲子阅读要以认识自然、探索世界的绘本为主。亲子阅读的阶段，既要培育孩子与父母的亲情关系，又要激活他们对自然世界的兴趣，让他们在探索未知世界的过程中，养成独特的个人性格。

亲子阅读只是成长的一个方面，玩耍是低幼儿童认识世界、探索世界、认识自我的最好方式。孩子要更多地随父母外出旅行，面向广阔的世界，拓展心智与毅力，并探索自我和外在世界。

相信爱的教育，相信反思与宽容，与孩子一起成长。

其他家长都开始为"赢在起跑线上"而给孩子报各种辅导班时，我们决定慢慢来，让他们先赢，我们不着急。

一　在妈妈肚子里烤羊肉串

吃饭时，小乔乔胃口不好。

妈妈逗她："你看，你在妈妈肚子里吃得多乖啊，长得又结实又健康。"

我问："乔乔，你在妈妈肚子里吃什么？"

乔乔说："我在妈妈肚子里烤羊肉串。"

"哦？"我说，"怎么烤啊？羊肉串哪里弄来的？"

我以为自己的反问有意思，没有想到小乔乔说："我不告诉你。"

这个问题在她的脑子里可能不成问题，反而是我的问题有问题了。

对于小孩子来说，她认为自己干什么，就会有什么，根本不考虑怎么得到的问题。

在《木偶奇遇记》里，匹诺曹的爸爸不也在鲸鱼肚子里正经地过日子么？谁会问他是怎么在鲸鱼肚子里活的吗？竟然还找到了一个油灯，竟然正儿八经地过起了日子。小孩子看世上任何事情都有可能，他们才没想那么多这不能那不可呢。

我想象一个笑眯眯的胎儿正围着围巾，淌着口水，举着羊肉串在妈妈肚子里大吃大喝的样子。

这的确非常有趣。

2005年1月3日

二　用情感降温

昨天乔乔就生病了。今天咳嗽，发烧。我和乔妈看看问题不大，就跟朋友们去莘庄南广场吃饭。吃到一半，姥姥来电说乔乔温度上升了。我们赶回来，才知道乔乔是想我们了。

我们走开没多久，竟然就想我们了。

通常，我们到哪里去都带着她，大家相亲相爱。过去这一年，我们带她飞过广州、厦门、哈尔滨，开车去宁波慈溪摘杨梅，去杭州梅家坞吃农家菜，去西塘玩，去朱家角玩。她跟我们去过不少地方，都很乖，也很长见识。但她就是离不开我们。

我们回来后，乔乔小鸟一样靠着妈妈，没有吃退烧药，温度却慢慢地降下来了。

今天晚上我和朋友们一起去潘教授家吃饭，乔妈给我打了两次电话，说乔乔想我了，电话拨通又不肯跟我说话。我回来她已经睡着了，还时不时地轻轻咳嗽，让我心痛。乔妈说女儿真的非常想我，一直问我什么时候能够回来。乔乔晚上躺到床上，还问："我睡着之前，爸爸会回来吗？"

我坐在她旁边，手放在她额头上。

她每咳嗽一次，我就心揪一下，恨不得亲自替她咳。

2005 年 1 月 4 日

三　齐家治国黄瓜汁

今天有事外出，乔乔跟姥姥在家。

为了孩子多出恭，我坚持天天给她喝黄瓜汁。为引起她的兴趣，我还特别邀请她一起来榨。榨好黄瓜汁，我请她拿蜂蜜端杯子。

几天下来，她来了兴趣，主动要求喝黄瓜汁了。

小孩子的事情不能太着急，而且肯定有反复。父母要坚持做好一件事情，也需要很大的耐心和恒心。即使是看起来这么简单的一件事情，做好都不容易。

齐家治国平天下，是古代贤人的终极目标。

但大多数圣人都是不"齐家"的。

2005 年 1 月 10 日

四　雨夹雪，猕猴桃

这两天，天气预报出奇地准。

今天刚到家，坐不多一会儿，天空中竟然就飘起雪花来了。

我给乔乔榨了一杯猕猴桃汁，加了点纯净水，一勺蜂蜜，端到她房间里去。她正在里面玩橡皮泥。榨汁时，乔妈说乔乔不会吃的，猕猴桃味道很怪。我说，只要有耐心和决心。乔妈笑着说，橙汁我还是费了九牛二虎之力才让她喝下去的呢。我说，看我的。

我对让乔乔肯喝猕猴桃汁缺乏必胜的信心，但总要尝试一下吧。乔乔什么都好，就是不爱吃水果、蔬菜。

我把猕猴桃汁端到乔乔面前，先热烈祝贺她的橡皮泥玩得非常棒，简直棒极了。然后说，你做的胡萝卜太像真的了，我吃一口！

066

乔乔说："只能假装吃一口。"

我说："不，我要吃掉它。"

乔乔连忙夺回去，"你不能的！爸爸！你不能的！"

我说："好，我假装吃，不是真吃。"

乔乔把她做的橡皮泥胡萝卜递给我，我假装吃一口，大声赞美胡萝卜的维生素之丰富，对人体健康的好处数不胜数。然后，我一点铺垫都没有，陡然转到猕猴桃的营养上，夸张地说，猕猴桃的维生素是胡萝卜的一千倍那么多。天知道有没有？也许真的呢。我随口胡诌。

我说："你知道吗，宝贝？吃猕猴桃的小孩子脑子很聪明的。"

乔乔正要含吸管，一看猕猴桃汁的样子，又吐了出来，说："等一会儿，只等一会会儿。"

她如果说等一会会儿，就意味着她对这东西不感兴趣。

为了让她和平地喝下这杯猕猴桃汁，我经历了多少的艰难困苦啊。

……此处省略若干字，耐心、耐心、耐心。

因为发誓要和平共处，我不得不跟女儿耐心耐心再耐心地斡旋，冒着磨破嘴皮子的危险，最后……无功而返。在下楼梯往厨房的途中，我自己一口就把那杯无辜的猕猴桃汁喝了。酸酸的，还带着一点甜，多好的味道啊。乔乔就是不喝，你拿她毫无办法。

一名父亲在女儿面前失败是难免的，但总是失败就应该避免了。

2005 年 2 月 18 日

五　臭屎怪，蔬菜侠

今天玩好了，乔乔胃口奇佳。她吃了一大碗饭，还吃了大半碗鸡蛋羹。过了一会儿，她忽然声称要上厕所。

乔乔把屎称为臭屎怪，把蔬菜称为蔬菜侠。

乔乔曾问我："爸爸，什么是怪什么是侠？"

我解释说："怪是坏东西，侠是好人。"

"噢，我知道了。"乔乔说，"屎是臭屎怪，蔬菜是蔬菜侠！"

孩子的世界从最简单的二分法开始：好的，坏的；高的，矮的；大的，小的；黑的，白的。很多人的人生，就这样被简单地归类了——小孩子可以这么开始认识世界，但成人世界也这样简单就变成了暴力。

在我们这个国家，很多东西常常被一分为二，并被加以区别对待。一个人幸运地站在好的这一方，就会平平安安。不幸站在了对立面，则可能历经苦难，一生坎坷。

表面看起来，一分为二的朴素辩证法很符合儿童心理，对于帮助他们简化世界、认识事物很有用。在蔬菜侠的帮助下，她干掉了很多臭屎怪。

2005年2月18日

六　受伤的甜蜜

今天是星期三，乔乔幼儿园有绘画班，晚上五点四十分才能接。昨天她踢足球出了一身汗，回家泡热水澡，竟然主动地拉了一泡巨屎。

我说："乔乔，昨天你很乖，今天我们带你去宜家玩好吗？"

乔乔说："耶！——"

刚进宜家大门，乔乔拿尺子要给我们量身高。我不让她玩，想先买好东西再说。乔乔还是一味地淘气，我突然不高兴把尺子一扯，软尺就把她柔嫩的指头割破了。

她举着指头，委屈地看着我。

我惭愧地抱起她，到儿童乐园，那里的阿姨用一块创可贴帮她包起来。乔乔举着包好创可贴的指头，在我面前晃，似乎很欣赏自己的受伤，又似乎是在提醒我太粗鲁太没有耐心了。

事情这才消停下来，但我一直很感不安。

回家后，乔乔让我打字把这件事情记下来。

乔乔说："爸爸，你就这样写：今天，我一不小心把自己的宝贝手指头割破了，下次一定小心点。"

哎呀，爸爸也是经常犯错误的，必须写下来，好好反思。

2005 年 3 月 2 日

七　一根赋比兴的冰棍

昨天下午，接乔乔回家。在内环线高架上，乔妈给她吃点心时，她说："妈妈，到宜家我再吃吧。"

乔妈说："到宜家？谁说去宜家了？"

乔乔说："我不是说去宜家，而是说到宜家那里的高架的时候，我再吃。"

我说："乔乔说得对，爸爸早就明白了。"

乔妈说："很久没有带你去宜家玩了，不如今天带你去吧。去宜家的小马兰玩一下。"

送她进小马兰，我和乔妈在店里逛了一会儿，对宜家那些东西我们早就司空见惯了，没有多大兴趣。到时间接她时，小马兰里只有一个阿姨在陪乔乔画画。她进宜家乐园，一般都是画画，不像别的孩子到处乱蹦。出来时到楼梯口，乔乔说："上去，上去，休息休息。"乔妈说："不去了，我们回家吃饭。"乔乔很喜欢在宜家的餐厅吃东西，但这餐厅实在没有什么好吃的——也许那几样点心除外。乔乔见我们不让她上去，很不高兴。

我们去推购物车，让她坐在上面。一路曲里拐弯，无话。

快要到出口时，乔乔忽然说："爸爸，今天在幼儿园，我不是睡不着，是被子有点厚。"

我说："哦，原来是这样。"

乔乔又说："虽然被子不太厚，但是有点厚，我睡不着，出了汗。所以不是我不乖，是我出了汗。"

我说："哦。"

069

乔乔说："你能不能给我吃个冷饮？"

我跟乔妈相视一笑。

她的思维过程是这样的：乔乔看见快要到收银台了，想到了出口外面的小吃站里的冰淇淋。她想吃冰淇淋，但是没有直接说出来，而绕了这么大的一个弯，用赋比兴的手法先咏叹别的事情，各种方法都要用尽了，才把自己真正目的说出来。

不得不说，她这招真是太"诗经"了。

兴的手法，是中国诗歌特有的语言表现手段。把两样不同性质的事物并列在一起，会起到一种特殊的表达效果。

"关关雎鸠，在河之洲；窈窕淑女，君子好逑。"

兴也。

"蒹葭苍苍，白露为霜；所谓伊人，在水一方。"

兴也。

"桃之夭夭，灼灼其华；之子于归，宜其室家。"

兴也。

2005 年 5 月 17 日

八　留东西吃

昨晚饭后吃石榴。乔乔对石榴里一粒粒的石榴籽产生了浓厚兴趣，平生以来破天荒头一次对水果产生了感情。她一粒粒地吃，乔妈在旁边一团团地吃。乔乔看着，说："妈妈，你给我留一点，我也喜欢水果的。"

我逗她："你要吃得快一点啊，谁快就谁多吃。"

乔乔瞥了我一眼，哼了一声说："哪有妈妈不给自己的女儿留东西吃的？"

这个，嘿嘿，无法反驳啊。

2005 年 9 月 23 日

九　爱馄饨的小女孩

乔妈是东北人，我是广东人，南北纵贯五千公里。

从地域上看，我们之间的饮食差别可谓大矣。一般认为东北是北方，乔妈必定热爱面食，而她对面食却无兴趣。这就跟我找到了共同点。

前些时候，有情感专家说，最好找个能聊到一块的人结婚，而我和乔妈就能聊到一块儿。

名作家阿城写过一篇妙文章《思乡与消化酶》，说夫妻俩能吃到一起很重要。一对夫妻如果不能吃到一起那会很痛苦。上海和湖南两地人，要结成夫妻在一起过日子容易生矛盾。上海爱吃甜食，湖南嗜食辣味，婚姻生活就易产生磕碰。

我和乔妈在吃上相互融合了。我小时候就常吃辣椒，这不像我的广东老乡。而乔妈也勇于吃辣椒。前些年，我们喜欢去各种川湘鄂黔风味土菜馆里吃辣。这段时间，我们紧缩支出，找出很多拒绝进餐馆的理由，而在家里自己制作美食了。

如剁椒鱼头，我们在家做。把破开的大鱼头摆在冷锅底，敷以姜葱丝、辣椒、豆豉等调料，加料酒、生抽若干，加盖子，中小火煮到指针指向刻度三点钟的位置，改用小火烧几分钟即出锅，滋味鲜美，回味无穷。连续几次，我脸上就吃出痘痘了。

在我们的劝诱下，乔乔也稍微能吃点辣，但她一般不吃。我们自己炮制的剁椒鱼头，她也是要勇敢品尝的。我们挑出极鲜、极嫩的肉，还要没沾上辣汤水的，夹给她。她送进嘴里，边嚼边喝冰水解辣，还不忘一边吹嘘说："真刺激！"

跟所有小孩子相似，乔乔最勇于吃辣的地方是麦当劳。那里的辣鸡翅也比较辣，但她能吃四五只——边吃鸡翅边哈气边喝可乐，脑门上随之渗出细细绒汗，鼻尖也开始发亮。我们极少去快餐店。那些东西一看而知是垃圾食品。

乔乔对面食有浓厚的爱好，这却一点都不像我们。她姥姥得意，以为有东北遗传。为让姥姥高兴，我们就没就此跟她展开辩论。乔乔对饺子、馄饨、面条如此喜欢，我们没有料到。昨天，她又提出要吃馄饨。

早上去菜场买馄饨皮、牛心菜、葱姜，去超市买肉。我们做饺子、馄饨，都自己剁肉，干净、有嚼头、香味佳。回家后把皮和肋骨去掉，五花肉切薄，切丝，切丁，稍剁几刀，就成肉馅了。乔乔在旁拿筷子搅肉馅。搅肉馅前先加些葵花籽油拌开拌匀，加麻油调香，后加生抽、料酒、姜末、葱末、五香粉、胡椒粉等。快包馄饨前，加入先切好的牛心菜——这种牛心菜是椭圆形的，像橄榄球，不是原来那种扁圆形的卷心菜。味道上，这两种卷心菜有天壤之别。西餐沙拉多用这种牛心菜。乔乔搅拌肉馅时很小心，没有把馅料弄出来。她还说："爸爸，我搅馅料也是很辛苦的。"

我说："是啊，当然。"

馅料拌好后，乔妈和乔乔就一起包馄饨。

乔妈包馄饨极熟练。乔乔则奇思妙想迭出。她一会儿说，我要做一个糖果，就把肉馅包在馄饨皮上，捏住两端拧，馄饨皮拧不到一起，馅料就洒出来了。一会儿，她又说，我做了一顶帐篷。最后，馄饨她没有包几个，倒是手工做了不少，全都是龇牙咧嘴的。反正是馄饨，汤水一起吃的，裂了就裂了吧。关键是让孩子一起参与，玩得愉快，玩有意思。

馄饨煮好后，乔乔吃了一大碗。吃完，她还让我多舀了五只；吃完，又从我碗里分走三只。这一顿大约吃了二十多只。虽是小馄饨，但连汤带水差不多两大碗了。她的碗比一般饭碗大，两碗量很不少。

吃饱喝足，她心满意足了。小脸红扑扑的，脸色慢慢也好转了。

2006年4月16日

十　胃痛

昨天开始，乔乔就说肚子痛。

我们一直搞不清楚她怎么回事，似也不太严重，于是不太在意。

今天，田老师说乔乔肚子还痛，饭也不吃。我们决定下午早点接她，到儿科医院去看看。下午四点左右，路上还不算堵。从华东师大到儿科医院，距离不远，但道路弯绕绕，行车走走停，半个小时才到。到医院，把她们放下，我去找停车位。

过了一会儿，乔妈打电话说，已经看完了。医生说可能是急性胃炎，估计是东西吃坏了，也没开药。一路上，我们反思，估计是这几天，烤牛排、煎猪排、烤鸡翅、烤三文鱼、吃披萨，太油腻了。小孩子胃娇嫩，吃得太多了，这样残酷折磨下，就出了毛病。凡事过犹不及。

反思再三，还是怪我们没育儿经验，饮食上也不够节制。

回家，决定煮粥，大家都吃清淡一些。

乔乔趁机提出了一个酝酿两天之久的要求：去楼下的书店，买那本涂色的小熊维尼画册。于是，我又陪她去书店，这一涂色，一玩乐，就涂了一个半小时。

乔乔要求不高，这就心满意足了。前两天，她还声称要买敞篷跑车，开起来潇洒呢。

我问她："肚子还痛吗？"

她说："肚子不痛了……只是有一点点痛……"

我说，回家好好休息休息就好了。

于是回家。

2006年6月12日

【心得】

这种涂色的小熊维尼，算得上是后来流行的《秘密花园》的前辈吧？其实，《秘密花园》涂色，虽有创意，是现代文明病患者自我减压的好方法，但是，如果小孩子从小就玩涂色、画画，有自己的业余爱好，他们长大后，会有其他意想不到的好处。我们孩子十年级时，在念IB国际课程，她坚持下来的弹钢琴、画画的爱好，因为脱离了高考的程序，而忽然变得很"有用"了。有些选择艺术课程的同学，因为没有绘画基础，只能去拍视频等，不如有基础的孩子可发挥余地大。

十一　像房子那么大的红萝卜

昨晚我和乔妈精心策划，决定今天将乔乔一接回家就给她吃饭，然后"嗯嗯"。

长此以往便秘不再，小家伙将会长成一个完美天使。

中午我和乔妈在家里吃火锅，晚上只做一个肉片炒蒜薹。涮过牛肉、羊肉和各种丸子的火锅，剩汤就加几片白菜，就着新蒸米饭凑合吃一顿。我做饭时，乔乔去弹钢琴。

我们请钢琴老师到家里来，每星期教一次，因我们对乔乔督促松懈，三天打鱼两天晒网，她的钢琴水平进步缓慢。我们虽然都是乐盲，也懂得惭愧，于是就想起来要严加管教了。乔乔弹琴，声音传到厨房里，跟袅娜飘起的蒸汽混合在一起，营造出特殊的宜人气氛。

然后我就说，开饭了。

乔乔自己用调羹挑了两块猪油渣送进嘴巴里，边嚼边说好吃。

接着，我把汤盛到饭碗里，给乔乔来个汤泡饭。都说汤泡饭不好，容易得胃病。据我三十多年亲身经验，这种说法毫无道理。从来没有吃过汤泡饭的朋友——包括乔妈，倒都或轻或重有点胃毛病（基本都是饮食不当引起的，现在就没有问题了啦）。因此，我并不阻止乔乔的汤泡饭爱好。

我跟乔妈不准备吃饭了，为减肥，我们常这么折磨自己。可给乔乔挖了一半米饭，小饭碗里还剩下一半，留则不新鲜，扔之可惜。抵挡不了牛羊肉汤香气之引诱和猪油渣肉片炒蒜薹的猛烈吸引，我端起饭碗告诫自己说，下次少做一点。

乔乔坐在对面挑拣地吃了几口，忽然趴在桌面上闭上了眼睛。

我说，糟糕，乔乔要睡着了。

乔妈冲过来，端起饭碗，舀了一勺米饭塞到乔乔嘴巴里说："乔乔，你醒一醒，不能睡觉，你还没有弹好钢琴，做好作业，也还没有洗澡呢。"

乔乔非常不情愿地张开嘴巴，把饭含了进去，还是闭着眼睛，一副马上就要睡着了的样子。

我虽然心痛乔乔这么困顿还不能睡觉，居然还要做作业、弹钢琴，但我还是配合乔妈，不断跟乔乔说话，想让她清醒起来。我说："乔乔，爸爸给你讲一个故事怎么样？"

乔乔不耐烦地摇摇头。

妈妈又塞给她一口。

乔乔生气了，说："我都睡着了，梦见一根像房子那么大的红萝卜，正要去拔，你们却把我吵醒了！"

我说："噢，真抱歉！"

乔乔说："哼！"

我说："你真的梦见像房子那么大的红萝卜吗？"

乔乔闭上眼睛说："我要回去拔萝卜。"

2006年11月14日

十二　玩乐

在浙江省湖州市菱湖镇射中村，我们开始了周末之旅。

我们已经准备吃晚饭了，乔乔要去跟小鸡小鸭告别了。

费妈妈养的小鸡小鸭也是她最喜欢的小动物。费妈妈给乔乔拿小鸡小鸭饲料让她喂。乔乔小手撒出去，小鸡小鸭抢着吃。

我说，乔乔可以写篇作文了："小鸡小鸭真可爱，吃饭跑得特别快；我们也要学习它，张开大嘴来比赛。"

我随口胡诌的这首打油诗很应景，乔乔听了很高兴。

最近语文老师教她们好多名言警句，都是道德说教，是假大空言之无物的。比如"谦受益，满招损"，让她们不要骄傲自满。我对女儿说，这句话有不要骄傲自满的意思，但也有很多别的意思，不能仅仅把它看成一个道德格言。比如，月亮到了最圆时，第二天它就会缺掉小小一块，这也是"满招损"。比如一个杯子，装水太满了，容易溢出来。一根竹子可以弯起来，但是弯得太厉害就有可能折断。这些道理，都是我们祖先从自然现象中观察和学习得到的，他们发现，事情不能做过头，水也不能蓄得太满。他们从自然界中学习到知识，用来反思自己做人。做人要从自然规律中学习，懂得很多道理，这样，就会成为一个很了不起的人。

从点滴中进行道德教化，这是当下教育制度的厉害之处。但这种教化很容易让

075

小孩子失去真正切身的感受。

这个"新农村"建设得好，漂亮、安静、干净、整洁，民风淳朴，夜不闭户。我们带乔乔来过多次了，也曾带朋友来过。这次我们一家自己来，吃了好多土生绿色食品。这里安安静静，非常舒服。晚上八点钟，乡野静悄悄的，城市里凌晨两点也不会这么安静。安静得连蛙噪虫鸣都沉寂下去了，四面夜色，似有重量般围拢在我们面前。这种夜色，让我们觉得黑夜是很安全的、很温暖的。我们其实都需要在黑夜的庇护下，彻底放松地好好休息。

乔乔开始画画，画了一幅种子的家。

我们叫她睡觉。她躺到床上就睡着了。

在这里，我们玩了很多次飞碟。她进步很快，也很有劲头。我们还玩了骑自行车。在射中村周边，无边无际的鱼塘、桑树和河道，铺设得很平整的柏油小道干净地延伸，我们骑在路上，感觉是骑在上个世纪八十年代的电影里，乔妈就像是在准备去学校的乡村女教师。

那种安静恬憩的感觉，沁心润肺，真是久违了。

2007 年 9 月 16 日

【心得】

陪孩子玩有各种不同的方法。越来越多的父母都明白了陪孩子的重要性，也努力挤出更多的时间来和孩子玩耍。父母和孩子一起骑自行车，一起打羽毛球，一起外出旅游。所有这些，都是孩子成长教育中的一个有机组成部分。在这种游玩中，小孩子会逐渐养成对不同事物的认识和判断，逐渐培育出对待成功、挫折的不同思考，同样也会增进父女间、母女间的情感密度。

对学校的考试，我们仍不轻视，但是放在一个正常的位置，不拔高，不鄙视。

我们对女儿说，你考试得了高分，就应该感到很高兴。我希望你自然地享受愉悦，不必装出老成持重的样子。你考试得了低分，也不必太沮丧。找出自己的不足，努力去改正，这样你再次得到高分，又是一种新快乐。

我喜欢看到充满笑容的孩子，我喜欢看到真正快乐的孩子。

这些，是一些学校教育中不能给予他们的，但父亲和母亲恰恰能做到。

我们和孩子一起去观察一朵花，我们和孩子一起去研究一条虫子，这些都是好的。

十三　我想这就是幸福

阴霾了好几天，昨天终于放晴了，气温也急剧降到零度以下。

我们全家睡了一个大懒觉，太阳晒屁股才起来。然后磨豆浆，烤面包。乔乔喜欢泡一碗我戏称的"猫粮"——这是德国进口的类似燕麦片的东西，还有一种玉米片。

快中午了，我们才吃早餐——好吧，是早午餐。

好像是受到《小熊维尼》的影响太大了。

把泡好的豆子放进豆浆机后，我到菜场里买了一只草母鸡。菜场草母鸡炖汤，是我们家的最爱。这比我们远远跑到西山、莫干山、天目山、雁荡山乃至神仙居时，在那些路边貌似农民店里吃到的假草鸡好多了。我跟乔妈说，事实证明，现在农村里的好孩子和好草鸡都进城了——我把这话跟鸡老板说，他们一阵讪笑。不过，他们的草母鸡确实不错。

我回家把鸡剁成大块放在 AMC 锅里，加上砂仁、桂皮、茴香、姜、葱和料酒，上锅盖，用小火慢慢焖。焖出香味，鸡皮蜡黄了，这才加上一壶开水，慢慢地继续炖。水开了，放莲子，再炖一个小时，放一小勺盐，就好了。

太太说，这炖鸡跟汽锅鸡没什么两样嘛。

AMC 精钢锅具的特殊气密弧形锅盖，能使蒸汽凝结为水滴再流回锅里，这就形成了水蒸气的微型内循环，"汽锅鸡"做起来就简单多了。这"汽锅鸡"没有添加其他辅料，也没有用高汤和味精，但味道之鲜美，令齿颊生芬，余香袅袅，比我们去吃过的云南风味拉祜酒店那一百三十八元的号称正宗的云南汽锅鸡要鲜美得多。

我们现在很少去饭店。

油价、菜价和米价涨成这样，我们疑神疑鬼，总觉得饭店不可能用很好的材料。一桶五升鲁花纯花生油，两个月前九十七元，现在一百二十一元，半年前七十八元。在家里，我们就是吃这个油。单位发茶树油，我觉得价格太贵了，要三百多一桶，且油腻，我没要，改充钱到交通卡里乘地铁，也可以去加油站给汽车加油。我们戏称，从嘴巴里省出来油来给汽车喝。这一定是疯了。黄瓜比去年同期翻了一倍。对于我们来说，到菜场买菜，价钱上的负担还算轻，且相对而言蔬菜更干净，更放心，起码表面上看得清清楚楚。一家三口，在家里吃，暖暖和和的，冬天也不觉得冷了。

吃完后，我们就出门散步。

风很大，尘也大。乔妈翻出了去年压缩在真空袋里的羽绒服。我们每个人都穿上，围上围巾，走进寒风，走进冬季。乔乔在前面飞跑，我追着给她拍照，乔妈在后面赶。这个时候，什么物价上涨，什么股市沉浮，什么娱乐圈《色·戒》，全都烟消云散了，剩下的只是追逐、游戏、欢笑。

我们说，哪里也不去了。过路费、汽油费不说，门票涨价，到处人挤人，花钱买罪受，还不如一家子待在家里，舒舒服服睡懒觉。

昨晚，我们一起看了《变形金刚》，乔乔竟然害怕，大半时间躲在我身后闭眼睛捂耳朵。今天我们一家睡到十点半才起床。吃好早餐兼中饭——晚上要到陆阿姨家吃饭——我就在电脑前坐着，看昨天拍的照片。乔乔呢，站在后面给我拔一根夹杂在黑发中的白头发。

乔乔是一个非常有耐心也非常小心的孩子，她给我拔白头发，更像是一种仪式。其实我几乎没有白头发。但乔乔这样做，让我感到浑身都沉浸在一种酥麻麻的幸福里。

窗外，阳光明媚，万物蛰伏。

她一边给我拔白头发，我一边写这篇文章。

我想这就是幸福。

2007年12月31日

后记：爱与陪伴

爱是最好的教育。

陪伴也是最好的教育。

孩子在长大过程中的每一个阶段都会有所不同。在上小学之前，家长就要尽量多陪他们外出去玩。有条件就去远方，有情怀则读诗；没条件，就在附近走路、聊天。要与孩子充分地交流，平等、理解与尊重是父母与孩子相处的基本态度。

并不是每时每刻都要做学习状，在与自然万物的具体接触过程中，孩子就会有自己的真切感受。我们现在的教育制度，使得一切的学习，都被极大地固定在书本上、课堂上，只能听老师照本宣科，被灌输那些所谓的正确答案。这不是对孩子的激发，而是损害孩子。

人的五官都是接受信息的系统，如视觉是阅读，听觉是乐音，触觉是感受，嗅觉是滋味，各种综合的信息加在一起，才是一个复杂的信息吸收系统。而只有充分调用各种信息的孩子，才会是一个心灵丰富的人。

我们孩子到现在，并不是传统意味的"学霸"。但是她很适应IB课程的学习，因为她的外语学习能力很强，爱画画，会弹钢琴，她的动手能力极强。她的这些业余爱好，在更注重激发孩子创造力的国际课程中，反而变成了优势。

教育态度，决定了孩子的生长。

孩子与大树一样，要在适合的土壤中，慢慢地成长。

关于深化兴趣的推荐阅读书目

1.《鼹鼠的故事》(全10册),[捷克]兹德内克·米勒,接力出版社出版。

荐语：关于兴趣探索的漫画书。心地善良又热心可爱的小鼹鼠在森林里生活，与刺猬、兔子、青蛙、鸟儿都是好朋友。他对世界充满好奇，对几乎所有事物都充满兴趣：星星、火箭、汽车、电视机、棒棒糖、口香糖、火柴盒、雨伞……任何东西它都想瞧个究竟。

2.《父与子全集》,[德]卜劳恩,田伟华译,中国妇女出版社出版。

荐语：关于游戏与情感的漫画书。这部漫画集是卜劳恩与儿子克里斯蒂安的真实生活写照，故事中父亲尽力呵护儿子而不惜采用各种方法，儿子聪明、淘气但不讨厌，同时也总是深深地爱着父亲。这部漫画风靡世界近八十年，是几代人的精神食粮。巧妙的画面闪耀着智慧的光芒，简洁的线条里呈现出纯真的父子之情，他们的幽默、善良、正直与宽容，是父与子关系中最值得学习的特质。

3.《绝对小孩》《绝对小孩2》,朱德庸,现代出版社出版。

荐语：关于亲子关系的漫画书。你家孩子脑子里到底在转动着什么古怪念头？朱德庸先生以有趣的四格漫画、好玩的故事、生动的语言告诉你，父母们对孩子是怎么想的，而他笔下的"披头"到底是怎么想的。

4.《神奇校车·图画书版》(全12册),[美]乔安娜·柯尔,[美]布鲁斯·迪根绘,蒲公英童书馆译,贵州人民出版社出版。

荐语：关于认知世界的科普图画书。搭乘一列神奇的校车，上天入地，深入人的身体和地球的内部，探访恐龙，穿越飓风，以有趣而严谨的科学知识，介绍各种自然现象和科学知识。

5."美丽的童话绘本"系列（《狐说伊索·寓言》2册+《狐说格林童话》2册),[日]安野光雅,艾茗译,光明日报出版社出版。

荐语：亲子故事绘本。小狐狸阿空在森林里拾到几本《伊索寓言》《格林童话》，央求狐狸爸爸给它讲故事，不识字的狐狸爸爸抵不住孩子的再三央求，只好硬着头皮给孩子"狐说"——瞎编故事啦！会讲故事的狐狸才是好爸爸！这让我想起小时候在雷州半岛家乡，父亲在番石榴树下边燃着一支大腿粗的稻草棒驱蚊，边给我们讲故事。他把薛平贵和薛丁山、岳家将和杨家将都记混淆，但我们听得津津有味。

6.《旅之绘本》(全6册),[日]安野光雅,新星出版社出版。

荐语：关于文化旅行的绘本。透过绘画大师的精妙眼睛看世界，这套绘本熔铸地理、文化、历史、建筑的综合认识，色彩优美纯正，对欧洲的地理风光、各国形态，孩子都可以直观地发现。

7.安野光雄"美丽的数学"系列（全5册),[日]安野光雅,艾茗译,中国城市出版社出版。

荐语：关于认识数学的绘本。有趣的数学，以生动的图画表现出来，让孩子对抽象的数

字产生具体的感受。

8.《14只老鼠·图画书系列》（全12册），［日］岩村和朗，彭懿译，接力出版社出版。

荐语：关于自然与亲情的绘本。绘画细腻，色彩绚丽，十四只老鼠的一年四季，一个森林里的大家庭，趣味丰富，让孩子认识自然、感受家庭亲情。

9.《斯凯瑞金色童书》（第一辑全4册），［美］理查德·斯凯瑞，李晓平译，贵州人民出版社出版。

荐语：关于城市社会生活的绘本。跟着小猪一家去旅行！通过这套绘本，认识单词，感受城市生活，了解交通状况，还能知道各种交通工具。小孩子就这样认识现代生活。

10. "小安娜和长叔叔"系列，［瑞典］英格尔·桑德伯格、［瑞典］拉赛·桑德伯格，任溶溶译，二十一世纪出版社出版。

荐语：关于亲情与相处的绘本。小安娜最爱跟长叔叔去旅行，长叔叔最爱给小安娜讲故事、变魔法。一个孩子不仅要有亲爱的爸爸妈妈，最好还要有一个好玩、有趣、充满爱心的长叔叔。

11.《第一次上街买东西》，［日］筒井赖子，［日］林明子绘，彭懿译，新星出版社出版。

荐语：关于成长与发现的绘本。每个孩子最终都要独自一人面对世界，例如第一次出门、第一次上街、第一次买东西、第一次与陌生人交谈。这个世界，一次一次地进入孩子的视野，成为他们长大的能量。

12. "林格伦精品绘本"系列（全8册），［瑞典］阿斯特丽德·林格伦，［瑞典］英格丽德·万·尼曼等绘，李之义译，中国少年儿童出版社出版。

荐语：关于自我成长的绘本。长袜子皮皮是一个了不起的勇敢小姑娘，她穿着一双46码的大皮鞋，风风火火地一个人面对整个世界；淘气包埃米尔是一个脑子里充满各种奇思妙想的善良小男生，他的热心总是造成各种混乱，但最后都成为一种成长的独特经验。

13.《绘本窗边的小豆豆》（全2册），［日］黑柳彻子，岩崎千弘绘，赵玉皎译，新星出版社出版。

荐语：关于教育与成长的绘本。小豆豆因为太好奇太淘气，已经被好多所学校拒绝了，后来妈妈把她带到了小林校长创办的巴学园。小林校长的宽容、爱护与引导，让小豆豆成为一个令人喜爱的孩子。讲述爱与宽容的教育、创造的教育。

14.《女巫温妮》，［澳］瓦莱丽·托马斯，［英］科奇·保罗绘，任溶溶译，外语教学与研究出版社出版。

荐语：关于想象力拓展的绘本。小孩子都喜欢魔法，如果他们都有女巫温妮的魔法能力，那么很多事情就简单啦。科奇·保罗的插画极其绚丽，让人过目难忘。

15. "暖暖心绘本"系列（四辑19册），［伊朗］米拦弗特毕，［德］沃琪顿绘，漪然译，湖南少年儿童出版社出版。

荐语：关于生活态度的绘本。十九只不同的动物，十九个不同的故事：关于倾诉与倾听、关于感恩与知足、关于友爱与互助、关于给予和分享、关于梦想和父爱，关于生命的奥秘……一生中可能碰到的问题，这里全都有。

16.《古利和古拉》(全8册)，[日]中川李枝子，[日]山胁百合子绘，李颖译，北京联合出版有限公司出版。

荐语：关于友情与交流的绘本。田鼠古利和古拉是一对快乐的小吃货，它们最喜欢的事情就是"做好吃的，吃好吃的"，在森林里烤蛋糕，到原野上野餐，举办盛大南瓜宴，与朋友分享美食与快乐。东方风格的简约绘画，构图、留白都极其用心。

17.《比得兔的世界》(全8册)，[英]比阿特丽克斯·波特，阿甲译，连环画出版社出版。

荐语：关于自然与家庭生活的绘本。比阿特丽克斯·波特小姐热爱自然，热心保护环境，她居住在湖区丘顶农场，养了好多动物，并把对动物世界的观察以精妙的语言和亲切质感的图画描绘下来，成为百年来享誉世界的经典绘本。

18.《苏斯博士双语经典》(10册)，[美]苏斯博士，李育超等译，中国对外翻译出版公司出版。

荐语：关于想象力拓展的绘本。苏斯博士自编自绘的绘本里充满了新奇有趣的想象世界，画风夸张，色彩奔放，故事神奇，如小象听到呼呼声并拼力保护一朵花里的城镇，穿袜子的狐狸做绕口令的故事，都简明扼要又意蕴深远。初级阶段可以先结合简明的英文读这五本（网上有相关的朗读MP3和动画下载）:《苏斯博士的ABC》(*Dr. Seuss's ABC*);《在爸爸身上蹦来跳去》(*Hop on Pop*);《一条鱼 两条鱼 红色的鱼 蓝色的鱼》(*One Fish, Two Fish, Red Fish, Blue Fish*);《绿鸡蛋和火腿》(*Green Eggs & Ham*);《穿袜子的狐狸》(*Fox in Socks*)。

19."小熊帕丁顿系列"(全12册)，[英]迈克尔·邦德，[英]佩姬·佛特南绘，谢芳群译，接力出版社出版。

荐语：关于性格养成的绘本。帕丁顿已经是英国国宝级卡通人物，它憨态可掬的可爱形象，出现在公交车站、地铁车站和各种游乐场里，这个勇敢、善良、友爱的小熊，是男生最好的性格培育偶像。

20."花的世界"系列(全4册)，[日]熊田千佳慕，黄帆译，贵州人民出版社出版。

荐语：关于认识自然的绘本。绚丽无比的花世界，还有精短上口的配诗，充满了温馨隽永的记忆，是亲子共读的最佳选本之一。

21.《彩绘法布尔昆虫记》(全5册)，[法]法布尔原著，[日]熊田千佳慕绘，黄帆译，贵州人民出版社出版。

荐语：关于认识自然的绘本。法布尔《昆虫记》是百年流传的名作，而日本绘本大师熊田千佳慕的画是无数相关绘本中的精品，每一幅画都极其精致细腻，是对昆虫世界的最美呈现，是亲子共读的最佳选本之一。

22.《自然图鉴》(全5册)，[日]松冈达英编，[日]下田智美文/图，黄帆译，贵州人民出版社出版。

荐语：关于环境保护的绘本。细腻有趣的日式卡通绘画风格，分门别类地表现我们人类的自然朋友：莓子朋友、果树朋友、花草朋友、蘑菇朋友、海滨朋友。在自然中，呈现我们的真实世界。

23.《大自然的秘密》(全4册),〔英〕伯纳德·斯通哈斯,〔英〕约翰·弗朗西斯绘,刘宣谷译,贵州教育出版社出版。

荐语：关于环境保护的绘本。在我们身边的花园里生活着各种小动物,你需要仔细观察才能发现。在农庄里生活着各种小动物,它们的世界丰富多彩;在自然森林里有更多的野生动物,它们让森林热闹非凡;在我们身边的水世界中,也生活着各种令人惊奇的动物。所有这一切,都需要我们从小去认识,去了解。

24."铃木守的鸟世界"系列(全4册),〔日〕铃木守,黄帆译,贵州人民出版社出版。

荐语：亲近自然绘本。铃木守先生常年置身于深山之中,一年四季与鸟为伴,把全部的生命热情都投入到了研究鸟和鸟巢的工作当中。他用细腻的文字和优美流畅的笔触,描绘着季节转换中的人与鸟的生活。

25.《侏儒怪》《沼泽天使》《亨舍尔和格莱特》,〔美〕泽林斯基绘,彭懿译,贵州人民出版社出版。

荐语：童话新阅读绘本。泽林斯基改编绘画的格林童话,以超现实的绚烂画风,重新演绎了经典童话。

26.《艾特熊和赛娜鼠》(全21册),〔比利时〕嘉贝丽·文生,梅思繁译,二十一世纪出版社出版。

荐语：情感培育绘本。温柔的大块头艾特熊和被惯坏了的赛娜鼠一起生活,它们要挣钱,要演出,要相互配合、相互友爱,才能生存下去。绘画风格简约生动,配色处理温馨自然。

27.《一个孩子的诗园》,〔英〕罗伯特·路易斯·斯蒂文森,漪然译,屠岸顾问,湖北美术出版社出版。

荐语：诗歌诵读绘本。一个孩子不能不读诗,爸爸妈妈不能不读诗。这是一本经典儿童诗集,选有一百多幅精美经典插图,值得收藏和阅读。

28.《小北极熊与鲸鱼朋友们》,〔荷〕汉斯·比尔,张千婷译,电子工业出版社出版。

荐语：心灵成长绘本。宝儿是一只热爱冒险的小北极熊,在冰天雪地的北极闯荡,它勇敢冒险,结交朋友,每一次冒险,每邂逅一位朋友,都向着自信独立迈进。一个孩子在成长时要学会：挫折时不沮丧,困难时不放弃。

29.《派老头和捣乱猫的开心故事》(全10册),〔瑞典〕斯文·诺德奎斯特,凯梅译,新蕾出版社出版。

荐语：亲情培育绘本。派老头和捣乱猫一起生活,捣乱猫不断地想这想那,甚至一年要过三次生日,派老头都让它得到满足。绚丽而细节丰富的乡村风格绘画,值得慢慢看,慢慢回味。

第三部

家庭与学校

园丁与鲜花

面对中国式教育环境，我想各位家长都有不同的体会。

我对现行教育的反思，在孩子上小学前就开始了。

"语文"是今日中小学教育的一个死结。人文性的匮乏使这门学科成为鸡肋，只剩下认字和抄写好词好句。而实际上"语言"和"文学"是两个重要的、相辅相成的学科，彼此紧密联系，几乎不可以分开。人文性教育更多地要通过经典作品的阅读来养成，很多科学家如爱因斯坦、杨振宁等，都谈到人文教育的重要性。

"文学"这个概念在中国传统中包括散文、诗歌、历史、哲学、政治等各个大类，现代文学兴起后，"小说"也成为其中核心的部分。原来被正统儒家鄙视的小说，在五四新文化时期得到胡适、鲁迅、汪辟疆、郑振铎等学者的肯定和推崇，重新进入中国文学的主序列。

胡适评价过的长篇章回小说《水浒传》《西游记》《红楼梦》等，以及鲁迅、汪辟疆爬梳钩沉整理批评而成的"唐传奇"等，都是新文化运动后的新产物，这些作品也是中国传统文化中值得学习的精髓。而我们的中小学课本里，有关现代、古代部分的选文，基本都以"道德说教"为纲，如《愚公移山》《精卫填海》《刻舟求剑》《郑人买履》等，并非古代最重要的经典，而只是《墨子》《庄子》《孟子》等传统经典中的例子。这些故事脱离具体语境而被抽出来当作"道德寓言"教给孩子，本来就是断章取义。再加上观念僵化的标准答案的解读方式，传统文学作品的丰富性受到了破坏，其中的博大信息几乎全被抹除了。别的不说，唐传奇里的那些故事，如《板桥三娘子》《昆仑奴》《南柯太守传》等，丰富有趣，意味隽永，却因各种原因而无法进入中小学语文教材。小学课本里摘选的长篇章回小说如《三国演义》中的"赤壁之战"、《水浒传》中的"武松打虎"、《西游记》中的"大闹天宫"等都是经过教材编写者改写的，失去了原有的气息。《红楼梦》选入的"葫芦僧乱判葫芦案"是小说旁枝的章节，本章选入只是为了体现教材编写者的"阶级斗争"观念。这些改头换面和断章取义的做法，对学生都会产生误导作用。

如果你一定要解开现行教育的死结，我建议的方法就是"退而结网"——家庭教育，以及自我学习，不断完善。

我在这些年的语文教育批判实践中，去过很多中小学，与教师和学生做过充分的交流，还去参加过很多家长自己组织的读书会，与他们一起分享阅读与自我教育。我发现，越来越多的中国父母都意识到家庭教育的重要性，也都慢慢地行动起来了。

家庭教育在小孩子的成长过程中的作用，起码占了三分之一的比例，家长不能放弃自己的责任，要与自己的孩子一起成长——而且家长也要有一个自我教育、自我完善的过程。这个过程中，最重要的部分就是进行有效的阅读，并进行情感的有效互通，而这种互通最重要的一环就是亲子阅读，家长给孩子读书、讲故事。孩子们在5—9岁阶段特别热爱动物类故事，这时候多读一些经典的动物小说，会对他们帮助很大。而在情感教育上，这也是一个关键阶段，因此，我还推荐了一些少年成长类、情感培育类的书，供父母们参考。

作为一个父亲，我觉得自己有责任与孩子一起进行广泛的阅读，在孩子不认字时读给他们听，在他们识字后帮他们挑选古今中外的杰出作品给他们阅读。以这种经典阅读方式，打破中小学教育的严格限制，从而涵养心智、培育性格，让孩子拥有开阔的视野、丰富的见识。

不会阅读的民族，是没有未来的。

不会阅读的家长，会给孩子带来更多负面的影响。

一　我会想你的

今天有事外出吃饭，不能陪乔乔在家。出门时，乔乔说："爸爸，你早点回来，不然我会想你的。"

呵呵，倒是挺煽情。

我抱起她来，狠狠地吻了一口。

乔乔擦擦自己的嘴巴。

她可是一个矜持的女孩啊。

2005年1月18日

二　成长的烦恼

今天回家，乔乔跟我说："爸爸，今天我还要吃两个我们最喜欢的巧克力，不过，你不要告诉妈妈。"

我问："为什么呢？"

乔乔说："告诉她，就不给我吃了。"

我说："这可不行。妈妈是对你最好的人，她不让你吃那么多，是怕你吃多了不好。"

乔乔没有说话。

我接着说："你真的要吃，妈妈是会给你的，但是你不要骗妈妈。"

晚上，我跟乔妈交流这个信息，乔妈说，这是她姥姥教的。有一次她偶尔听见了姥姥这么跟小乔乔说了。

我说，这很不好，大人小孩交流都要坦诚、平等。我要跟姥姥谈谈。

太太说，算了。

于是算了。

2005年1月21日

【心得】

关于这类问题，我认为要跟孩子充分交流。老人家只是一味地溺爱，不太懂得这种瞒骗一旦积累起来，就会成为一种坏习惯。父母与孩子之间，要形成一种有效的平等交流，并养成说理的习惯。

三　假期结束了

假期总是过得很快，这似乎暗示着快乐的短暂。

乔乔明天就要上幼儿园了，我们早早就给她吹风，说上学要早起，所以今天要早睡。

乔乔小小年纪，似乎就很明白事理。

晚上八点半钟，她就在妈妈的催促下进了自己的房间。小孩总在家里待着也不是好事情，什么都变懒了，家长如果没有足够的时间和耐心来陪伴，这就什么都乱套啦。不像在幼儿园里，有很多小朋友可以一起玩耍，可以一起交流。

人是社会性种群，需要学会相处，在磕磕碰碰和彼此宽容中，学会调节自己的情绪，同时也开阔自己的心胸。小孩子情感的发育成长，需要与同龄人在具体的生活和交往的过程中完成。大人与小孩子相处过多，可能会压抑孩子的探索兴趣，打击他们的想象力，破坏他们的想象力。

师妹胡艳春对我说，广州有一对艺术家夫妇，在番禺租了六百亩地，开了一个种植园，孩子不上学，他们夫妇在家自己教。我想这只是一个特殊例子，是某种理想状态，带着一点畸形心理。小孩子的成长并不只是读书，她们的心智发展，更多需要在跟同龄人的嬉戏中逐渐养成。从小到大每天跟父母待在一起，小孩子可能会读到更多好书，学到了更多顺从，但他们也可能失去了纯真年代，失去和小伙伴们一起自由探索的莫大乐趣。

在儿童眼里，世界一切都是新奇的，这种新奇需要和同龄伙伴一起分享：一只蚂蚱跳起，一只蚂蚁爬过，一片树叶飘下，一朵白云流动，一朵小花的暗放。一草一木，都是无边的、色彩纷呈的好世界。

而相反，在很多成年人的眼中，这个世界是乏味的、陈旧的、无趣的、条条框框的。

2005年2月20日

四　难产的生日礼物

乔乔就要五周岁了。

这五年间，我们虽然很累，但得到很大的快乐。随着乔乔一天天长大，问题一天天多起来，我们必须一天天地调整自己的心态，不断适应女儿成长中的挑战。

我一直这么说，孩子才是我们的老师。对她我是爱的，她教给我的远比我教给她的多；她给予我的也比我给予她的多。

向小孩子学习是我的口号。

谁能在孩子面前谦虚，谁就能得到进步。

今天下午把她从幼儿园接出来，我就从金山江路口上内环高架，到曹溪北路拐到沪闵路高架一直到莘庄口下，直奔位于闵行颛桥的迪卡侬运动品专卖店。

我本打算给乔乔买溜冰鞋。一开始她也声称自己其实喜欢溜旱冰。溜冰鞋套到脚上打了几个出溜后，她打退堂鼓了。

乔乔说："妈妈，帮我把鞋子脱下来，我到那边去看看吧。"

我跟孩子妈妈说："看来溜冰鞋不合适乔乔，我们还是看看那边的自行车吧。"

迪卡侬儿童自行车不少，样式多，做工也不错，比百货店儿童用品部里的童车质量好。童车最大的共同点是贵。材料、质量都普通，价格却能购买一辆质量相当不错的大人自行车了。前几年我给乔妈买一辆普利司通自行车，质量一流，骑感上佳，也不过四百块。我们在迪卡侬看中的这款童车，加上两个辅助轮，竟然也要四百块。

乔乔骑上童车后，摇晃间竟产生了兴趣和豪气，我们稍微觉得买了值得。但根据我们的经验，好不好，能不能坚持下去，还是要用过才知道。

2005年3月24日

091

五　五岁生日快乐

今天是乔乔的生日。

早上起床，她就努力表现自己很能干。五周岁了，这半年间，她似乎瞬间就长成了一个真正的小姑娘。

按照幼儿园的"惯例"，我给乔乔班上的小朋友每人买一块巧克力，老师每人一小盒蓝罐曲奇饼干，送到幼儿园给大家分享。

妈妈还特别去买了巧克力蛋糕。

回到家已经晚上六点了。乔乔迫不及待就要打开蛋糕。小孩子都喜欢过生日，喜欢吃蛋糕，尤其喜欢这种仪式感。现在的小孩，仪式高于一切。我们小时候，食物高于一切。

小乔乔许愿说长大要当科学家。小孩子长大要做的事情多啦。前不久她还说要当画家呢。总之小孩子可以当一切。她们身体里有成长魔法，谁也不用着急，到时候这种魔力就会起效。

2005年3月17日

【心得】

谁会想到五岁小女孩许的愿，会有朝一日成真？念IB国际课程时，女儿决定今后去英国读生物学，做一个生物学家，并研究人工智能。她的爸爸妈妈是两个文科博士，爸爸现当代文学博士，妈妈古典文学博士，却有个女儿要读生物学，做科学家。这是失败吗？或者也是孩子的一种自我成长？上一次学校开家长会，谈孩子们高二选课，很多家长认真记录，好像我和太太最悠闲。判断什么课适合自己，选什么课，孩子自己全都搞定了。我们是外行，不掺和，乐得清闲。

六　乔乔的理想

昨晚，乔乔正在看电视，转到动画片《大英雄狄青》时，她问我："爸爸，狄青为什么要当英雄啊？"

我说："因为他有理想。比如你想长大之后当画家，当音乐家。"

乔乔叭嗒关掉电视，很有理想地说："爸爸，我去练钢琴了！"

这几天，她一个劲地要练钢琴，跟之前的懈怠简直判若云泥。

有一阵她懒惰，不肯弹钢琴，我跟她妈妈笑谈曰：这个大家伙当个米缸正好。一万多的一架大钢琴，我们买回来后，小乔乔居然没有一点要学习的主动性。我们本来觉得她会愿意练钢琴，学多少算多少，增加一点音乐修养，免得以后长大像我们一样是乐盲，音乐厅都不好意思进去。我们随大流也买个钢琴回来装门面，倒是没有强迫她的意思。我想，现在太忙乱，干脆就算了，等她上小学后再说吧。小孩上了小学就算是入了"监狱"，一样受折磨，加上练钢琴，也不为多。幼儿园已经读到大班，很快就要毕业了，还是让她快乐地度过这美好的时光吧。

这两天她忽然来劲，我们又惊又喜。只好硬着头皮跟她一起复习，把早已经忘记的那一点知识，重新温习起来。我们想陪她先练练指法，把过去的记忆翻出来晒晒。不然，再去找教钢琴的李老师，都觉得有些惭愧。

但钢琴不仅需要天赋，还需要好的环境。在如今这个环境，音乐气氛太糟糕，也缺乏传统。我们乔乔似乎在音乐方面不是很有天分，学到哪里算哪里吧。

2005年4月28日

七 芝麻开花

前两天，乔乔跟我们说要弄些芝麻，老师说要拿到学校里种。我没有搞清楚，以为是人人都要弄的。能发芽的生芝麻可不好找，我脑子里想到的，是芝麻糊、芝麻糖、黑洋酥，后来灵光闪现，在菜场小卖店，十块钱买了一大袋。包了一大包，拿到幼儿园，老师只要一点点，用来培育芝麻芽的。

幼儿园老师很有办法，她让小朋友们随便想。有小朋友想到豆子、萝卜、土豆、生姜，但乔乔想到芝麻。芝麻这么小的种子都被她想到了，真叫别出心裁。

没有想到，今天到学校，班主任田老师对我说，乔乔的芝麻发芽了。

我见过豆子、萝卜、土豆等发芽，却从来没有见过芝麻发芽。这倒是要拜乔乔的奇思妙想所赐了。

乔乔很骄傲，向我展示她的成果：培育芝麻的小盘子里，黑色芝麻边上，冒出了小小的白点点——这种感觉真的很古怪。

乔乔在旁边，见我惊讶，很得意。

不过，自己创造了一个小小的奇迹，目睹了特别的生命在呵护下萌动，这难道不是最大的成就吗？

2005 年 11 月 1 日

八　好习惯是怎样炼不成的

乔乔看完少儿节目，把电视关了，打开书房门对我说："爸爸，我要去睡觉了。"

乔乔跟我说完，又回身对姥姥说："姥姥，你先走，我自己去。"

姥姥很想帮忙，但是如今一个小孩，给她帮忙也是一种难得的荣誉，还得看小孩子乐不乐意。姥姥没有帮成忙，只好自己回房间了。

看姥姥关好门，乔乔才走向自己的房间。到客厅，她突然一个急停，说："妈妈，睡觉了。"即使是被我劝说回自己房间睡，乔乔也还是要乔妈陪一阵。

乔乔五岁半了，一直赖在我们床上，不肯自己睡。乔妈宠她，觉得小孩子一天天长大，总有一天会独立的，以后你让她跟你睡，她还不一定爱理你呢。趁她还小，还可爱，好玩，多陪她玩玩。等上小学了，被训练成小大人，就一点都不好玩了。

我们一想到小孩子就要上小学了，不由得感到有点恐怖。幼儿园里还好好的，能玩能乐，关进小学就不好玩了，也不敢好玩了。我们是这么经历过来的，知道小学生每天都要上课，每天都要完成各种作业——大人小孩，都得围着作业转。想到小学的前景，我们心灰意冷，幼儿园阶段是纵容态度，能玩则多玩，不能浪费大好的童年时代。就这样，一拖再拖，乔乔就这么赖上了。

我们家有四个房间，不算少。最好的朝南房间，分配给了乔乔。房间里面有一张购自宜家的白色铁床，乔妈想到公主床，说很喜欢，就买了。还有一个松木衣柜，无油漆，也没有胶水味道，符合环保要求，也买了。最占地方的是一架钢琴。本来准备让乔乔学钢琴，去买了一架崭新的。因为很忙，我和乔妈说，干脆等到上小学了再学吧。反正小学阶段，那是非人生活，肯定要惨遭老师的"迫害"，我们再额外迫害她学点钢琴，相比之下情节就算轻的了。

我们也不祈望她成钢琴家，就是想让她会弹，能欣赏。钢琴摆在房间里，乔乔不碰，乌黑铮亮的，还得定期拭擦。

她房间还是相当不错的，但空置了很久。上星期，趁乔妈带学生去游绍兴，我把乔乔这个"侵略者"赶回她房间。我温言软语说尽，赞美话、激励话、引导话说了一大筐，总算把她哄到自己小床上。半夜，小东西怪叫一声。我冲过去，安慰一阵，无事，太平地睡到天亮。早上她还自己下床，穿好衣服，提前来叫醒我，并得意地称我为懒蛋。

第二天，到了晚上睡觉时间，乔乔说："……可是，爸爸，我一个人睡觉害怕。"

我说："不怕，宝贝，我就在隔壁。你害怕时，只要嘴巴一咕嘟，爸爸就从地底下出现了，像巫师一样。"

乔乔看着我说："可是，爸爸，我们下面是二楼啊。"

我说："爸爸是打个比方，我从隔壁穿墙过来，也算是巫师。"

第三天，还无事。

第四天，乔妈回家了，乔乔趁机重新杀回我们房间。我呢，只好搬回书房。

2005 年 11 月 17 日

【反思】

通常的教育观念，都是要早早让孩子独立睡觉，但我们孩子一直赖着，到她小学四年级时，妈妈去德国工作，我一个人带她，她突然就决定回自己的房间自己睡了。到一定时间，就会有新的变化，并不是要很着急。过去的教育经验，大多是基于动荡年代、贫乏年代而总结得来的，不一定合适现在的社会。尽管我们如此"溺爱"孩子，但她去美国游学，已经证明了，只要在长大过程中做好各种充分准备，她自己一旦有机会独立行走，就可以更自如地应对。"锻炼"不是人为地设计一种受苦的"陷阱",来让孩子受惊吓,而是要在知识上、感受上、语言能力上、动手能力上,培养孩子独立处理问题的能力。

九　摩天轮

每次开车经过锦江乐园,乔乔就说:"爸爸,我们去锦江乐园玩吧。"

我说:"怎么想起来要去锦江乐园了?"

乔乔说:"我想坐摩天轮。"

此前某个星期天,乔乔一早就起来,让我带她去锦江乐园玩。我说:"爸爸不舒服,等天气好点我再带你去吧。"

一个上午,乔乔都表现得很乖。

到中午,我要睡个午觉。下午三点多,乔乔跑到房间来跟我说:"爸爸,下午了,带我去锦江乐园玩吧。"

秋天,日子短了。我看窗外,已经快天黑了,感到很抱歉。我说:"宝贝,天都黑了,锦江乐园已经关门了,只好下次带你去啦。"

乔乔非常失望。

看她失望,我心里非常不安。我答应过她,有空带她去锦江乐园玩的。可总是有各种各样的事,就这样拖延了。理论上,我们都知道,对小孩要遵守诺言。所以,一个人许诺时必须谨慎,不要轻言。我是个溺爱孩子的父亲,只要她的要求不太过分,我都会答应。

看着乔乔期盼的眼神,我觉得再也不能拖延了,一定要找个时间带她去玩。

2005年11月21日

十　给妈妈写一封信

下面是乔乔给妈妈写的一封信:

妈妈，我爱你！我会画很多的画，我还会刻画很多的动物，而且，我喜欢恐龙园。

爱你的：乔乔

乔乔还不会写字，但她很想给妈妈写一封信。这封信，是乔乔让我握着她的手写的。乔乔说："爸爸，爸爸，你把着我的手，我要写一封信。"

我说："好啊，你要给谁写信呢？"

我们铺开一张信纸，乔乔握着一支圆珠笔，她说什么，我教她怎么写。乔乔很认真地看着，也很注意笔顺，努力得嘴都扭起来了。孩子渐渐长大了，她开始注意一些不同的东西。有时候在路上，她会不断地问我，那些指示牌上写的是什么。这样累积下来，她大概也认识了百来个字了。

末尾的签名，是她自己写的。

在她们班上，乔乔认字不多。班上小朋友都在认字，陆宣夷妈妈说，她们家宝宝都认识两千多个字了，还会读《红楼梦》。这真是了不起的成就，我们只能是退而结网了。

虽然乔乔班上的孩子都认识很多字了，我们却不着急教她。现在的小学，传说一年级就认识两千二百五十个字了。在小学，他们不教小孩子学拼音，要求拼音必须在幼儿园阶段学会。他们还要在一年内，让小孩子认识这么多字。所有这些消息，真真假假，很难确认，都让家长为之焦虑。人的幸福和悲伤，大多是跟别人比较出来的。

在一个"亚历山大"的社会，我们这些家长最好跟别人攀比，比认字，比成绩，比聪明，样样都要比。在我看来，如果真的能认识两千二百多个汉字，一年级的小学生基本上都能算是神童了。

当终于有了自己的孩子时，我们却恐怖地发现，全中国的孩子都进化成天才了。

我自己认识的汉字到底有没有超过三千？我也算是专业人士了，却真的很没有信心。小学一年级就要认识两千五百个汉字，实在是太多了。一般常用汉字，也就三千多。人们平常使用的汉字，两千个就够用。汉字的信息涵载模式有其独特性，有研究显示，中国人认识九百九十多个汉字就能流畅地读报了。

按照现在的教学进度，当今的小学一年级学生，认字水平相当于过去一个初中生。我在高中阶段，认识的字恐怕也不会超过两千五百个。作为父亲，我感到惭愧，又感到不解。

一名通过填鸭式的灌输而认识两千五百个汉字的小学生，看见这些字符大概会认识，也可能读得出来，但我认为，他们的认识大部分可能仅是感到"眼熟"而已，而对其中的真义，则多半一无所知。

人的学习，都要遵循逐渐成长的自然规律，如果对其进行填鸭式灌输，只能产出"北京烤鸭"，而不会培养出真正有独立思考能力的人才。

有这个填鸭式灌输的劲头，还不如让小学生循序渐进，通过学习和背诵古典、现代的诗词以及散文名篇等方式，来立体学习传统文化。汉字的学习，不能停留在字符的表面，更重要的是深入地领会和接受博大精深的传统文化，以及生生不息的汉文明的核心价值。他们要明白，自己所认得的汉字，不仅是一个个单独的符号，而且是有生命的文字。把这些文字组合在一起，这些貌似普通的文字就会像经过训练的青年农民一样，变成有组织有纪律的革命士兵，展现出巨大的生命力。

李白的《静夜思》，几乎每个小朋友都会背诵，这二十个汉字，要写下来也是很简单的。这么简单的二十个汉字——不重复数，只有十七个——经过诗人的神妙组合，蕴涵着诗人的真情感，表现出了意味隽永的意境，千百年来让人产生强烈的共鸣。

汉字的优美，还体现在表达上。只有通过阅读诗歌、散文、小说和学会表达这种方式来学习汉字，才能真的领会其中的奥妙。不然，充塞在小学生头脑里的那两千五百个汉字，不仅不会变成营养，反而会沤成一堆垃圾。

再有半年多，乔乔就要进小学了。

乔妈常忧心地跟我说，反正小学比较恐怖，要"压迫"孩子，就等她上小学后再一起"压迫"吧。比如学钢琴。她爱画画，那就让她继续随心所欲地涂鸦。

我们几乎以悲壮的心态，无奈地等待着小学的到来。

2005 年 8 月 25 日

十一　原来如此

这段时间，乔乔喜欢上了一个法国的科普节目《原来如此》。是一个法国老博士在介绍各种科学知识，乔乔特别爱看。

有一次，乔乔临睡前对我说："爸爸，给我讲个故事吧。"

我说："讲什么呢？"

乔乔说："讲《原来如此》吧。"

我说："《原来如此》爸爸可不会讲。"

乔乔就说："对啊，你又不是助教啰。"

昨天看《原来如此》前，我让乔乔去洗澡，这时是八点二十分。《原来如此》九点播放。我说："我们快一点，会赶上的。"

这次，乔乔很乖，老老实实地洗澡。八点四十五分洗好了，穿好衣服出来玩。怕她忘记，八点五十五分时，我提醒她："宝贝，《原来如此》要放了。"

乔乔打开电视，发现节目没有开始，就说："爸爸，时间还没有到，你骗人。"

我说："爸爸知道没到时间，怕你忘记了，耽误看节目，所以事先提醒你。"

乔乔说："哦，那我等着。"

我回到书房。

过了一阵，乔乔忽然出现在门口，一声不吭看着我。我看她，发现她非常委屈，鼻子一抽一抽的，眼泪都快流出来了。

我忙问："宝贝，怎么啦？"

乔乔说："没有《原来如此》，爸爸。"

我说："哦？怎么没有了呢？"

乔乔说："是别的节目……"

我说："宝贝，别伤心，今天不放《原来如此》，也许明天就有了。"

乔乔是个乖孩子，不会无理取闹，很讲道理，很快就从伤心中恢复过来了。

今天晚上，我有事情，九点多才到家。乔妈给她榨黄瓜汁，等她喝好，节目时间已经过了。乔乔感到非常伤心。

我抱着乔乔，对她说抱歉。

乔乔默默的，嘴巴扁着，没有说话。慢慢地，她就睡着了。

我该检讨自己，总这么忙碌，耽搁乔乔看科学节目，这很不应该。

2005 年 11 月 28 日

【反思】

小孩子求知欲多强！竟然这么热爱科学！孩子有好奇心，要好好呵护，只要孩子有兴趣，尽量满足他们的阅读和思考的愿望，这样有助于拓展他们的想象力。

十二　有关哭泣

乔乔刚来到这个世界时是个沉默寡言的新生儿。当产房里其他小孩都在大哭时，她安安静静地一声不吭。一岁之前她都很少哭泣。

可现在她就像享受哭泣似的，一有机会她就要掉眼泪，好像不掉眼泪就不足以证明她小人家家是一个女孩子。昨晚乔妈拉她去洗澡，她不高兴地大哭。不知道的会以为我们家虐待儿童。若是碰到美国那种好心眼邻居，有可能会打电话报警。乔乔不愿意洗澡，如因强迫小家伙洗澡而被关进牢里，我们就太冤枉了。

她虽然大哭，但免不了还是要洗澡。乔妈爱干净，把乔乔弄得干干净净的才让她上床玩。

乔乔又生一计："我要爸爸洗！"

老爸是好好先生。在她紧一阵歇一阵的哭泣中，我帮她洗了头。"爸爸，我不要用护发素！"她说。洗完头发接着洗身体。"爸爸，我不要用洗澡布，你就用手洗……"又一个命令。

洗好了，干净了，乔乔高兴了，嚷着要去看电视。

乔乔要看《原来如此》。

昨晚开始气温降到零下二度。今天早上乔乔睡在被窝里暖暖和和的，被妈妈叫醒后又不高兴了，开始时是哼哼唧唧，后来发展到抽抽泣泣。一切都收拾停当，上车出发，该女生恢复了正常。好像她在此之前的哭闹跟她毫无关系。

在自行车、助动车、摩托车和行人的重重围困中，我们终于杀出重围，到了华东师大后门枣阳路口。等红绿灯时，我问："乔乔，你为什么总是要哭鼻子呢？"

乔乔正在努力吃她的奶酪，没空理我："我也不知道。"

我说："乔乔大概也不愿意乱哭的，对吧？就是哭鼻子不归我们管，归另外一个什么人管，所以它一哭，我们就管不了。"

乔乔说："大概吧。"

哭鼻子不是她管得了的事情，这点我弄明白了。

到了五六岁，孩子开始情感发育了，他们是在探讨感情的不同边际吧？这个时候，父母还是要耐心，要与他们在一起玩耍中相互增进感情。

2005年12月5日

十三　幼儿园正式开学了

这是乔乔在幼儿园的最后一个学期，到暑假结束，她就要升小学了。

一想到她就要升小学，我就感到无限惆怅。我对小学是一点都不盼望的，巴不得拖延再拖延，她越晚上小学越好。乔乔同班孩子很多父母早在她们上中班时就开始为孩子寻找完美小学了。一个叫young的网友去年下半年一直在论坛里问幼升小相关事宜，还有更多父母都忧心忡忡、焦虑异常。

我们本来想，附幼毕业后继续上附小，不多费神。后有灵通人士打探消息说，附属小学很差，几个朋友以孩子在附小里的"惨痛经历"痛说家史。——终于，我们被说得心惊肉跳起来了。

我自己从入学开始就受"虐待"，渐渐都已经习惯了，现在长大，哪天不被"精神折磨"一下还不太习惯呢。对下一代，我希望她受到的"虐待"越少越好——但想避免肯定是避免不了的。我总自吹说，从小考试就不及格，这不也上了大学混到了学位吗？

乔妈立即反驳说，你那是走了狗屎运，纯粹个案。她担心乔乔听进去学坏了，变成像我那样的"坏学生"。

101

她总说："乔乔你别学爸爸，他那是特例！"

就算是特例吧，或可以证明我不是笨蛋，以此推知乔乔也不是笨蛋。在小学啊初中啊这种稚龄段，小孩子应多玩多探索多思考，少做作业。至于那些填鸭式念书，能减就尽量减。

现实是残酷的，食腐者如秃鹫般已出现了。各种辅导班、提高班的广告人员围着幼儿园门口转，趁家长们接孩子时就麕集在一起派发各种传单。传单上是动人的传说，是美丽的描述。这些伪善者说要把我们孩子培养成英国人、美国人以至于火星人。我们还常听到家长们怎么给孩子找老师、怎么补课，种种生动的事例。每位家长都在为让自己的孩子成为超人而拼杀。乔乔班小女生陆宣夷据说已认识两千多个汉字，通读过《红楼梦》了。她妈妈在闲聊时跟乔妈说起，把乔妈吓了一跳，她回来跟我提到时，表情很严肃。

幼儿园阶段，教育界恶风猛吹歪理：不要输在起跑线上。

这种比喻是不准确的。这种比喻不仅不准确，而且是有意误导，出发点阴险邪恶毒辣。

人生并不是短跑，不必听到发令枪就抬腿冲出去。

人生是个长过程，在这单向路途中，有绿水青山，有飞鸟走兽，有阴晴圆缺，有刮风下雨，有春意盎然，也有秋风扫落叶，有快有慢，有急促有舒缓，有黑白有浓艳，每一人生阶段都有不可缺少的风景。一听到发令枪就埋头冲出去，不撞到线不抬头，那是驴子。而且，猛冲猛打的人生也太简单了、太简短了、太可悲了。

可我们乔乔怎么办呢？我不希望她成为小超人，但也不敢让她泯然众人矣。现在她就已古灵精怪，成了超人那还得了？生活在这种人比人的挤压式环境里，一个人想超脱是不可能的。唯一办法是放慢脚步，跟着慢行，不跟丢就可以了。退一步海阔天空，这样心态好点。

二月十四日，我们都没有什么兴致，乔乔却提前一天就对我说："爸爸，你应该送礼物给妈妈。"

我问："为什么呢？"

乔乔说："因为妈妈是你的情人啊。"

前天，我拉着"情人"准备献个轻吻时，乔乔在旁边正组装新买的乐高积木汽车，似乎很专注的样子，却不知道怎么的，冷不防说了一句："情人节都过了，你们怎么还这样啊？"

正如她小人家常常说的那样，我们两个立马Freeze了！

2006年2月20日

十四　三加九等于一巴掌

昨天在回家路上，乔妈说，乔乔今天在学校里做数学题，有四道答不出来，而班上的其他小朋友都会做了。我听了，心中甚为惶恐：说到数学，它乃是我的心头之痛。想当年……（此处省去若干字）我对乔妈说，这不要紧，回家多做点题目就行了。

我对数学没有什么信心。

到家，洗菜，做饭，上桌，吃饭；然后是乔乔出恭、洗澡。哇啦哇啦已毕，乔妈果然在饭桌上摆开了私塾先生架势，拿出那玩具算盘，噼里啪啦一通拨弄，开始了一加九、二加八之类的十以内的加法练习。据传，乔乔班上某同学已经会一百以内的加法了……可见，即使在她的班上，天才儿童也层出不穷。这么一比较，我们家乔乔基本上就是垫底了。虽然我们总希望小孩子能够轻松一点，快快乐乐玩着度过幼儿园的美好时光，可是人的心态往往是比较出来的，一比较，就着急。我们眼见别的小朋友已经要成为运动健将了，我们乔乔还在咿呀学步，心里难免有些嘀嘀咕咕，渐渐地就要不自信了。

"想当年"这种词，越说越没有信心啦。

那么，三加九等于几呢？

我好像听到一声巴掌，实际上却是想象，或者幻觉。

乔乔在妈妈的督促下，做了一阵加法练习，写了一会儿数字练习本，高高兴兴地来书房找我："爸爸，你看，我写的！"

她随即翻开给我看：从一到十，都写了。工工整整，看得出来她非常认真。我一时又有些惭愧。这小孩子，我们虽不特意教她识字，但积累下来，潜移默化中，她已经认识将近两百个字啦。有些句子，连蒙带猜，也能大概琢磨出点意思来。我已经觉得她很了不起了，没有想到，她却在班上垫底。这种感觉并不好，虽然我不要求她一马当先，怎么也要在班上混个中等啊。

这就是社会和环境给人带来的强大压力。我们每个人都在对比，在衡量，在琢磨，在算计，在诚惶诚恐，在你追我赶。

你想洒脱点，结果变成了"傻脱"点。

2006 年 2 月 28 日

十五　报名上小学

乔妈打电话，问我去看过小学没有。

我说，没有啊。接着说，没关系，下午我去探听探听。

坐了不到十分钟，我就觉得不对了。似乎是被某种魔力驱使着，我自动地穿衣服，找鞋子，打伞出门，径直往小学走过去。进了大门，一番询问之下，找到了"小学部"，见到了负责的陈老师。寒暄已毕，宾主双方各自落座。陈老师问我，请问有什么事情？

我一下子就脑子空白了。

我无事不登三宝殿，我自然有事啊，而且还是大事呢。

于是咨询一番，诸如收费、音乐教育、英文外教、班级规模等问题，陈老师一一作答。然后，宾主双方都满意，我填了一张表格。

陈老师说，四月份左右会通知来面试的。我对乔乔的"文化水平"缺乏信心，连忙问何为"面试"。

陈老师看来极有经验，一眼就看出我的疑虑，便解释说，面试很简单，就是读几句话，以及看图讲故事之类。前者，我们"文盲"乔乔，有些要挠头皮；看图讲故事，我觉得她应该能够应付。

小学面试？闻所未闻！

想当年，我上小学时，我父亲扛着锄头，拎着一块竹篾栅栅，顺着一条完完全全的黄泥路，带我向龙平小学走去。当时一学期学费只要一块六毛钱，外加一块搭建防震棚用的编织篱笆。

而如今这所新开设的民办学校，每学期学费要四千五百元，外加伙食费、学杂费等，共计六千出头。

学校教学楼还不错，有天井，有草坪，建筑很正规。

除此之外，它最大的优点，是离我们家很近。

很近，这就对了。

【附注】

本来我们家乔乔作为华东师范大学教师的孩子，可以直接去读华师附小——这可是宇宙啊银河系啊上海啊如雷贯耳的超级名校啊，周边人挤破脑袋要进去的。但是，相比起名校，我认为有时间睡懒觉更重要。家门口协和双语尚音学校虽然是新开的，无名无气，但离家近，走过去只要四五分钟。如果急了，我骑车带她，过一个十字路口，只需两分钟就到了。相比之下，有些孩子过来上学要半个小时车程，搭乘校车则要一个小时。这样，那些小朋友要早上六点钟起床，甚至五点四十分起床，我们家小朋友七点起床就可以了，吃喝下楼都很从容。白白多赚一个小时睡觉时间。哈哈。

2006年2月28日

十六　小学面试

星期天，三月十二日，新报名的小学通知我们带乔乔去面试。小班和中班时一起念书的华师大幼儿园同学汪俊睿也要进这个学校，所以乔乔和我们都很高兴。

我们知道这所近在咫尺的学校，还是汪俊睿妈妈推荐的。她女儿已先转学来这学校读了，儿子也准备送进来一起读。

既然汪俊睿妈妈都说好了，我们也没有什么可挑剔的。

2006年3月15日

十七　我对闺女下毒手

今天阳光明媚，晴朗得让人心慌。

春天就是这种心花花样子，让人静不下心来。我早上去洗车，洗好后跟乔妈说，今天去哪里玩玩吧。要抓紧时间玩啊，眼看她就要上小学了，我们都担心到时候没有时间玩了。

我们起来了，但是乔乔还赖在床上，一个人趴着看《丁丁历险记》。

她不认字，但看得认真，跟真识字一样，不过是读图而已。

我说，乔乔，快起床，我们出去玩。

乔乔是个懒蛋，她说，让我再待一会儿。

我说起来去玩玩吧，天气很好。

乔乔这个懒蛋，就没有出去玩的兴趣。

我指着窗外儿童乐园说，我们出去玩翻斗乐怎么样？

乔乔眼睛一亮：翻斗乐？中山公园翻斗乐，我去！

我说，不是中山公园翻斗乐，是下面这个儿童乐园。

乔乔又不愿意了。

拖了又拖，赖了又赖，我们出门，决定去闵行体育公园。到时已十二点了，公园里人如游鲫，游人都在温暖暄软的阳光下散步、闲坐、游玩。乔乔骑滑板车，在路上穿行。经过这段时间的训练，她技术好多了，动作也灵活了。公园里有一片草皮柔软的人造土坡，种有碗口粗的树，人们坐着晒太阳。好好的草坪，如果干净、安静，那该多好。但有些人的嘴巴从来都不安分，无论到哪里，总是铺开一摊就吃，吃得满地垃圾。好好一块草皮，落满了烟头、饼干、纸屑，变成了"猪圈"。

闵行体育公园修建得很不错，开放式的，错落有致。很多玩轮滑的年轻人和孩子，在这里都能找到活动的地方，不像市里的其他老式公园，无法玩耍。那些老式公园要买票不说，设计得也不好，没地方玩，转不开。

从公园里回来，乔乔因为运动而出恭了，心情非常愉快。

我就带她到健身房，继续让她玩滑板车。

一直玩到晚上八点半钟才回来。

由于时间太晚了，给她洗澡时，她不高兴了，又开始耍赖。先是说要写日记，赖了半个小时，写道：今天，我拉屎了，感到很高兴。

可是，让她进浴室，她就不高兴了。我忽然就一股火气上冲，把她抱进浴缸里，在屁股上拍了两巴掌。就这样，我把保持了五年的不打屁股的誓言给破了。我下手还比较重，把乔乔都打蒙了，我也有点蒙了。我刚给她冲了水，乔妈就进来，说潘老师来了。

我出浴室，陪潘老师说话，谈他写的文章《亲历南京三二四事件》。期间，我一直想着乔乔。我打了她屁股后，她非常委屈，但又害怕，嘴巴扁了一扁，想哭又不敢哭。我很惭愧，我希望她哭出来，变成对我的深刻控诉。但她没有，大概是被我的爆发吓怕了。

我怎么就这样失去了理智，对她动手了呢？在家里，我一直是对她最温和、最友好的。乔乔每次耍赖什么的，都要到我这里来寻找庇护。我这两巴掌，肯定伤透了她的心。

我很后悔，但不知道为她做什么才能挽回。

陪潘老师说话时，我一直心不在焉。

小孩子睡一觉，天亮后也许就会忘记这件事了。

可我不会忘记，我对自己的粗暴感到很惭愧，我很难过。我为自己难过。

2006年3月19日

【补注】

潘朝曦教授是上海中医药大学的著名教授，也是中医药学名家，跟随中医泰斗张伯臾学习多年，擅长医治各类疑难杂症。很多人对他非常仰慕，从外省市飞过来求他问诊。潘朝曦教授多才多艺，还是书法家、国画家，并精通中国音乐。我们也是忘年交、好朋友，他有空会来我家坐坐。遗憾的是，数年前因为一次偶然事件，他溘然长逝了。十分痛惜。

十八　小孩子不记仇

昨晚给乔乔洗澡，因她不就范，我大发淫威，打了她屁股。她委屈地看着我，眼睛里充满了无辜的疑问和痛苦，这让我一直内疚。今天早上我起来，看到她乖乖穿衣服，对我笑眯眯，似乎把我打她屁股的事忘了。

看到她可爱的笑容，我越发觉得自己有罪。她忘记了，但我不能忘记。我为何控制不住自己，对这小精灵下毒手呢？小孩子耍赖、哭鼻子，都是正常的反应，而我们成人总爱拿规矩和条律来严格约束她们，限制她们，不让她们尽情地玩。

今天我送她上幼儿园。

乔乔记性很好，没有忘记要拿数学练习本和观察发芽用的大蒜头和茨菰。

我在菜场问卖大蒜的阿姨讨发芽的大蒜时，她很惊讶，说发芽的大蒜，找到都要扔掉的。不过她还是给我找了好几个，说送给我。我不好意思，买了三头大蒜和一块生姜，以示诚意。出菜场门口，看到旁边有老阿姨摆地摊卖茨菰，我买了四个。老阿姨要我五毛钱，很显然是宰我了。我无所谓，买来给乔乔拿到幼儿园养着发芽用的。

她能高兴，我就能减轻负疚感。

下车时，乔乔特意拎着装有大蒜头和茨菰的盘子，说，爸爸，我快要拎不动了。

我说，我来吧。

我们进了幼儿园，才发现，这几天没有送她，我都忘记带门卡了。

进了教室，我又发现，小孩子带什么的都有：马铃薯、大豆、生姜、大蒜头。不过，带茨菰的，只有我们。

乔乔为自己的特殊而感到非常高兴。她端起盘子，去卫生间给茨菰和大蒜头浇水。我希望这四个茨菰能长出嫩绿的小芽，让她感到幸福，以便我能够在心理上，给自己赎一点罪愆。

2006 年 3 月 20 日

十九　这就要入小学了

时间过得真快。

很快，乔乔就从蹒跚学步长大到要升小学了。

在她出生那年，我还年轻而且火力壮，而现在，气温十摄氏度我就要穿毛衣和棉毛裤了。体力随年岁的增长而下降，这是自然规律，奈何不得。

今天，拿了户口本、医疗卡，去小学招生办，交了五百五十块钱的校服、帽子、书包费。乔乔基本定下来秋天进入这所民办学校了：学杂费较贵，所有费用一年加起来一万两千多。

乔乔姥姥在电话里惊叫：你这孩子是金子打的！

一万二学费算是贵的，却是我们全盘思考之后的唯一选择。

小学必须离家近，大人孩子才不受累，可多睡一个小时或四十分钟懒觉。现在学龄儿童普遍睡眠不足，离家近是一大无可替代的优点。学校跟我们家仅隔一条马路，走五分钟就到了。现在从家到幼儿园开车需要三刻钟，如在家旁，可节约四十分钟。小学要求早上七点三刻就要到校，幼儿园可以赖到九点，这两者完全不同。综合考虑，我们以离家近为首要目标。其二，同学家长早就探听过了，说附小现在老师差，风气糟，小孩子在那里受罪。乔乔同学汪俊睿的姐姐本在附小念书，汪俊睿妈妈也把她转到我们将要就读的这间学校来了。上星期去面试时，汪俊睿妈妈说这学校还不错的，师资、硬件都不错，老师对孩子的态度也好。汪俊睿妈妈是很细心的，她的话给我们吃了定心丸。

一万二看起来贵，但人们养一辆小车一年下来杂七杂八的税费也得两万以上，豪华车就不用去说了。小孩子这笔念书费用虽然贵，但并不比其他支出多。离家近，方便、安全，还能让孩子有更多的睡眠时间，多付出一些学费也值得。

2006年3月20日

二十　乔乔口述日记

2006年3月28日（星期二）

今天，我在幼儿园里摔了一跤，又在家里摔了一跤。我觉得很头痛。为什么会这样？真是太奇怪了！我的耳朵旁边，摔得起了一个包。唉，今天的霉真是太奇怪了，我真是想不到为什么会这样。今天，爸爸给我写日记。我觉得很好，因为我还不会写字。好了。今天，爸爸陪我下了跳棋，还陪我去健身房。那个阿姨让我跳绳，我还是觉得耳朵痛，我想还是回家休息比较好。今天的炒饭太好吃了，我很喜欢。

太奇怪了！太奇怪了！太奇怪了！太奇怪了！太奇怪了！太奇怪了！太奇怪了！太奇怪了！太奇怪了！太奇怪了！

【注释】

听幼儿园田老师说，乔乔在幼儿园摔了一跤，哇哇大哭。田老师吓坏了，以为摔得很严重。后来，发现乔乔只是膝盖摔红了。乔乔性格谨慎，做事情一直很小心，没怎么摔过跤。回家后，她让我带她去健身房。在家里门厅旁穿鞋时，她斜倚在鞋柜上，脚底下的垫子一滑，脑袋撞在了鞋柜的角上，当时就愣了几秒钟，然后大哭。撞在鞋柜上可不是开玩笑的，我们看到，她的右耳后面都起了青包了。我抱着她安慰了一会儿，说，要不我们就不去健身房了吧？

乔乔脸上还淌着泪水，但是摇头。

于是我们就去了。

到了健身房，乔乔心情已经完全好转。如果不是亲眼目睹，你一定不会相信她刚刚号啕大哭过。

2006年3月30日

二十一　亚历山大

儿童节我们单位体检，未能陪乔乔去幼儿园观摩他们的活动。乔妈为此调了课，不然，就没有人陪她了。

六一这个节日，乔乔很早就盼望了。上个星期在杭州到解放路百货去逛，乔乔自己挑选了一款会"尿尿"的芭比娃娃，作为自己的节日礼物。不容易的是，她竟然一直忍了三天，到昨天晚上，才拆开来玩。

今天早上一出门，我就发现黑云压城。这导致幼儿园小朋友们户外活动的计划全部泡汤了。

我在华东医院体检中心，收到乔妈短消息说：看来回家要教乔乔认点字了。

跟班上有文化的神童同学相比，乔乔近似于文盲，她觉得很没面子。

小孩子就怕比较，当父母的更怕比较。

本来想，幼儿园阶段，就让小孩子好好玩两年，不然到了上小学，这美好时光就一去不复返了。可是，人就是经不起比较，也不该比较。一比较，就动摇了。

前面说过，同班陆宣夷同学据说已经认识两千多个汉字，能读《红楼梦》了。我和乔妈都算是文学专业人士，被小神童这一比较，感觉压力太大了。

但我跟乔妈说，你想想我吧，野生的，跟鲫鱼一样，从小考试不及格，不还混到现在吗？

要有信心。

不过，我知道，乔妈没信心。她总说，你那是特例，走了狗屎运。

2006年6月6日

二十二　拼音是怎么学会的

乔乔上小学，各种相关的事情成了我们日常生活的主题。今天中午，我跟乔妈为学拼音发生了热烈讨论。

我认为，学拼音不能像幼儿园老师那样隔一个星期教一次，这样小孩子会像熊瞎子掰苞米一样掰一个扔一个。半年过去了，乔乔只是零星地记住一些，仍然懵懂。

我拿出《现代汉语词典》，翻到最后的拼音表，说就这么背，死记硬背，没必要拖那么长时间。

我读书都用广东话，从小学到中学都没有学过拼音，到大学才学，现在也没有什么问题。乔妈仗着自己小时候有拼音功底，对我冷嘲，让我感到很不爽。

我带乔乔到楼下那个书店准备买一张拼音字母表。不料去早了，书店还没开门，于是我陪她到处闲逛，玩了一会儿。一个多小时后再去书店，我们找到了一张漂亮的字母表买了带回。

我跟乔妈说，既然是没有规律的东西，就必须死记硬背。

我们轮番努力，乔乔这个星期就能把拼音搞定。

2006年6月6日

二十三　人生中的第一次毕业

2006年6月30日，乔乔幼儿园要举行毕业典礼。

一大早，我们就赶到了幼儿园。家长挨挤在她们的教室里，也都显得很激动。这些家长，三年来我们几乎都没有见到，很多孩子生下来后就被扔给了外公外婆或爷爷奶奶。现在小朋友毕业，他们总算出现了。

毕业演出和颁发毕业证书的环节，是在华东师范大学大礼堂举行的。

我和乔妈都非常熟悉这里。十八年前，我们刚进大学，新生大会就在这个大礼堂举行的。那时，全校所有新生加起来才一千八百多。我们系两个班，共九十个人。乔妈二班，我一班。现在，中文系光是研究生就有两百多名了。

时隔多年，再次回到这个大礼堂，我们都非常感慨。十八年可以完全改变一个人的命运，十八年前出生的孩子现在也要上大学了。想当年，我们还算青春年少，对未来有很多憧憬。现在，所有的未来，都凝结在乔乔身上了。

小朋友们先是表演节目。接着，老师们给她们颁发毕业证书。

幼儿园毕业证书制作精良，上面既有小朋友们的戴帽正装照，一寸免冠照，还有他们的集体照，都妥帖地粘在一个印有他们学校全景照片的封套里。想当年，我们大学毕业，装模作样经过主席台，从校长手里领取的，却是一个毕业证的外壳，里面空空如也，一张纸也没有。

幼儿园是孩子最美好的时代，现在结束了。

对于她即将要进入的小学，我一直没有乐观的期待。从我自己的切身经验来看，小学教育，就意味着这些原本还算是野生野长的小花小草们，要遭到园丁们的严厉修剪了。

把学校比作花园，把教师比作园丁，把学生比作鲜花，这是一种农场主的想法。在这种种植模式中，只有鲜花才可能得到呵护，而野草则会遭到根除。

但任何比喻都是危险的，一旦把孩子比作花花草草，他们就有遭到恶意修剪，甚至被随意刈除的危险。

2006年7月6日

二十四　上小学

九月一日。

乔乔从今天开始就正式成为一名小学生了。用官话说，就是成为一名"光荣的小学生"了。

光荣与否我们不敢说，作为她的父亲和母亲，我们对此有些战兢，有些忐忑，有些不安，有些疑惑不解，有些感慨短叹……种种复杂心情，交织在我们的心中。

在此之前，小学已经开展了几次有关小学生入学前如何适应的活动，校长亲自出马给家长做长篇报告，听来颇振奋人心。校长的这些话中包含种种愿望、预期和设想，能否实现还有待日后验证。作为一所高收费的私立学校，校长相对诚恳，教师仪态比较温和，这是好的。

我们选择这所学校只因为它离家近，走路只要五分钟，非常方便。小学阶段，学校离家近是很重要的。孩子上小学了，就要早睡早起受折磨了。学校离家近，孩子可以多睡懒觉。在冬天，把一个初出茅庐的小学生叫醒是一件多困难的事情啊。

我们如果把乔乔送到附小，她就可能要六点钟起床，一通洗刷吃喝后出门，开车也要四十多分钟到学校。如此天天早出晚归周而复始，五年下来，浪费上千小时

113

啊！这样把时间浪费在路上，确实不太值得。现在学校离家近，她七点一刻起床绰绰有余，比路远的孩子能多睡一小时。从小孩生长发育角度来说，睡懒觉大有好处，这多出来的一小时是黄金般宝贵的一小时。我们自己也能节省一去一回两个小时的时间。

昨天晚上我和乔妈一起骑那两辆团购回来的装备了斯马诺六速变速器的折叠自行车——这两辆自行车是一名热心的在自行车厂当设计师的车友策划团购的，我们打算放在后备箱里，野外活动时骑，买回家后却一直搁在阳台上落灰——外出溜达一个多小时，气喘吁吁到家。我先洗澡，乔妈和乔乔在房间里准备书包，装好相应物品：课本、联系册、零钱袋等。我洗澡完毕不小心在客厅沙发上睡着了。醒过来已是晚上十一点半，乔乔和乔妈早就在房间里睡着了——乔乔对第一天入学也很重视，这么早就乖乖上床睡觉了。过去她都要赖到忍无可忍才倒头睡觉的。

她们睡着了，我反而清醒了。把衣服塞进洗衣机里洗上，把豆浆机电源打开，我在电脑里草草写下这点文字，以作为对乔乔即将成为一名"光荣的小学生"的纪念。

小孩子一天天长大，父母一天天变老。人生总以这样简单的对比，让我们不可避免地感受到春华秋实，感受到时间如脉脉的流水。

成年之后，个人才有系统的记忆，其起点是上小学的那一天。在那之前，他的记忆是一片时光混沌，是一片人世杳然。

我对孩子的小学没多大寄望，我只希望它能够给小孩子留下一个美好的回忆，不像我们乡村小学那么恐怖，希望它没有爬满各类热带小动物的防震棚，没有炎炎烈日和浑浊的水塘，没有那些令人无比惆怅的虫噪与蛙鸣。

那首粉饰现实，或说仅描写了台湾人童年时代的歌曲《童年》，带给我的不是快乐，而是忧伤。"池塘边的榕树上"，我这未经驯化的猴子常常一待就是半天。我对自己未来最遥远的梦想，是第二天能弄到一个地瓜，蹭掉泥，啃掉皮，三口两口咽到肚里去。

乔乔也有她的梦想。幼儿园时期，有一天，我们行进在沪闵路高架上，乔乔问："爸爸，你说我长大之后做什么好呢？"

"什么都好，宝贝，只要你喜欢……"

她认真思考了很久，说："……不如我就当一个画家吧？"

"也行！"我说。

乔妈在后座，她说："当什么都好，宝贝，只要你能快快乐乐地长大，做自己喜欢做的事情……"

这就是我们的最大期望。

2006年9月1日

二十五　疲惫不堪的开学第一天

今天一早，为了准时上学，乔乔痛快起床。忙完洗漱后，吃早餐，穿鞋，背书包，下楼，上学。

路上，乔乔表情严肃，心里可能充满了期待与不安。

送孩子上学的汽车，在十字路口乱成一团。

我们刚到小学门口，几路校车也到了，下来了一群小学生，都背着硕大书包，精神抖擞地入校。乔乔平时都是慢腾腾的，进了学校大门却三步并作两步，超越了好几个小朋友，先进入了大楼，从我们的视线中消失。

以前，乔乔是个无忧无虑的孩子，我们曾一起在火山大石谷的一块大石头上晒太阳，她笑得多单纯多快乐啊。这快乐随着她进入小学，就要消失了。

今天是星期五，课不多，基本是适应性的、介绍性的。

我下班回家，乔乔已被乔妈接回家，洗澡完毕，躺在沙发上休息了。一天学习活动下来，她疲惫不堪。晚上七点多钟，我们说出去吃烧烤，好说歹说，她都不愿意动身。终于穿好小裙子了，她打了一个哈欠，带着哭腔说："可是我实在是太困了……"

我陪她到卧室里去。我坐在沙发上看书，她在床上也看书。看了一会儿，她跟我说："可是，爸爸，我一个人看没劲……"

我说："那我给你念吧。"

115

我给她念《阿拉丁和茉莉》，念《彩色魔笔》，念《海的女儿》。乔乔靠在我怀里安静地听着。她忽然睁开眼睛，说："爸爸，等你念完《海的女儿》，我就该睡觉了……"

我说："宝贝，你怎么这么自觉了？"

《海的女儿》念完，乔乔睁开眼睛看看我。我把故事书放下来，她的呼吸开始变得匀称了。

困顿中，她还喃喃地说："爸爸，台灯不要关……"

我说："我会给你留着台灯的，我也会陪着在旁边的……"

她睡着了。

开学第一天，也悄悄地过去了。

2006年9月1日

二十六 英语"恐怖主义"

小孩刚上幼儿园，我们经受住了无数辅导班广告的密集轰炸。他们好像路上打劫的妖魔鬼怪，对我们女儿虎视眈眈，"小朋友爸爸吧？小朋友妈妈吧？"然后，往你手里塞一张花花绿绿的广告。

有一次，我干脆说："抱歉，不是，我是她们家司机……"

小学第三天，我们又面临正规军轰炸：从女儿学校里领回好多传单，其中一张，是"上海市通用少儿英语口语星级考试"。

乔妈说："这个大概要报的吧，听说人人都考。"

我说且慢，我对此一无所知。我只知道"脱福""鸭死"，不知道"通用英语"，上网查查先。这才知道原来这是一个新等级考试，是教委属下一个考试中心改良的新政（注：后来这个"口语星级考试"也被取缔了）。但无论怎么改，都是新瓶装旧酒，换汤不换药，是变着法子从家长兜里掏钱。

我们家乔乔就坚决不学罢。

对那一沓传单，女儿懵懂无知，以为班主任要求报名就必须参加。我们给她解

116

释了半天，她仍不明白。

我们考虑了一番，报了书法班。

乔乔放学回家跟我们说，班上就她一个人报了书法班，还带回了一本颜真卿的字帖。她刚刚学会握笔，立即好为人师地跟我们表演了一下如何握笔，怎么写颜体字。其他同学大多是报了"口语星级考试"辅导班。

这也就罢了。今天开信箱，忽然收到一封貌似来自外星球的信件：××美语。地址：普陀区××街×号×室。门牌号都是对的，问题在于，我家小区在闵行区，跟普陀区差得远着呢。我们分析，地址信息肯定是从女儿小学里泄露出去的。我们户口所在地为普陀，居住则在闵行。该美语学校买到了我们的信息，为保险起见，把这两个地址都写上了。

广告单云：××美语培训中心06年秋季通用少儿英语口语星级考试培训课程即将开班啦！

内容云："亲爱的爸爸妈妈和小朋友，您知道通用英语少儿口语星级等级考试吗？上海市通用少儿英语口语星级考试采用等级递进的方式，由一星级至四星级逐级递增难度。"

不得了，英语简直就是"恐怖主义"啊，孩子还这么小，就开始"恐怖袭击"了。

2006年9月21日

二十七　三个课代表

今早六点四十五分，我正在梦中赛跑，忽觉脚趾头被夹住了，一下子醒过来。原来，是乔乔潜入我的房间，捏我的脚趾头。

乔乔说："爸爸，我六点三十五分钟就起来了。"

我问："你起这么早干什么啊？"

"我要早点去学校，得第一名！"乔乔说。

我说："上学校就不用争第一名了吧？"

乔乔说："要的，要的！"

我说："乔乔，咱们考试第一名，竞赛一等奖，老师都会发奖状给你，可上学去那么早得第一名，老师却不发你奖状，有必要得第一名吗？"

乔乔看着我，表示很不同意。

真奇怪，乔乔对上小学充满热情。

乔乔在幼儿园里普普通通，不显山不露水，上小学竟然表现杰出，真是不可思议。我对此有些哭笑不得。她先是令人震惊地当上了体育委员——在幼儿园，她可是出名的运动能力差啊——继而担任了节水员要职！最近，竟然被任命为"小百灵"。

我问"小百灵"是什么意思？

廖小乔说："小百灵是带领全班同学朗读课文的。"

我问："你这么厉害，是不是英语课代表啊？"

"当然了！"

"那语文课代表是谁呢？"

"是我！"

"不会吧，这么厉害？数学课代表肯定不是你了吧？"我实在不服。

"数学课代表也是我！"乔乔骄傲地说。

我和乔妈都惊讶极了。

乔乔或许不明白课代表的真实含义，以为课代表就是带同学们朗读课文。但我们对她在小学里的表现，都感到好得有点难为情。刚入校两个月，这位同学语文和英语竞赛分获二等奖和一等奖。学校颁奖那天我在云南，乔妈参加家长会，听老师宣布语文获奖者名单，有一班廖小乔；接着宣布英语获奖名单，也有一班廖小乔。因她们班序号第一，两次又都首先念到廖小乔名字，一下子就显得很突出了。放学回家路上，乔妈说，好几个小朋友家长都指着廖小乔说，要向廖小乔学习！

乔妈向我复述这件事情时，说当时感到惊讶，还有点难为情。

乔乔在小学里表现这么突出，不是我们所特别盼望的，这样说或许有点矫情。我的意思是说，本来我们就没给乔乔预设高期望，不想给她添压力，她能在班里混个中等偏上就可以了。没想到，她一下子就成了别人学习的榜样。

2006年11月15日

二十八　英语学习小窍门

乔乔刚开始学习英文，我们就让她拜"小熊维尼"为师。我们让她玩迪士尼网站上的益智类小游戏，学习英文字母的准确发音，在潜移默化中，她记住了一些单词。然后，由浅入深地给她看动画片，如《天线宝宝》《巴布建筑师》等。图书方面，现在可以找到很多绘本，尤其是英文或双语类，父母可以陪着一起读，孩子兴致勃勃，自然而然地就获得提高。另外，我们也常给她读英汉双语的《比得兔故事集》《丁丁历险记》等。我们不强求她一下子就记得，只求培养她对英文的亲切感。之后，可以让她看对白更多的英文动画片，如《海底总动员》《蜜蜂总动员》《蚂蚁总动员》《驯龙记》《怪兽大战外星人》《功夫熊猫》等。她有兴趣就反复看，能把影片里的对白随口说出来。像dragon、monster、panda这些词，她都是先会听说，后再知道拼写。我一直记得，她看完好多遍《蜜蜂总动员》之后，搭积木时，一边搭一边嘴巴里叨念着"Thinking Bee！Thinking Bee"！

语言学习的基本顺序：听→说→写。而我们的英文教学至今仍然重视写，现在网络如此发达，听说内容浩如烟海，仍然有很多小朋友听说能力差，这是学习方法不对头的缘故。

父母不必着急把孩子送进各种英文学习班，更不必让孩子着急去做英文练习题。孩子一旦做太深奥的题目，兴趣被破坏，再挽回来就困难了。

乔乔现在读IB国际课程，该课程对英文要求很高。我和太太不知道他们的英语到了什么程度，本来担心她跟不上，三个月后他们全班去美国加州大学伯克利分校游学，才发现她的英文还是很杰出的。我们坚持不给她报任何英文辅导班，但她的英文成绩一直是数一数二的，听说能力尤其突出。上初中时，据她自己吹牛，外教来到班上，很多同学听不懂，都是她翻译的——她英语听说的信心，是长期积累的，但笔试倒是偶尔不如一两位同学，考试时会差一分或半分，被人家挤下第一名宝座。但我们并不重视是不是第一名，而更重视她的长期积累，厚积薄发。

不过，因为她课外英文书的阅读量相对大，很多填空、选择类题目，她说凭着感觉总能做对。有时还真没怎么琢磨——她这么说，不知道对不对。而据我所知，几乎所有的同龄小朋友周末都在外面参加各种补习班、提高班。这些孩子也很聪明，但可惜被英语课外班给耽误了。

2015年6月17日

【补注】

乔乔现在北美名校读认知科学和英语文学双专业，都是非常难读而"无用"的学科。她的英语能力，为她读这两门主科打下了坚实的基础。认知科学的系主任开门见山地说，这门学科读完了找不到工作，只能在大学里当教授。哈哈。英语文学呢，对在中国大陆出生长大的孩子而言，要求有点太高了。那些艰涩的经典名著，以及中古英语等，读起来确实很困难。乔乔说，她班上有一个看着像中国人的孩子，不过可能是华裔。再说，英语文学也是"无用"的专业，今后发不了大财的，不像财经、计算机、生物制药等实用。中国人大部分都追求实用，因此对这些专业趋之若鹜。或者图方便，无论男生女生，都读数学系。这十分令人不解。

2021年4月27日于多伦多

二十九　小百灵、苗苗章、绿领巾

乔乔前段时间当上了"小百灵"，说是带领同学们朗读的"长官"。她对此非常骄傲。这让我们非常惊讶。她与时俱进的劲头不减，非常要求上进，前段时间她跟我们说，还没有得到苗苗章，心里非常着急。她说，如果得不到苗苗章，就不能升到二年级了。为了升上二年级，她非常盼望得到苗苗章。为此，她曾多次破天荒地爽快起床，早早就嚷着要去上学。这才小学一年级第一学期，升二年级还早呢，学校早早就给孩子们施加这种恐惧，似乎有些过了。乔妈从小就是好苗苗，缺乏将心比心的宽容，老阻挠她的积极性。在她拖后腿下，乔乔第一个赶到学校的伟大理想终于成为泡影了。好在我们家离学校很近，她不早，也绝对不晚。

星期二早上，因为闹钟睡了懒觉，她们两个睡到七点半才突然惊醒。在这紧急时刻，我们竟然十分钟之内就把原来要半个小时的准备工作给搞好了。然后，我用折叠自行车载着她一溜烟奔赴学校，在学校大门马上就要关上的瞬间，我们赶到了。可见，小孩子的潜力是很大的。我们感到无比纳闷的事情是，她对学校充满了热爱，对老师的话言听计从，生怕自己完成不了老师交代的任务。

乔乔这种一不怕早起，二很担心迟到的进取精神，让我这样一个从小就是差等生的爸爸，对她的景仰如巍巍庐山。

明天，就是乔乔念叨了很久的戴绿领巾的日子。

上个星期和上上个星期获得了苗苗章，乔乔志得意满。今天傍晚，我和乔妈赶到小学门口，看见她那一班整队出来。乔乔像往常那样，被班主任徐老师执着手，走在最前面。她是老师的宠儿，能帮老师干活，让她感到莫大的荣幸。孩子们在校门口立正，乔乔出列，领队大喊："One! Two!"同学们高声回应："Attention!"

我和乔妈分明看到，班上所有孩子都幼稚可爱、天真烂漫，每个人的胸前都别着一个卡片，例如乔乔的"小百灵"等。看来，孩子基本上个个都是小干部，人人皆为大领导，其严肃认真的态度，比科长有过之而无不及了。

小学老师真不容易，为了调动这些小家伙的积极性，手段真是多种多样。人人都被封官许愿了，这是一种很有效果的方式。我们社会是一个政治化社会，也是一个官本位社会，在这个世界，你根本没有办法不接触这种事情。

跟老师们"高超"的管理能力相比，我们还落后得很。但这样"官本位"地管理小孩子，真的合适吗？我很怀疑。

2006年12月14日

三十　疯狂星期六

星期六早上，照惯例，乔乔第一个起床，悄悄溜去客厅看新喜欢上的动画《巴布建筑师》。接着，她回自己房间搭乐高积木那复杂的直升飞机，搭完再去看《巴布建筑师》。如此反复，这一整天她几乎都在看《巴布建筑师》了。

Bob builder 这首歌也琅琅上口，连我都很喜欢，但我居然怎么也唱不准那个

调子。

动画片里，巴布是一个快乐建筑师，任何人需要帮助，他都会立即带上好伙伴——推土机、压路机、起重机、搅拌机——上路，为人们排忧解难，比雷锋还无私、还专业。动画片里有个打扮时髦的稻草人小石，是好心办坏事的典型。每次惹祸他都委屈说，我只是想帮忙。每次巴布和其他朋友都不生气，也不发火。他们不仅友好，而且宽容。

这是一部表现愉快劳动、相亲相爱的动画片，充满了人间友爱的祥和气氛。他们不进行道德说教，但那些美好品德贯穿在巴布们的快乐劳动之中。

不得不佩服《米老鼠和唐老鸭》《猫和老鼠》《兔八哥》《小熊维尼》《巴布建筑师》这些动画片。

2006 年 12 月 16 日

【心得】

看这些动画片，对提高孩子的英文听力很有用。但要反复地看。

三十一　开学第二天

小孩子真是一天一个样。

到二年级，乔乔觉得自己应该有个老生样了。

老生嘛，做作业快了，弹琴自觉了。

乔妈虽然还在监工，但乔乔跟上个学期比大有改变。早上她起床也主动，晚上她睡觉也自觉。暑假里，我们哪里也没去，天天在家里睡懒觉，还担心开学后她早上起不来呢。没想到第一天她就调整过来了，倒是我和乔妈早起还有些困难。

小孩子有自己的思想，她知道怎么做好自己该做的事情，比如上学，比如早起。今年上海教委做了一件实事，要求小学的到校时间改成八点零五分。晚二十分钟，乔乔可以多睡一刻钟。我总觉得，小孩能多睡一会儿懒觉总是好的，他们的身体生长是在睡懒觉中不知不觉地完成的。我们家和学校距离近，有大好处。有些小学生家里远，六点钟就要起床了。

今天下了半天雨。

早上我们是打伞走过去的。

我背着她的书包，感觉实在是太沉了。

我问她："小孩子背那么沉的书包，多累啊。小孩子难道真的要学那么多知识吗？"

乔乔很认真，她认为一个小孩子懂得越多越好。

这也是整个社会的共同观点，总以为记得越多越好。

在电视上的知识竞赛节目中，每个参赛者都把自己打扮成百科全书，上知天文下晓地理，问什么都知道。主持人也是一副百事通的模样。这样的人，我想可以称为"知道分子"——这个"知道"，当然不是《老子》里的"道"，而是"知了"。人们知了这个知了那个，但很少有人在思考这种知了有什么意思。老子说"知者不博，博者不知"——也可以说"智者不博，博者不智"——延伸开来，也就是说那种上知天文下知地理的所谓博识，大多流于浮皮潦草表面光。如果不懂得思考，不能有效运用，这些死知识装得再多，也只是让人成为知识的垃圾桶。

不是说"知了"没有任何意义，而是说这样追求和炫耀"知了"，是我们社会浮躁的一种真实体现。

真的知"道"的人，那才是知识人。

我们这个社会太多"知了分子""识字分子"，而缺乏真正的"知识人"。

格物致知，从前是为修身，现在是为弄钱。

2007 年 9 月 4 日

三十二　过分认真的小学生

晚上，乔乔吃完饭，说还有好多作业没有做。

乔妈说："不是都做完了吗？"

乔乔说："还没有呢。"她自己去整理书包，做作业。她要把第一到第四课的生字和生词全部听写一遍。这是额外多出来的，因此她又不高兴了。但我不反对写字，所以还是劝她好好写。

我给她听写，发现她已经写得很好了。

"胸"我一直写不正确，里面右边一竖总省略。乔乔说："这个字很多人都不知道要写一竖的。"

我说："是啊，爸爸就是没有写这一竖的。"

乔乔瞥了我一眼，似乎为我居然会犯如此低级的错误而惊愕。

我跟乔乔解释说："一个人出错不要紧，但是发现了就要改正。"

然后是一个什么字，她笔顺写错了，自己主动多写了一次。

我说："其实，你已经写得很好了，笔画好，笔顺准确，我和妈妈都没有你写得好。"

我说："爸爸小时候没有好好上过学，那时也没有好老师，教学水平比现在差远了，所以基础没打好。爸爸虽然基础不扎实，但一直在读书，一直在学习。一个人一生中学习的时间长着呢。我们的祖先说了，活到老学到老。其实，学习不用这么着急的。我们慢慢来，不要着急赢在起跑线上。"

乔乔说："我知道，爸爸，你小时候是在旧社会……"

"这个……"我一时语塞，"也不能说是旧社会，已经是新社会了。"

乔乔侧着脑袋看我，令我大为窘迫。确实，逻辑上，我出生时共和国成立二十年了，我上学时共和国成立二十八年了。但我那时条件不好，是乡村小学……

乔乔似乎不能接受我的劝告："那怎么可能？"

怕误导乔乔，我说："爸爸虽然小学基础不好，但读书还是努力的……只是，我们不用太着急，你知道，爸爸都这么老了，还可以学习，而且学得很认真呢。"

我还想对乔乔说，人生不是短跑，而是长跑，甚至可以说是"长走"，没有必要这么着急。人非驴子，哪用听到发令枪就低着头没头没脑地往前冲呢。

但我们这个时代，一切都把人逼得急匆匆的，弄得人人都好像是梁山下来的好汉，急于"打劫"社会，生怕慢一步就抢不到东西。我们是否需要这么紧张？是否需要这么担惊受怕？我们是不是每天都绷得紧紧的？我们有没有因为脚步匆匆失去了很多美好的东西？很少人思考这些问题。

我看到的都是那些所谓的成功人士，他们西装革履，吊带勒脖，头发抹油，拼命交际，拼命工作，拼命赚钱，拼命消费，拼命泡吧，拼命消耗生命。在他们的人生中，攫取是第一位的，连旅游也变成了一种占有。很多中国人对待旅游，只关心占有量，关心去过哪里，而不关心去那里究竟得到了什么。所以，大家都爱在某个风景区的一块写着字的石头上拍照留念，以表明去过那里了。

我们去过了，我们摆姿势了，我们拍照了，我们又走了。

这就是很多成功人士的价值尺度所在：你会看到他们在炫耀去过哪里，但从来没有感受到他在这里有过什么所得、享受、体悟。

我不喜欢这种生活模式。

我愿女儿能够慢一点，不要那么着急。

紧赶慢赶都是一生。

学习不是占有，而是修炼个人情志。这些说出来，可能已经很不与时俱进了。

2007 年 9 月 10 日

三十三　外语狂

早上出发去学钢琴前，乔妈打电话咨询某英文辅导班事宜。

我问了才知道，乔乔从学校拿回了一张通知，说这个英文辅导班有很多同学报名了。她也要报名，且很踊跃。

我说："乔乔，你星期六学钢琴，星期天学英文，这也太忙了吧。你还不如留点时间在家里玩玩。"

学英文没有必要这么着急，也不必花这么多工夫。我有些朋友，大学才学习外语，也很精通。语言是一种交流工具，只要能顺利交流，听说流畅，语言就算过关了。很多朋友虽然口语不很好，但阅读能力强，不能说他们英文就不好。某位大使先生的普通话说得几乎无人能懂，但据说能说一口带牛津口音的英文。我认为也不必以此为楷模。

125

我们的教育常给人以矫枉过正的感觉。要求每个小孩子都说一口流利的伦敦音、牛津音或者纽约音，这对非母语地区的学生来说，就过头了。把精力浪费在口音上而不去学习这个外语国家的文化，这也是外语学习的异化。语言是学习的工具和途径，如果我把这工具当成学习的唯一目的，那这学习就变异了——极少数以此为业的专家，不在此列。

孩子在学校里，学习时间越来越多，而玩耍的时间越来越少。

这是我不愿意看到的事情，也是我不能阻挡的事情。

去年背诵得很流利的诗歌，今年乔乔已经有些生疏了。这也是有用的知识，长大后是极有用的文化酵母。然而在小学里，我们中国传统文化中的瑰宝，却被当成了一种可有可无的课外兴趣。我跟乔乔说："你看，人脑是会忘记的，无用的知识，你学得越多，忘记得越多。人人都是这样，唯一的差别，就是每个人忘记的速度有快慢。但是，《千家诗》你不该忘，《唐诗三百首》你也要尽量多背诵。"

"可是爸爸，我要做作业……"乔乔说。

"爸爸真希望你的作业少一点，越少越好。"

"可是，小学生做作业是天经地义的。"乔乔说。

乔乔的话让我很伤感。她才小学二年级啊，就已被学校训练成这样了。我也知道，无论如何，作为个人，我都无法跟这个强大的教育体制抗衡。我只是教女儿在这股洪水中努力仰起自己的脑袋，呼吸到更多新鲜空气。小学语文课本里，百分之八十以上的内容都是可以迅速忘记的，我建议忘记速度越快越好。她只需把学过的汉字熟悉、熟练、字形练习得漂亮一点，再把学习过的古代名诗背熟，也就可以了。

小孩子在学校里，原有的一些灵性和聪慧渐渐地被打磨掉了，他们成了一只只啄食饲料的小鸡小鸭——饲料吃得越多，身上长的膘越厚，今后被宰杀之后烤起来的味道就更香。

比喻是不准确的，人更不是鸡鸭。除了长膘用的饲料，人类还要涵养情志，圆融人生。

在这个"知识就是金钱"的赤裸裸拜金主义时代，我不怕做个"螳臂当车"的

126

堂·吉诃德。一个人的心智修养和训练是最重要的。要获得机械理性的知识并不困难，人生一辈子都可以学习。而心智的养成、情感的训练，只能在青少年时期完成。

我们的一些教育模式，把这一切都颠倒了。

假大空的东西，在学校仍然大量存在。

我没有太多办法应对，只能尽自己绵薄之力，帮助乔乔分辨是非，判断这些形式主义的实质，跟她一起共同理解知识和人世间的核心价值。只有这样才能沙里淘金，获得一点一滴的进步。

在这个时代，小孩子和父母都被弄得筋疲力尽。

2007 年 10 月 13 日

【心得】

我当时对英语"语音"的认识不准确.现在在女儿的教育下，知道像英语类表音语言，读准、读好很重要，尤其要学会语调。她说，掌握英语语调，才是真正掌握这门语言。语调有一个词"intonation"，我理解就是节奏感，语言要有抑扬顿挫，这样表现力才强。2018 年，乔乔 IB 学校高三毕业，那年的五月份，她开设了一门网络课程"英音，一学就会"，讲英式发音技巧，很受小朋友欢迎。那时她才高中毕业，其实年纪还小，但已经精通英式发音了，而且，对英格兰、苏格兰等地的方言都有所了解，令人非常震惊。2017 年 8 月，我们全家在英国游逛访学，从利物浦开车到了苏格兰的格拉斯哥。当时我们打电话给一家牛排店，对方一开口就是浓重的苏格兰口音。我一听就傻眼了，一句也听不懂。好在有乔乔接电话，她三下两下就说完了。我们随后去那家牛排店，进门报订位号码，那位接电话的帅哥愣了一下，说以为我们是英国人。当时我和乔妈就惊了，不得不服。这不是辅导机构的什么老师教的，她是自学的，从《神秘博士》《神探夏洛克》到《小镇疑云》《好兆头》等等英剧，她都了如指掌，追剧十分疯魔。不过，这需要大量的空闲时间。别人周末两天去各种辅导机构，我们在家各自玩，她是躲在房间里追英剧。这样的空闲，一般家长大概是看不得的。大部分家长都要充分利用碎片化时间，把孩子的时

127

间填满，不让他们有一分钟空暇。我们家则相反，希望孩子有更多空闲，能自己玩、自己成长。

2021年4月27日于多伦多

三十四　电流通过身体一样

今天是圣诞节，乔妈上个星期已经给乔乔买了一个"遛狗的芭比"，现在又买了一打彩笔，装在圣诞老人分发礼物的大袜子里。她知道乔乔要什么。这一切都是形式，对于小孩子来说，形式是必要的，而且是重要的。

乔妈说，圣诞节就是溺爱孩子的节日。

乔乔一到家，就迫不及待地找礼物。

她找到那个大家心照不宣的袜子，使劲地猜里面是什么。

她总是很心急，对拆开礼物的渴望总是很强烈。

我做饭时，乔乔练琴。吃饭时，我们聊圣诞和下雪。可惜上海在圣诞节时不仅不下雪，还不太冷。姥姥家乡倒常下雪，今天却似乎也没有下雪。

我说："等乔乔长大了，我们一起去北欧——圣诞老人的故乡。"

那里总有干净的雪的吧？但愿那个时候，地球还没有变暖到连北欧也不下雪了。环保、温室效应，其实跟我们息息相关。有人反对圣诞节，那是因为他们反对普通人获取微薄幸福的权利。

孩子们不反对，他们本能地就同意了。

天黑了。乔乔迫不及待地点亮她前天和妈妈一起装扮好的圣诞树，乔妈则点燃了一支蜡烛。这就是仪式，仪式给我们带来满足感。在这种令人满足的灯光下，我和乔妈聊天，乔乔去拆礼物。她拆出了一打彩笔，眼睛张得大大的，夸张地哇噻了一声。这让她自己和乔妈都很高兴。礼物达到了双赢的效果，因此我也很高兴，这就变成了三赢了。

然后我们就喝茶，品尝巧克力，吃曲奇。

"爸爸，给我讲个寓言故事吧……"乔乔说。

　　受她语文书影响，乔乔总让我给她讲寓言故事。我恰恰不擅长讲寓言故事，只好给她现场瞎掰一个《田忌赛马》（注：结果，这个故事后来被我们演绎成一个"田忌赛马"系列故事，我们是见什么赛什么：有时赛鸡，有时赛蜘蛛，有时赛兔子，有时赛恐龙。故事中，总是有一个妄图侵吞别国的大坏蛋秦王。而了不起的田忌总是遭到齐王手下奸臣的排挤。每次秦王想吞并齐国的土地，就提出要比赛。然后，齐王惊慌失措地派出各路人马天涯海角地去寻找隐居起来的田忌）。

　　到了九点钟。

　　乔妈说我去洗澡，待会儿乔乔洗。

　　乔妈去了，乔乔趴在桌子上，有些犯困。

　　我说："来，爸爸抱一下。"

　　过去，她总是要爸爸抱，上学了，不好意思再要爸爸抱了。可我很喜欢抱着她，看着她心满意足地慢慢睡着。我还喜欢闻她皮肤散发出来的那种肉香味。乔妈和乔乔都说，爸爸是妖怪。我说，我终于明白，为什么《西游记》里妖怪都要吃小孩子。小孩子的肉，确实香。我抱着她，她嘟囔了两句，非要让我讲故事。我说，我讲故事都是好笑的，不能讲，一讲你就乐，就变清醒了。乔乔央求说："爸爸，那你就讲一个不好笑的，好吗？"

　　"好好，讲一个不好笑的，让爸爸想一想……"我使劲想，想找一个不好笑的故事。我要找到一个一点都不好笑的故事，最好让她听着听着就睡着了的乏味故事。可是，我搜索枯肠，找不到，哪里都没有。咦，那些乏味无趣的故事呢？都跑到哪里去了？

　　等我终于想起来，可以找她的语文课本来读时，乔乔却趴在我的臂弯里呼吸渐渐匀称，睡着了。

　　是的，乏味无趣的故事，都被装进语文课本里了。我还没有去拿呢，她就乏味地睡着了。

　　我把她抱到沙发上，找一个舒服姿势，给她盖上一条小被子。我轻轻摆弄时，她嘴角里露出会心的微笑。这不是醒了，而是感觉到某种变化，但很安心地微笑。也许，她梦见圣诞老人给自己送了一个漂亮的礼物？

乔乔呼出的气息，甜润地拂到我的手上，带着轻微香气，那种与生俱来的小孩体香。这种体香，从她的脑门沁出来，让我着迷。

窗外，是一派明亮灯光。透过窗纱，这些灯光被筛得匀称柔和，有如温软细丝，洒落在我们身上。这种光，就是童话的色泽。

在这一刻，我感到自己像全身通电了一样幸福。

2007年12月24日

三十五　管不了自己的手

临近期末，乔乔又进入了考试复习阶段。

本来我到广东从化开会，可以多待几天的，担心乔妈忙不过来，周日晚上就赶回来，与那里美妙的温泉说拜拜了。

昨天晚上帮乔乔默写语文字词，从第四十二课到第五十三课。

我读一个，她写一个。才上学一年半，乔乔写字速度就有很大提升，但比以前潦草了。我说不着急，先训练得快一点，跟上老师讲课的速度，回过头再来练字。过去她写得慢，我也陪她练过一阵书法，字形好了。现在写得快，潦草了，字就不好看了。默写字词我不反对，所以我给她很认真地读。因为全是复习，每天回来，乔乔都带回来一大堆作业。

我们不在旁边，她自己做，给她充足时间，她也能做完，但是会拖得晚一点。乔妈不放心，常常紧盯着，亲力亲为。乔乔班上每个孩子都很聪明，而且参加各种各样的补习班。乔乔在班上属于最好的前几名，从来没有考过第一名——这已经令人惊讶了。我一点都不担心，我对当下教育的评估模式，保留自己的看法。我想，她能在班上混个中等偏上就好。

前几天，乔妈死党谈妈妈来玩——她是一个很努力的、有两个孩子（一个生在以色列，一个生在德国）的母亲。她说，她先生谈教授为了小孩子的学习也曾与她多次发生冲突。该教授说小学生二年级就学的这些立体几何，包括复杂推算，根本不适合小孩子，所以成绩差点没有关系。我对这个说法举双手赞成。

在家里，父亲跟母亲总是容易在孩子的学习问题上发生冲突。谈教授是著名数学家，尚且觉得小学二年级的数学难，何况我这数学盲？然而，从小学开始就是好学生的乔妈跟我的观点总是冲突。

我也算是知名文字工作者，权威虽远不如谈教授，但对语文总应该有点发言权吧？可事实上，我一点权威都没有。

乔乔在学校漏抄了第四十九课。她在抄课文时，我抓紧时间在房间里打一个盹。不过几分钟，就听到乔妈说："怎么又抄第四十九课了？"

我对这种紧张情绪实在不赞成。对乔乔的学习，我希望让她放松点，但她仍然忙得团团转。像我这样懒散惯的人，不适应陀螺般的生活。可能我命好，当年高考独木桥莫名其妙就冲过来了。我对考试一点都不紧张，不觉得这对乔乔会是什么大问题。

我希望有机会时让乔乔尽量放松。晚饭时乔乔进厨房，我就让她帮我削胡萝卜皮。她削得虽然不熟练，但很高兴，也很满足。乔妈在做烤蛋糕时，也让乔乔一起来，如搅拌发酵粉、加巧克力粉——我希望更多地看到这种情形。然后我开始使用AMC这个小锅，用小火先把宣威腊肠放在锅里加热，接着请乔乔帮忙放我切好的胡萝卜片。最后，我把牛心菜——其实就是一种卷心菜——切碎放在最上面。AMC这个小锅密封性好，没有什么油烟，最多只用半调羹花生油，胡萝卜和卷心菜都能焖得很透很入味。胡萝卜虽然营养价值高，但是很难做得可口。我有时这样做，有时用培根和青椒、红椒加上胡萝卜另外做，大家都觉得味道不错。

学校想派乔妈去韩国工作，但她放弃了，担心我一个人在家带乔乔会让她变成野孩子。其实我还好啦，我带乔乔非常有信心。

我自我感觉良好，乔妈出国我一点问题都没有。我们只会玩得更带劲——而这正是妈妈担心的。

语文作业做完，接着是英语的作业：抄写十一个单词。

这十一个单词，乔乔基本上都熟记了。作业要求抄写，我倒是觉得不妨听写一下。英文单词，倒是不妨记得牢一点。至于那些要求背诵的语文课文——古典名诗除外——我认为，背不流畅，打打马虎眼混过去就算了。我们从小长期遭受这种填鸭式的教育，白白浪费了十年最美好的学习光阴，这种教训还不深刻吗？南怀瑾先生说他十八岁前就熟读了传统经典，《四书五经》能流利背诵。我们呢？学的都是些什么？我在中学里语文成绩一直很好，父亲不管，也管不了，随我自己去找书看，随我读课外"闲书"，如此不经意间，我积累了大量非语文教材的知识。我高考前一年对语文完全放掉，把时间挪给数学和英语。靠平时积累，我高考语文成绩仍然名列前茅。大学同学多是从各地重点中学考上来的尖子，一肚子填鸭式的语文知识，上大学后遇到了真正学问却悲伤地发现脑子里没地方存了。我因为"脑袋空空"，反而还有那么一两处存储空间装点有用的知识。我知道自己是个白丁，念大学时拼命读各种名著。而那些好学生同窗们，那些准时上课下课、听课记笔记的同学们，大学毕业后从事跟文学有关工作的不到百分之十，特出者更是基本上没有。我虽不才，也算是写过几本书，略微混些小名的。在乔乔睡觉前，我给她读《千家诗》，也不强迫她硬背，不知道是不是太松懈了。但与其读那些笨拙粗俗的教化课文，不如背点古典名诗。这些东西她小时候体味不深不要紧，却是真正的营养品，到她长大会慢慢产生好效果的。

乔乔酷爱学习英语。她的最大理想是当一名英语老师。

我说："这十一个单词，你自己抄就可以了吧？爸爸出去一下。"

乔乔说："爸爸，你最好在这里陪我。"

我问："为什么？"

乔乔一边拿练习本，一边说："因为，你一走开，我可能就管不着自己的手，会到处乱摸的。"

听她这么说，我感到一阵心酸。我说："宝贝，人都是管不住自己的，小孩子东摸摸西摸摸是很正常的事情。大人更管不住自己，不是整天看电视，就是打麻将，逛街购物。这样的大人很多，他们根本没有资格管小孩子。"

乔乔点点头。

我想为小孩子的天性做些辩护。乔乔越是自律，我越觉得内疚。小孩子天性就是玩乐，就是探究，就是尽量生发自己各方面的兴趣。对孩子天性方面的约束越多，她长大就越无能。进小学之后，性格很乖的乔乔被那种死板僵化的教育模式压迫着，朝循规蹈矩的方向前进，我真是无可奈何。我父亲远不如我受到这么多教育，但他以自己的爱和胸怀，容许我们家这么多孩子随意疯玩。我的童年固然跟全国各地的孩子一样物质贫乏，但是我觉得自己很幸福，很充裕。

乔乔娇嫩的身体上有这么多压力，我却毫无减轻之法。

2008年1月8日

三十六　零花钱计划

作者：廖小乔

老师布置了寒假作业，让我们写一篇《零花钱计划》。

晚上散步回来，爸爸妈妈说，这很简单。爸爸说，关于零花钱，你可以这么写。

最近，爸爸疯了。

爸爸说，等我长大了，要送我到University of Cambridge（剑桥大学）去，所以我要从现在开始攒零花钱。现在，我有二十五块零花钱，过去我有八块。如果我把这二十五块钱存起来，不像那天那样贪嘴买巧克力圣代冰淇淋吃，我就可以有二十五块钱。我爸爸说，"圣代"这个词是唐朝就有的，可见冰淇淋源自于中国唐朝。王维《送綦毋潜落第还乡》里说："圣代无隐者，英灵尽来归。"你知道，他爱开玩笑，我知道他在开玩笑，虽然我听不懂他的意思。我攒啊攒啊，我使劲攒，我拼命攒，我十年如一日地攒。

爸爸说，他准备买五十个储钱罐，每个都装满硬币，到我长大的那个时候，我们就有五十罐子的硬币去英国上学了。爸爸说，剑桥大学的学费是一学期四千七百英镑，加上一千七百英镑的住宿费用，一年是一万两千八百英镑，相当于十五万人民币。我们一个储钱罐假设可以装一百个硬币，五十个就是五千块钱。十年后，我就有五千块钱了。

爸爸说，假设十年后，人民币升值，跟英镑一比一，我就有五千英镑了。噢！

133

耶！我攒十年零花钱，可以交一个学期的学费了！太棒了！

妈妈说，爸爸真的发疯了。

2008 年 2 月 11 日

三十七　绝不迟到

今天是乔乔二年级第二学期第一天上课。我们一直担心她在寒假期间睡懒觉睡得太多，开学后起不来。不料她一点都没有耽误，早上六点多钟就醒来了，起床时间是七点十分。到七点半钟，她已经吃上并且唠叨开了。

在吃早餐时，她要跟我们聊天一起唠叨。

"我很快的！"乔乔吹嘘说。

"是的。"

"我嗖地就好了……"乔乔又说。

她小脸红红的，为自己这么早起床感到自豪。

她穿上了冬季校服，感觉又是一个标准的小学生了。

"你少说话，快点吃……"

乔乔立即往自己的嘴巴里塞了一片面包，一边塞一边嘟囔说："我可不想迟到！"

上学期，乔乔每天都被"就要迟到了"的焦虑所烦扰。今天，一阵风一样出门，她照例东张西望，看到门外路上没有几个穿校服的学生，她又说："爸爸快点，我要迟到了。"

我说："没有，还没有到七点四十五分呢。"

"每次你总是这样说。"乔乔说："爸爸，妈妈，学校的钟跟家里的不一样。每次你们说还早，学校已经要关门了。"

这次总算还早。我们赶到学校，校门才刚刚开。

乔乔非常高兴，她就像得了个上学第一名。

她背起自己的书包，跟我说声"拜拜"，随着人流蹦蹦跳着快步进去了。

2008 年 2 月 18 日

三十八　生日礼物

今天是乔乔的生日，我在送她上学时，问她要什么礼物。虽然我从云南带了一个葫芦丝给她，但是我觉得还是要再正式送一个礼物给她为妙。

乔乔沉吟，作思考状。

我说："芭比怎么样？你还喜欢芭比吧？"

乔乔迟疑一下，"喜欢是喜欢。"

我说："那再送给你一个芭比，怎么样？"

乔乔有好多芭比，她还爱看以芭比为主角的动画片，对芭比很着迷。她房间里有好多玩具、礼物，有些拿到手拆弄几下，放着不玩了。昨天去上海影城看一部法国得奖动画片《青蛙的预言》，是电影资料馆搞的动画片联展，乔乔想起来要带上在香港迪士尼买的那个《玩具总动员》里可以变形的牛仔胡迪，翻箱倒柜，从玩具箱底找到了。结果，在车上，她一会儿把武器火箭弄掉在椅子缝里，一会儿把胡迪的脑袋弄断了。总之，玩得一惊一乍，不亦乐乎。

晚上回家，我们一起用万能胶水把胡迪的脑袋粘好。她洗好澡，躺在床上看连环画《丁丁历险记之太阳城堡》，让我把胡迪拿给她。我拿给她，她看了看，说，"好是好了，就是脑袋有点点歪，不过不要紧……"她放心了，就扔在被子上，继续看书。

早上，我们都祝她生日快乐。

一通忙活，早上吃喝玩乐完毕，下楼上学。在路上，我才有空问她到底还喜欢不喜欢芭比。

乔乔说："……喜欢是喜欢，不过，太浪费钱了吧？"

我说："没有关系，你过生日嘛。"

乔乔说："那你们考虑吧……"

然后就到小学校门了。乔乔跳下自行车横杠，高高兴兴地上学了。

我和乔妈一起到百盛给她买了一个新的芭比娃娃。

芭比娃娃是小女孩的玩伴，也是她们的梦想。一个有梦想也有幻想的小女孩，我觉得还是可爱的，我们都不喜欢那种很老成、很大人腔的小孩子。

做大人要有做大人的样子，做小孩也要像小孩子。

老人装有童心，小孩子装早熟，都很不自然，让人觉着虚假。

就这样，乔乔八周岁了。

希望她能够健康快乐地长大。

2008年3月17日

三十九　催吐语文垃圾

女儿班主任徐老师曾命我写过两篇命题作文。徐老师知道我的职业，却不知道我的真实底细，误以为我擅长写这类应景作文。我说我写不好。徐老师说，您太谦虚了。

我有自知之明，知道自己写作文不适合这类报纸的套式。我认为我女儿也不行，反对她写这种应景文章。

为完成徐老师布置的任务，我竟然就硬着头皮写了。

头一篇题目是《我看考试》。

我对考试无话可说，实在要说，那就是感到恐惧、非常恐惧。我挠破头皮，从对考试恐惧开始，写自己在考场里产生的恐惧和绝望。这篇文章我修改了两遍，别别扭扭，确实写得不怎么样。发给徐老师后，再也没有了下文。后来，从女儿拿回的报纸上，我拜读了被选上的家长的文章，都是对考试进行着热情洋溢的歌颂文，从小撒谎的教育在家长身上体现得淋漓尽致。我甩掉命题作文的束缚，又修改了一遍，算是废物利用，投给其他报纸。

第二篇是《我的无烟童年》，竞赛题目。

这是学校给小学生出的题目。徐老师还不死心，让我女儿参加。她以为我女儿应是作文高手。我还得到一点暗示：帮她写。我一听就头大。让我帮她写作文，简直就是赶鸭子上架，让公猪生子。我坚决不捉刀替写，但帮了一点小忙，给她那两百个字的文章检查了一遍，发现没有错别字，就提交老婆大人审阅。她看完，也不

136

知道该怎么评价。我说："乔乔，你就这样交上去吧。通不通过，咱们都没办法。这种作文比赛，爸爸妈妈都觉得没有任何价值。"

果然没有下文。

第二个星期某天，下午去接小孩子，我看到学校大屏幕打出喜讯，某某同学获得作文比赛一等奖、二等奖。乔乔仍然无幸忝列。

乔乔自然也希望得到这种荣誉的。问题在于，我一直让她表达真情实感，而在这种作文里，你需要表达的是虚情假意。你必须从作文第一句话开始，就说谎，瞎编，拔高，拔高，再拔高，拔到假大空的程度，才能获得那些中小学老师的青睐。上海小学二年级语文教材里有一篇课文《蜗牛》，写蜗牛终于爬上石头之后，发了一句豪言壮语：世上无难事，只要肯登攀。

我对家访的徐老师说，这是真正的陈词滥调。一只蜗牛攀这么高，还不谨慎点站稳点喘口气就忙着喊口号，要是摔下来了，小心那薄壳里的小肉都要摔个稀巴烂了。

乔乔小学二年级教材里有四十多篇文章，除两篇文章有名有姓地选自季羡林和秦文君外，其他全是小学语文编委们自己创作的，或者不知道哪里弄来的无名无姓的"世界名著"。这些课文不仅充满了腐朽的句式、呆板的用词，而且思想禁锢保守，居然还都没有作者！

我一直给自己的女儿拖后腿，不愿她的语文成绩好，尤其是作文。我跟乔妈都认为，这种作文写得越好越有害。我所接触到的中国大陆培养出来的少年作家，成年之后基本上都成了废料。你还不能跟语文老师探讨这种问题，因为没有探讨的共同基础，他们还不屑于跟你探讨，认为你是外行。在工作中，我读过很多中学语文老师寄来的文学作品，年轻点的还有锐气，年纪大的则飘散着腐朽的气息。这样的语文教师真能指导我孩子写文章？存疑！中小学生根本不该没完没了地写作文，应留出更多时间给他们阅读古今中外优秀文学名著。

语文考试，我只要求女儿应付过去。这次期末考试，离考试一个星期了，乔乔复习语文很是抓狂。我让她看"哈利·波特"。她一看就入迷了，常常把一本"哈利·波特"藏在桌边的被窝里或者枕头下。她的爸爸是干这种事的行家里手，哪里不明白了？我看到她慌慌张张地藏书，就觉得好好玩。

我对这件事情，做了两项工作。一是对女儿说，宝贝，你偷偷看书爸爸是知道的，但是你没有必要这么紧张，就当是一次游戏好了。爸爸根本就不反对你这么干，爸爸假装没有看见。要抄的语文生词生字，要临写的字帖还是要完成的。二是赶紧去跟老婆大人沟通。我说，女儿偷看文学作品我认为不是件坏事，我已经跟她一起把这件事情转化成游戏了，你万不可责备她打击她。我认为，看语文教材那些僵化文章，还不如看看这些小说。至于考试成绩，我确实没过高的寄望，她考个八十几分足矣。中小学语文教育，尤其是教材内容，大多是毫无价值的僵化文章。昨天，我们送女儿去华东师大数学系谈教授家跟他女儿谈伊澜玩。我跟谈伊澜妈妈说，这个暑假，我就在给女儿"催吐"，让她把在学校里吃的那些语文垃圾都吐出来。催吐剂，就是这些小说。"哈利·波特"我女儿看到了第五部；怀特的《夏洛的网》她看了三遍；《比得兔故事集》系列共五本，她翻看了三四遍；《丁丁历险记》二十二本，她也反复看了好几遍……要知道，她才小学二年级啊。后面是《窗边的小豆豆》，还有《怪医杜里特》四大部、林格伦的七部儿童小说，我都已经给她准备好了。这些催吐剂的功效，就是让小孩子知道，文学世界之大，远不是那些教材内容所能涵盖的。

乔乔的班主任徐老师来家访，我就这么跟她如实坦白：我支持学校工作，但是我也要在暑假里给女儿催吐。

徐老师是一个善解人意的年轻女孩，也是英语教研组组长。小学用的英语教材，大概是"语数外"三种教材中最值得肯定的。她们采用的标准《牛津》教材可能源自台湾，磁带里还有很多跟台湾相关的内容。从美国进口的辅助教材《SSRW》也选得好，非国产能媲美。数学教材中规中矩，考试时会出到奥数题，谈教授对此大加抨击。他的"丑闻"是解不开女儿二年级数学题！我的"丑闻"比他好点，两次写作文都惨遭小学老师的鄙视。语文教材编写者是一群小学老师和区教育局教研员，他们在搞语文教学法的主编率领下，不知天高地厚地鄙薄世界名著。而这些文章，居然还要让小孩子成段地背诵。不得不说，我快要出离愤怒了。

我为自己作文惨遭扔掉而感到如释重负。

给女儿催吐，并且让她养成阅读的好习惯——她已经是一个阅读爱好者了——并且逐渐学会分辨哪些是垃圾，哪些是菁华。这是我的努力目标。

2008 年 7 月 14 日

四十　疯狂的一周

这个星期是廖小乔同学疯狂的一周。

上星期天，我们把她送到谈伊澜家住了三天三夜。每天早上，她给我发一个短消息。第一天是邀功：爸爸，我起床了，刷牙洗脸了，在看书。第二天：爸爸，我今天糟透了。第三天：你真的在看"哈利·波特"吗？

她不在家，我和乔妈根据谈伊澜妈妈的建议，准备享受"两人世界"，结果，乔乔不在家，我们反而空空落落的。两人世界以大眼瞪小眼为主，以谈天说地为辅。本来说要去看《赤壁》，因为懒得出门，又因为天气炎热，终于没有成功。

星期三晚上，谈伊澜妈妈把谈伊澜和乔乔都送了过来，她们的夏令营在我们家继续进行。我还把李青澜姐姐也带回来。这样，四年级的李青澜和二年级的廖小乔、谈伊澜，就组成了三个小女生的团队了。她们睡在主卧大床上，自己看电视、看书、睡觉。我们在另一个房间。没想到，三个小女生都很独立自主，自己睡觉，自理得很好。

星期五我上班，再把李青澜姐姐带回单位。

乔乔和谈伊澜在家里疯狂地玩积木。

乔乔搭好了直升飞机，谈伊澜搭好了越野车，乔妈在收拾房间。中午我不在家，她们叫了披萨。我回家，两个小女生的商店已开张，分别荣升掌柜了，非要雇我当小伙计。可是我在这么热的天乘地铁上下班，在单位还为编李西闽的长篇纪实文学作品《幸存者》而忙了一天，实在很累了。

不过，小女生们要雇佣我，岂能推辞？只能受宠若惊了。当小伙计我不称职，老是给人家添乱。最后，谈伊澜宣布把我开除了。我这才有空躺到沙发上休息一会儿。

两个小女生继续想办法。她们每人用纸做了一张店铺招牌，上面写着诱人的文字，还专门写了邀请函给我和乔妈，要求我们去参观、购物。

2008年7月19日

四十一　疯狂英语之旅

中小学最热门的课程是什么？英语！英语！还是英语！在乔乔的学校，英语课是最重要的三门课之一。

暑假期间，我们给她报了一个"公共英语口语星级考试"的提高班。这是老师都建议参加的。乔乔喜欢英语，不讨厌上英语课，所以她很高兴参加这个班。

这个班，每个星期天上四节口语课。

今天，终于迎来了二星级考试——班主任、教英语的徐老师说她可以跳过一星，直接考二星。平时乔乔都睡懒觉，今天她早早就起来了。她考完试后，才说自己昨天晚上很紧张，醒了三次。乔妈昨晚就跟她减压，说你没问题，你一定行的。

虽然我对乔乔的英语能力一直很有信心，但她对自己要求更严格。

口语考试七个环节，每个环节问七个问题，答对五个以上合格。乔乔说她只在"快问快答"环节出了一点错，其他都满分，七个环节全部通过。而按照考试规则，通过五个环节，这考试就合格了。

虽然我一直说不给女儿加压力添负担，但在这个社会，你像乘上了一列永不停息的快车，再也无法下去了。火车上有那么多人，像是被绑架了一样，谁也无法逃避，只能随着这列火车飞速驰向一无所知的未来。这样，我就变成了口是心非的父亲了。乔妈自己也曾身经百考，深受其害，现在我们又不知不觉、不由自主地给自己的女儿施压。

这样的社会，我们都不知道怎么办才好。

在孩子考试期间，很多父母都挤在等候室里，XXX艺校的校长和一个女教务员开始推销他们的培训班。这位校长一口东北话，一口一个"起跑线"，一口一个"惨烈竞争"。别人听着很认真，我听着却非常刺耳，不由得侧过身去。这种可笑的口号，居然成了人人尊奉的箴言。根据这种理论，人生好像就是一次短跑，要猛烈地起跑，甚至抢跑。可是十秒钟内，一切都结束了。这种说法，不知道谬误流毒多久了，人人都这么说，但几乎没有一个人进行过反思。

人生是一场长途旅行，既不是短跑，也不是长跑，更不是爬行，这是一趟单向度的漫长旅行，每一段旅途，都有不可代替的风景。把起步夸张得那么重要，是一种有意误导的谎言。这位校长居然还说，有个孩子六岁就考过了二星级，他母亲还很着急。根据"不要输在起跑线"的歪理，这个孩子一定赢在起跑线上了。但是，"江东子弟多才俊，卷土重来未可知"。今后的人生，谁也不能做出完全准确的描述，谁能取得真正的成功，还是个未知数呢。更何况，并不是开家公司才是成功人士，并不是赚到一百万才是成功人士。成功有各种各样的形态，我也可以这么说，一个人能健健康康地生活，在人生中不断完善自己，不断地得到持久的幸福，这也是一种令人羡慕的成功。

今天看奥运会女子百米短跑，牙买加女选手，跟她的同胞男选手博尔特一样，在起跑时稍稍落后，但她中程发力，后程领先，最后仍然赢得了冠军。可见，起跑虽然重要，也不是说一切都以起跑快或抢跑为标准。对于一个中长距离跑步选手来说，他的耐力、协调性和综合控制能力，以及持续的爆发力，都很重要。

我们看中长跑，开始领跑的选手几乎没有一个能坚持领跑到最后。倒是夹在中前列一直匀称地呼吸着、跟跑的顶尖高手，反而会在最后一圈突然发力冲上来。

表面光鲜，或者喧嚣一时者，未必能坚持到最后。

然而，在这样一个迷惘的社会，人们看不到未来，只知道眼前，所以人人都心乱如麻，不知所措。

2008 年 8 月 17 日

四十二　生病的小女孩

乔乔发烧了！

因为找不到体温计，不知道她到底烧到多少度，摸摸，感觉大概到三十九度左右了。

这要怪我们当父母的照顾不周。

昨天，乔乔盼望已久的学校秋游终于成行了。一个星期前她就很兴奋，一直在想着该带什么去。最后，她跟乔妈决定亲手做一个大蛋糕，切成小块带去，可以分给老师和同学吃。三鹿奶粉事件后，他们也不敢往蛋糕粉里添牛奶了，只加了几个鸡蛋、几片黄油和一些巧克力粉。

出发前，乔妈想来想去，让乔乔带上手机。

我对乔乔说，秋游最重要是注意安全，别的爸爸都不管，你一定要跟好老师，注意安全。乔乔点点头。我又说，如果两手没有空，你就不要拿手机。小同学都好凑热闹，你拿手机，大家也拿，就不好了。乔乔点头。

乔乔送走后，我们在家睡懒觉，睡到中午。然后边吃饭，边心里犯嘀咕：乔乔怎么没有消息呢？

乔妈问："你手机有没有开？乔乔发消息，肯定发给你。"

"开着呢，怎能不开？"

我们在吃饭，来了两个短消息，一听铃声我们就激动。点开一看就恼火：一个是广告；另一个，也还是广告。

到下午两点钟，乔乔短消息终于来了："爸爸，你好吗？我很好，在看飞车表演，祝你愉快！"

这个消息，让我们琢磨了很久。

乔妈拿起手机就回了一个消息："居然不问妈妈好！"

可是，乔乔又没有回消息了。

三点钟，是接小孩子的时间。

我们去学校，接回乔乔。一眼看见她，弥漫在我们身体里的无名焦虑惆怅，一下子全都消失了。小孩是父母的心头肉，不一点一滴地一起度过那么多时间，不亲手为她做各种事情，不天天陪她玩陪她做作业陪她聊天，就不一定会有这细微的体会。

我们高兴，因为接着国庆长假开始了。合计了半天，我们决定不凑热闹去远处白花钱多受罪。我们带着乔乔去迪卡侬买小孩专用的羽毛球拍。

一进店，乔乔就说冷。我们并没有警惕。逛了一大圈，回到小区，陪她打了一阵羽毛球，她仍说冷。我们仍然没有在意。乔乔身体很好，几乎没有生过病，所以我们没有经验。等我们回家后，我们仍然不拿她说冷这件事情放在心上。

晚上，她就发烧了。

今天，她烧得有点厉害，人很蔫，本来神采奕奕的脸色，一下子就黯淡下来了。早上新做的豆浆，她喝了一杯，说恶心。我抱着她，坐在床上，过了一会儿，她就睡着了。脸憔悴，就像失水的香蕉叶。

小孩子一生病，整个世界都忧郁起来，连空气都有些无聊，而且沉闷。

这个时候，陪着她，是最好的安慰了。

根据过去的经验，她睡一天，多喝点水，醒了给她喝点熬好的稀粥米汤，再睡一晚，应该就没有问题了。我安慰乔妈说："这都是我们没有经验。"

不过，小孩子偶尔生一次病不是坏事，可以增强她的免疫力，也让我们学到经验。

2008 年 9 月 29 日

后记：与其加码，不如减压

小孩子进入小学，就是进入了系统化的教育系统。

一个孩子从自由状态进入不自由状态，就是从小学开始的。社会规范下压到小学，各种陈规陋习下压到小学，就形成了小学里无数的规矩。有些规矩是好的，但全都是规矩，就会毁坏孩子的好奇心，打压他们的探索热情。

一个家庭很难真正有效地对抗系统化的教育，更不能正面冲击。一个不小心，可能撞得头破血流。我们采取的方法是，不与这种教育系统完全同步，例如考试成绩不去追第一名、第二名，但能混在前若干名里，也就行了。而语文能力，更多的要依靠丰富有效的课外阅读，才能真正提高。这些心得，这些尝试，我已经写了很多文章与家长们分享，也有很多家长在行动，从而慢慢地推进教育的变革。

一种好的变革，是春风化雨而不是以头撞钟。

一种好的教育，是慢慢地养成的。

因此，家长与其加码，不如减压。

总是向前，不妨想一想后撤。

老子说："众人熙熙，如享太牢，如登春台，我独泊兮其未兆，若婴儿之未孩。"这就是淳朴、纯真的状态，还没有被社会的陈规陋习毁坏的"孩儿"，才是人最好的状态。

如何在这样的社会中，更为有效地生存？

老子又说："俗人昭昭，我独昏昏；俗人察察，我独闷闷。"

就是说，别人都很机灵，什么都要争先时，我自己糊涂一点，慢一点。如果方向不对，你跑得越快，离开正道就越远。一个人如果内心邪恶，则他的辩才、他的思考都是一种对他人的伤害。

这就是说，与社会保持一种若即若离的状态，才能让自己留有余地。

关于情感培育的推荐阅读书目

1.《柳林风声》，［英］肯尼斯·格雷厄姆，［英］大卫·罗伯茨绘，杨静远译，贵州人民出版社出版。

荐语：经典动物小说。鼹鼠、河鼠、獾和青蛙四个小动物闯世界，有关好奇、友谊与勇气。

2.《黑骏马》，［英］安娜·塞维尔，石赟译，北京理工大学出版社出版。

荐语：经典动物小说。风靡世界的一匹黑骏马，忠诚、俊美、聪慧，看见人间的悲喜剧。我家小盆友看了好多遍。

3.《美丽的乔》，［加］马歇尔·桑德斯，逄珍译，湖南少年儿童出版社出版。

荐语：可以与《黑骏马》媲美的动物小说。小狗乔离开残暴的主人，来到一个新家庭，过上了幸福生活。

4.《狼王洛波》，［加］欧·汤·西顿，孙淇、王选译，新时代出版社出版。

荐语：经典动物小说。狼王洛波是喀伦坡草原之王，聪明、机警、凶猛、谨慎，无数的猎人拿它毫无办法。最后，它因为自己所爱的母狼被抓而落入了猎人的陷阱中。

5.《绿山墙的安妮》，［加］露西·莫德·蒙哥马利，孙笑语译，中国画报出版社出版。

荐语：经典儿童成长小说。孤儿安妮来到"绿山墙"农舍，得到马修和马瑞拉兄妹的关爱，从"丑小鸭"长成了美丽的姑娘。

6.《小勋爵》，［美］弗朗西丝·霍奇森·伯内特，北塔译，中国少年儿童出版社出版。

荐语：经典儿童生活小说。塞德里克是一个乐观、善良、可爱的小男孩，在英国贵族出身的父亲去世后，他和妈妈住在纽约贫民窟，却快乐而满足。直到有一天，他发现自己变成了英国多林考特老伯爵的唯一财产继承人，便漂洋过海来到了英国，与审慎、多疑、孤独、冷漠且自私的老伯爵一起生活。

7.《假如给我三天光明》，［美］海伦·凯勒，李红梅译，万卷出版公司出版。

荐语：经典情感成长作品。珍惜生命，感恩世界。

8.《爱的教育》，［意］德·亚米契斯，夏丏尊译，安徽教育出版社出版。

荐语：小男孩安利柯感受到的爱，成为一个孩子成长的最重要的养分。

9.《哈利波特与阿兹卡班的囚徒》，［英］J.K.罗琳，马爱农、马爱新译，人民文学出版社版。

荐语：少年成长魔幻小说，传说中心狠手辣的小天狼星布莱克逃出了守卫重重的阿兹卡班监狱，让霍格沃茨魔法学校陷入恐慌之中……

10.《纳尼亚传奇：黎明踏浪号》，［英］C.S.刘易斯，陈良廷、刘文澜译，译林出版社出版。

荐语：少年成长小说。因遭到德军轰炸而被疏散到哈罗德舅舅家的爱德蒙和露西很讨厌自私、贪婪的表弟尤斯塔斯。有一天他们被一幅油画吸进去，遇到了英俊潇洒的凯宾斯基王子，他们一起在大海上航行，寻找失散的海员和雄狮阿斯兰。途中，他们经历了重重艰难险阻，尤斯塔斯还变成了一条可怕的龙……

11.《青鸟》，[比]莫里斯·梅特林克，郑克鲁译，文汇出版社出版。

荐语：少年成长小说。寻找青鸟，寻找幸福。推荐法国文学翻译家郑克鲁教授的译本。

12.《银河铁道之夜：宫泽贤治作品菁华集》（全2册），[日]宫泽贤治，颜翠译，湖南文艺出版社出版。

荐语：幻想小说中的圣品，其中《银河铁道之夜》《要求太多的餐馆》《猫儿事务所》等都令人读之难忘。

13.《永远讲不完的故事》，[德]米切尔·恩德，杨武能译，二十一世纪出版社出版。

荐语：少年成长奇幻小说。差等生巴斯蒂安在书店里偷走了一本书，躲在阁楼里入迷地阅读。他发现书中的幻想王国正在遭遇"虚无"的吞食，只有少年英雄阿特莱尤才能挽救……巴斯蒂安也进入书中，在魔女萨义德的诱惑下，当上了幻想王国的皇帝，并与朋友们分裂……现实与梦幻的交融，令人读之难以释卷。

14.《毛毛》，[德]米切尔·恩德，杨武能译，二十一世纪出版社出版。

荐语：少年成长奇幻小说。来历不明的小女孩毛毛住在圆形废墟中，她善于倾听。很多人出了问题，例如邻居吵架都爱去找毛毛……后来，城市里来了一群西装革履的灰先生们，他们让整个城市陷入了混乱和沮丧中……只有毛毛和她的朋友一直在抵抗，并最终打败时间盗贼，帮助人们找回自己的时间。

15.《海蒂》，[瑞士]约翰娜·斯比丽，邵灵侠译，中国画报出版社出版。

荐语：少年成长小说。小海蒂出身贫穷，但她天真可爱，有一颗水晶般晶莹的心，即使是痛苦的、悲伤的、忧愁的、困惑的人，一碰到小海蒂，都会快乐起来。

16.《城南旧事》，林海音，北京十月文艺出版社出版。

荐语：经典成长小说，汉语写作中优美纯净的典范，令人心中一动的童年记忆。

17.《童年河》，赵丽宏，福建少年儿童出版社出版。

荐语：苏北少年的城市之旅，一个逐渐长大的温和世界，令成年人想到自己的少年时代。

18.《森林边的童年》，徐建华，少年儿童出版社出版。

荐语：总有一种感觉，只有山林乡村的童年生活，才是充满了栩栩如生记忆的。绿色的森林和乡野泥土气息，在这本书里扑面而来。

19.《小淘气尼古拉故事全集》（全14册），[法]勒内·戈西尼，[法]桑贝绘，戴捷、梅思繁译，中国少年儿童出版社出版。

荐语：学校生活趣味小说。小淘气尼古拉上学了，这家伙到哪里，哪里就会出现各种好玩的问题，让你不得不换个角度思考。

20.《小屁孩日记》（双语版套装），[美]杰夫·金尼，朱力安、陈万如译，新世纪出版

社出版。（注：有能力的孩子，强烈建议阅读英文原版）

　　荐语：学生生活趣味小说，压轴推荐这套超级好玩、超级好笑的新概念作品。"小屁孩"格雷对男生女生的观点可真是独特，他的一切想法都让人觉得超好玩。例如，那块发绿的芝士，像幽灵一样黏在人们中间……各种爆笑集合，以手写体印刷的装帧和版面设计则非常独特。

第四部

自我的认识

教育的真谛是快乐

一旦进入小学，小孩子就成为社会人，不再是家庭人了。

这其中的角色转换，很多人都是自然而然的，但也带着相当的无奈。而我自己对这个转换有不同的感受。这源于我对当前教育体制的本能怀疑。

小孩子长到一定年龄，就不能再待在家里了。他们需要走出家门去和外界接触，和家人之外的老师、同学、叔叔、阿姨以及陌生人接触。这种接触，从家庭走向外界，意味着人生的新一页翻开了。

小孩子在逐渐长大的过程中，获得了自我的独立意识。他们还会对世界上的其他人与事，产生各种意识：喜爱、厌恶、亲近、排斥。这些意识的养成是潜移默化的。在孩子入学前，父母的各种态度和习惯，会深刻影响小孩子性格的养成。而在孩子入学后，学校环境、班主任的态度、老师的教学、同学们之间的友好或竞争的关系，都会直接影响到孩子的人生态度。

入学之后孩子性格的长成，不再单独受控于父母，而是在学校和家庭之间平衡着进行。

孩子总要长大的，他们对人与事的判断，可能影响他们未来的人生。

过分关注在学校里的考试成绩，会影响我们发现孩子性格养成中的各种问题。他们可能遭到的挫折，不仅来自学校考试的压力，也可能来自外界社会的各种不同的暗示。

除了在学校的日常学习，我们的孩子还可以学轮滑、骑自行车、打羽毛球等。不同的运动，可以给他们带来不同的锻炼，也会刺激他们获得不同的感受。我们还要带孩子去各地旅游——除学校例行组织的春游、秋游，有条件时，我们应该带孩子们多出去走一走，认识与我们生活完全不同的世界。

随着学校教育的深化，他们可支配的个人时间会越来越少。

中国式教育，更多地追求同质化、普遍化。有针对性地，我们的家庭教育就要着重培养孩子独立思考的能力和独立人格。

学习上，要让孩子学会阅读教材外的作品。要根据孩子不同的生长阶段，配以不同的阅读书目，这样才能得到良好的阅读效果。例如，冒险类、探索类、幻想类作品，在7—12岁孩子中广受欢迎，因为他们正在打开自己的认知空间，有强烈的向外拓展的愿望，这时阅读这类作品正好可以有针对性地提升他们的思考和想象能力。所以，在这里我专门推荐冒险类、探索类作品，以《丁丁历险记》开头，一直到《梅格时空大冒险》，这些作品有助于让我们的孩子在现实的世界之外，拥有一个丰富的心灵世界。

小孩子从成功中得到的总要比从失败中得到的多。

前段时间我看到一位中国学者在批判快乐教育，他说："我不相信教育是快乐的。"

不管你相信不相信，教育仍应该是快乐的。除非，那不是教育，而是教训。这位学者只片面地谈到纵容的坏处，仍是抱持"挫折教育"观念。中国传统教育喜欢采用打击、吃苦、挫折等方法来教训孩子，喜欢用戒尺的严惩而不是用糖果的鼓励来对孩子进行教育。

这种思想似乎是从两千年前孟子那"天将降大任于是人也"的名言中来的。孟子所列举的那些担大任的人，如百里奚、管仲等，在成就大业之前，都曾有过大挫折。这让几乎每一个望子成龙的家长，都以自己的孩子将承担大任自居，并担心孩子如果得不到足够的锻炼，就无法成为卓越的人物。

但历史上认定的成功人士总是"珍稀动物"，什么"舜发于畎亩之中，傅说举于版筑之间，胶鬲举于鱼盐之中"，都是少之又少的。同样耕于畎亩者千千万，只有舜一个人发了；建筑工人万万千，也只有一个傅说成为大人物。贩盐卖鱼的成功人士稍微多一些，例如元末举事的张士诚就是一个盐商；民国初年就开始闹革命的贺龙元帅也曾是贩私盐的。

我们孩子的成长，不是为了直奔舜和傅说而去的。不是每一个孩子都必须是成功人士，起码不必是上述那类成功人士。时代不同、条件不同，甚至命运不同，每个人都是不可重复的。孩子有孩子的未来，他们的未来决定于现在，也决定于他们未来的机遇。有些孩子遭遇挫折了，就永远消沉。有些孩子受到打击，会对社会、人世产生仇恨的心理。所有这些，都需要具体问题具体分析。

父母在孩子成长阶段，需坦然面对各种事情。孩子有点小挫折不是坏事，应让他在这种挫折中，学会积极面对。

我仍坚信鼓励式的教育，我自己就是这种鼓励式教育的受益者。我认为，成功的激励、正面的肯定，对一个孩子的成长更有效。

要发现自己孩子身上与众不同的优点，并学会欣赏这种优点。

跟同学、跟同龄人攀比考试成绩，动辄说别人家的孩子这好那好，这是孩子最讨厌的事情。

只有让孩子有一个健康的身体，有健全的心智，有自如的人际交往能力，并养成持续学习的态度，他们的人生才有各种可能，孩子只需学会顺时应势地调整自我就可以了。

在家庭教育中，父母的持续学习能力，父母与孩子的充分交流、沟通能力，都对孩子产生决定性的影响。如果父母自己都不读书、不学习，那么他们期盼孩子会努力学习，则是空泛的、无价值的。同时，我们也要认识到，孩子是一种恩惠，是来引领我们走出黑暗世界的。

一　爸爸什么时候变老

乔乔一有空就问我："爸爸，等我长大了，你就会变老，对吗？"

我说："对的。"

乔乔说："你现在还不老，对吗？"

我说："还不老。"

乔乔说："现在我上中班。等我上了大班，你会变老吗？"

我说："还没有老。"

乔乔说："等我上了小学，你会变老吗？"

我说："你上了小学，爸爸也还不会变老。"

乔乔说："我上初中你会变老吗？"

我说："初中嘛，爸爸还——凑合——"

乔乔说："等我上高中了，你会变老吗？"

我说："等你上高中，爸爸有点老了。"

乔乔说："等我上了大学，你就老了，爸爸。"

我说："是的，恐怕老了，宝贝。"

乔乔说："等我大学毕业了，工作挣钱了，你会变老吗？"

我说："我会变得很老了。"

乔乔说："那我就挣钱买一辆红色的小宝马，开去上班。"

我说："是的，你开车去上班。"

乔乔说："我会很晚回家的……"

我说："你去哪里啊？"

乔乔说："我出差啊。"

我说："你去哪里出差啊？"

乔乔说："我坐宇宙飞船出差呀。"

我说："哦，那你下班是要很晚才回家喽。"

乔乔说："那时候你会很老很老了。"

我说："是的，那时候爸爸会老得走不动了。"

2004 年 12 月 10 日

【附注】

　　这是我女儿乔乔四岁时在车上跟我闲聊时说的话。那时她上幼儿园中班，对人生忽然有一种朦朦胧胧的思考。从家里到华东师范大学附属幼儿园，我每天要送她接她，开车走上海内环高架路。一边开车，一边海阔天空地神聊。她突然很感慨，问起这样的问题，还说要乘宇宙飞船出差。

二　五岁的独身主义者

洗完澡，我给乔乔换衣服，然后给她吃饭。

吃着吃着，乔乔忽然叹口气说："长大了，我一定不会结婚的。"

我看着她。

乔乔说："我是认真的。"

女儿这么说了，她说得也很认真。

我问："为什么呀？"

乔乔说："结婚太烦了。"

我问："为什么呀？"

乔乔说："小孩子太麻烦了。"

这算是自我反思么？

2004 年 12 月 17 日

三　爱睡觉的小女孩

乔乔总在旅行中睡着。

昨天，我们一伙车友会成员在上海沪杭高速枫泾出口汇合，向杭州方向出发。

跟以前一样，乔乔在车上一开始总是兴致勃勃的，一路上吃着早餐，一边闲话不断。小东西排便不正常，我们为此也焦虑得有些不正常。为了让她有规律地排便，我们想尽各种办法。从饮食上，从精神上，反复尝试，效果都不明显。女儿挑食，她没尝过的东西，她尝过后不喜欢吃的东西，要让她吃真是太困难了。我们常告诫自己要有耐心，要温和，最后却总会以斥责收场。

155

女儿改变了我们生活中的一切，包括看问题的方法和角度。现在我对世界的分类变得非常简单：对女儿有利的，或对女儿有害的。女儿对世界的分类则是三分法：大、中、小。一家三口成为她分析世界的基点。

在杭州，吃饭时有两次她都睡着了，她在我的臂弯里睡得安静而酣畅。回到家，我左膀酸痛，好几天都恢复不过来。我原以为是开车累的，其实还是抱她抱得太久了。

2004 年 12 月 20 日

四　淑女是怎样炼成的

有了乔乔之后，我过上了幸福而平庸的生活。

以前两人世界，牵挂很少，瞎想瞎说，到处游玩，穷欢乐，很爽快。

儿童时代，我这小农民的最高理想是长大后当一名屠夫，这样每天都有肉吃；少年时代，我想当工程师搭乘宇宙飞船飞向月球；青年时代，我梦想当诗人写出让女孩子泪水涟涟的绝妙文章；而如今，万紫千红开遍，我的梦想却已凋谢，了无踪影。

我的一天被分割成很多碎块：工作（挣钱以供房养车），陪太太，抱女儿。各种开销十只指头也数不过来。我像一头骡子奔行在这个繁华而冷漠的城市街头，但家里确实是温暖愉快的港湾。

女儿渐渐长大，上幼儿园了。她结交了小朋友，我们当父母的，则熟悉了自己的竞争对手。那些跟俺闺女拉着小手蹦跳玩闹的小家伙，日后都会是可怕的竞争对手。他们上绘画班、英语班、舞蹈班、武术班、音乐班、手工班，天天是高强度的魔鬼训练，任何一门武艺都不落下，每门课都是一笔开销。

这些额外费用似乎在暗示着父母们：多交三五斗，孩子就能有辉煌的成就。

我一直不明白现代社会有什么特别的好处。

现代社会没给我们带来更多的乐趣，反而处处紧逼我们，让人喘不过气来。我常跟朋友们说：像我这样的"闲杂人等"都忙得顾头不顾腚，可见这个世界出了大问题。在一个出了大问题的社会里，如果企图生存得人模狗样，你得是个无所不能的超人。你得是顶尖高手、不世奇才，还得全面发展，才能大小通吃。

我家闺女看起来还聪明，朋友们颇友好地说了一箩筐赞美之言。可我们也深知，超级少女不是天生的，是魔鬼训练出来的。按照我的粗浅理解，一个超级少女必须明眸善睐、伶牙俐齿、能歌善舞、文武双全。

作为她的爹地、法定监护人，我想未来世界必将是弄不明白的世界。要在这个世界里像鸟一样诗意地栖息，我们的女儿必须上英语课，从小练一口纯正的牛津英语或纽约美语。我家闺女还得学钢琴。妈咪通过路子找到一位钢琴李老师，该老师跟我家闺女接触了两次，认为她很有天赋，我们为此买了一台足以盛下八百斤大米的钢琴。要成为一个无敌少女，还要学会画画……如此类推，要训练成功一个超级少女，是一个庞大的系统工程。上面列出的只是九牛一毛，还不包括她的饮食起居、衣着穿戴等诸种繁琐事项。

一天早上，我送太太上班和女儿上学。在太太学院门口，她同事像给牲口相面似的上下打量了我一番，说："耶，你家祥子不错嘛。"

我赶紧说："回夫人的话，俺家掌柜的更优秀！"

后座上，女儿正在吃零食。她懒洋洋地瞥了我们一眼，没兴趣插话。

我想，哪天我弄一辆双轮车，手一搭，腰一躬，光着两只大脚板，大喝一声："客官，您坐稳喽！"我就，嘚嘚嘚嘚，一阵风跑开了，在宽敞的柏油马路上溜达。

这是模仿老舍著名长篇小说《骆驼祥子》，顺便将此书推荐给非文学专业的朋友们。

2004 年 12 月 20 日

五　秘密的恐龙

儿童都有一个想象中的好朋友——这个好朋友藏在他们的脑子里，也真实地生活在他们的身边。美国作家塞林格的短篇小说《康涅狄格州的维格利大叔》中，女主人公埃洛依丝的五岁女儿莱莫娜就有这样一个神秘朋友吉米。

这篇小说写得非常生动，埃洛依丝对吉米真没有办法。我们对乔乔的神秘朋友也没有办法。孩子们会跟这个神秘朋友聊天，说悄悄话，交流情感。这个神秘朋友可以是人，也可以是兔子、小熊、大象、长颈鹿。

我女儿的朋友是恐龙。

"你的朋友是什么龙啊？"我好奇地问。

"三角龙。"乔乔说，"我是三角龙，我不再是小波了。"

以前她是《天线宝宝》里的小波，现在她是三角龙。

三角龙从哪里来的呢？我不知道，她最近很爱看有关恐龙的图书，嘴里念念有词都是雷龙、暴龙、剑龙、梁龙、三角龙。

教育心理学家说，男孩子保留想象中的朋友比女孩子时间更久些。在这个阶段，父母最好也假装孩子真有一个秘密朋友，别粗暴地干涉他们。

我问女儿："你跟三角龙讨论过问题吗？当你说妈妈打你屁屁时，三角龙一定会说，宝宝，妈妈打你屁屁，一定是你做了什么错事。下次你当心点，就行了。"

乔乔说："可是，恐龙是不会说话的。"

2004 年 12 月 21 日

六　外科手术

小孩子的想象与模仿非常有意思。乔乔总问我："爸爸，我是怎样出生的？"

我说："你在妈妈的肚子里长啊长，长到很大很大了，妈妈就去医院，医生把妈妈的肚皮切开，把你掏出来了。"

今天，乔乔把她的芭比娃娃摆在桌子上，用刀假装切她的肚子。

嘿，还真别说，她竟然把一个天线宝宝切出来了——当然是假装的啦。

乔乔说，小波长大了，必须把她切出来。

2004 年 12 月 22 日

七　小女孩历险记

昨天是周末，我独自带女儿去宜家，没想到她爱玩的宜家"小马兰"关闭了。

宜家现在生意日渐红火，服务质量也越来越本地化了，越来越非人性化了。对儿童乐园的维护应选择在非周末进行，他们却在周六做，且一关闭就是一天。女儿失望极了，一直嘟嘟囔囔的，望着小马兰的入口不愿意转身。我只好带她上二楼吃薯条。吃完薯条，喝掉可乐，乔乔要去上厕所。

这可是个问题，妈妈不在，我可不能进女厕所去帮忙啊。我说："你自己敢去吗？"

女儿说："敢！"

我带她去厕所门口，叮嘱说："上完了，出来在门口等爸爸……"然后看着她进去。

乔乔点头说："好的。"

我看着她的小身影消失，心里惴惴不安。她才五岁，宜家人又杂，很怕出意外。

宜家餐厅厕所她去过很多次，但那都是妈妈带着的。

我从男厕所飞快出来，等在女厕所门口，过了一会，心噗噗乱跳。关心则乱，我非常担心。有了孩子，父母大多变成了"恐惧分子"，每时每刻都在担心孩子，生怕她这，担忧她那。在小孩子四周隐藏着无数危险，每一个都让人全细胞地担忧。

我考虑得还算周全：厕所只有一个门，进出由此，守在这里，至少不会把女儿弄丢吧。但她在厕所里会不会被别人欺负呢？会不会被吓着呢？会不会够不着洗手池？会不会拉在裤子上？会不会在湿滑地面上摔跤？

脑袋里的念头像煮开锅的饺子，冒着泡四处滚动。

女厕所里车水马龙，女人像长颈鹿一样嘚嘚嘚地穿梭往来，看上去都像品德败坏的"女流氓"，都有可能乱插队把乔乔挤到一边。这也是我焦虑过度，总怀疑这些女人自私自利，不懂得关爱小孩，都有可能跟乔乔争抢厕所。

我伸着脖子，支着耳朵，如女儿发出哪怕最轻微一声尖叫，我就可能会冲进去。

我等了好久，紧张得踱步，后悔让她自己进厕所。像她这么小的孩子，带进男厕所也没问题。

我的紧张源于对社会的强烈不信任。从各种媒体看到的消息都令人紧张：杀人、抢劫、强奸、放火、绑架、勒索，匪夷所思的案件随时都会发生。每天都能碰到骗子，最让家长恐惧的是拐卖小孩。

事不关己时，人们大多能公正评价。可看到拐卖小孩的消息，我们会愤怒得恨不得亲手对歹徒施以酷刑。这样的人渣，活剐油炸都不过分！

我的心都快从嗓子眼跳出来了，终于看见女儿兴高采烈地跑出来。

原来，她今天穿的背带裤很复杂，她忙了半天。

2004 年 12 月 26 日

八　大人不可以

国外有人写过一本书，专门谈孩子在家里危险重重。

有一种说法，百分之九十的伤害都在家里发生。

对小孩子而言，现代家庭如丛林一样危机四伏。父母要特别注意，不能有任何疏忽。电源插座，现在大家都知道很危险。对孩子危险的东西，家里还有很多：楼梯、房门、衣柜、桌子、椅子、沙发、茶几、暖瓶、花瓶、水瓶、电冰箱、电视机、洗衣机、微波炉、燃气灶、油烟机、电烤箱、洗碗机、热水器、水槽、水龙头、浴缸、马桶……哎呀数不胜数，甚至被套、丝巾、塑料袋，都可能产生致命危险。宜家家居塑料袋上用大字写着：塑料袋可能让小孩子产生窒息的危险。

可见家长并非杞人忧天，也可见我们生存在一个多么令人不安的现代文明社会里——所有这些现代文明产品在给我们带来便利和舒适的同时，也带来了致命的危险。在家里，小孩子登高，疯玩，喝水，吃饭，各种行为都隐藏着重重危机。外界危险之多就更不用细说了：马路上有汽车，你身边有骗子，饭店里有地沟油……简直防不胜防。在我们的疑神疑鬼影响下，乔乔也谨慎过头了。

一次我跟女儿说："宝贝，你在家里待着，我去楼下倒垃圾。"

乔乔说："不行！大人不能让小孩子一个人在家里待着。"

"这个……"

乔乔很严肃地看着我，似乎要对我晓之以理动之以情了。

前天在宜家，我让她自己进女厕所却久不现身，把我吓得够呛，简直神经崩溃了。我实在忍不住马上要冲进去时，女儿出来了。原来太太这天给女儿穿背带裤，小东西会解开背带，但穿不好。她自己提着裤子，抱着脱下来的背心——为了解开背带，必须先脱下外面套着的背心——走出来了，脸上居然还笑眯眯的。

我大惊："宝贝，出什么情况了？"

乔乔说："爸爸，我系不上背带。"

我抱着女儿，平静了一下狂跳的心，没再说话。过了一会儿，我才给她系背带。系好了，我问："宝贝，厕所里这么多人，你是怎么找到位置的呢？"

乔乔说："我看见一个空的，就进去了，还反锁了门。"

我说："厕所脏兮兮吧？"

乔乔说："我用纸擦干净了，还垫上了纸。"

真是一个细心的孩子。这是妈妈带她上厕所的标准动作，小孩子善于观察，各种步骤牢记在心里了。所以父母对孩子的影响非常大，言传身教的后面跟着的是小小的模仿者。

想起老子的名言：同于道者，道亦乐得之；同于德者，德亦乐得之；同于失者，失亦乐得之。

这话很简单：你是什么人就会交上什么样的朋友。你和善，你交的朋友大多是和善者；你诚信，你交的朋友也多是诚信者；你背信弃义，你交的朋友也多是小人。

古人重身教，重择邻处，不是没有道理的。

这小东西，我轻轻搂着她，很多话说不出来。

下一次让她自己上厕所呢，还是带着她？这是一个值得反复思考的大问题。

2004 年 12 月 27 日

九　那好，我们回家画钱吧

今天是绘画课，到下午五点半才结束。我们去教室时，她已经收拾好画笔、画夹，坐在门口的小凳子上等着了。

在车上，乔乔问："妈妈，你什么时候才开车送我啊？"

妈妈说："等妈妈学会开车之后。"

乔乔问："学好了就买一辆新汽车啊？"

妈妈说："宝贝，汽车很贵的，不能说买就买，要很多钱。"

乔乔问："那你们怎么挣钱啊，妈妈？"

妈妈说："工作啊。"

乔乔又问："钱是怎么来的？妈妈？"

妈妈回答："是银行印的，在印刷厂印的。"

乔乔发出疑惑不解的嗯嗯声。

妈妈突发奇想地解释说："就像——就像你在画画，把图案画在纸上，就画出来了。"

乔乔说："妈妈，等我们到家了，我就画钱。"

我们大笑。

2005 年 4 月 6 日

十　没有人看见小孩子生长

世界正在加速，新的科技，新的物质，新的欲望，我们被所有这些东西占领。

每个人都有做不完的事，心情越来越烦躁，身体越来越不妙。在这种散乱下，要坚持做一件小事情实在不易。我这样坚持每天写网志，真是让我自己都很感动啊。

上次去西山，距今十天矣。

今天乔乔穿上了盛可以阿姨去年买的一件连衣裙，显得娉婷玉立，俨然少女。

她坐在我腿上，看我用MSN聊天，让我使用各种"表情"，高兴得哇哇乱叫。她还用婴儿期奶瓶喝水，我抱着她，作回忆过往状，闭眼幸福状。

晚上我给她洗澡，建议用冷水。她一直非常排斥冷水，但是我跟她说，洗冷水凉快，现在天热，没有关系。她改口说："爸爸，我是冷妹子，我不怕。"

我小心地给她打湿身体，让她皮肤温度跟水温接近，这样就不觉得凉了。洗好澡后，她高兴极了，觉得自己完成了一件了不起的大事。

唯有小孩子，才能极敏锐地适应变化，并于极细微中寻得幸福，且是真心地愉悦。

2005年6月10日

十一　杨梅少女

去年六月十九日我们曾开车去宁波慈溪摘杨梅，一晃一年过去了。

在慈溪，我把乔乔抱到树上，让她作攀树状摆拍。今年五月底去苏州西山摘枇杷，她仍然不肯上树。今天我们商量，周末去西山。枇杷之后是杨梅的季节，西山杨梅估计已经熟了。

贺梅子名句"一川烟草，满城风絮，梅子黄时雨"，精妙地描述了江南梅雨季节的情景。今年梅雨还没来，风絮已经飘荡，杨梅也要成熟了。听西山果农说，今年杨梅和枇杷都是小年，春天太冷，都冻坏了，但甜度会比较高。

在车里，乔乔忽然说："爸爸，星期五是不是要去陆奶奶家？"

我说："没有啊，你给陆奶奶打过电话么？"

乔乔说："不是每个周末都去陆奶奶家吗？"

两个星期前，我们去了带过她三年的邻居陆阿姨家，中间曾这么偶然提起。说者无心，听者有意，她倒是记住了。小孩脑子里，有些东西是睡着的，但会在某个时刻突然惊醒。

回到家里，我们一起在花园里的石板路上玩石头剪子布，赢了的人可以先跳一格，看谁先到达花坛。没有想到，我还玩不过她。小东西得意洋洋地一颠一颠跳了好几格，我才跳一下。

163

她先到达之后，说："爸爸，你不行。"

以前有一次她说："爸爸，等我长大了，你就老了，对吧？"

小孩子长大而父母衰老，这是自然规律，如同花草生灭，白云流逝。我看着乔乔稚气的脸，以及她背后灿然的花，微笑不语。

在乔乔的要求下，我做了一个冒失举动，从半人高花坛边跳下，差点闪了老腰。

2005 年 6 月 16 日

十二　人怎样才能看见自己

以前看过一篇报道，该报道在谴责应试教育摧残人性的同时，举了广东某市一对夫妻把孩子留在家里自己教育的例子。当时我没有孩子，对此非常佩服，感觉很了不起，以为这对夫妻的孩子很有可能成为天才。

现在，我们家读中班的乔乔马上要放假了。在家里，她像无头苍蝇一样失去了方向。我们不太管她，因此她的活动没有规律，玩得也没有系统。中午，每个人都困了累了，她却精力充沛。让她睡午觉，她也是万般不愿意。结果，她在家里的时候，我们每个人都精疲力尽，也不见得能获得跟学校里不同的知识。她喜欢画画、剪纸、做手工，这些都非我们所长，陪她玩这些，真是吃力。而幼儿园里的老师是受过专门训练的。两名老师，一个会画画做手工，一个懂音乐能唱歌。我最多能陪她背几首唐诗，带她下楼骑自行车。这种交流不见得比幼儿园老师强。

乔乔在剪纸时，突然问："爸爸，人怎样才能看见自己？"

我一时迷惑，后来说："照镜子。"

"不能用镜子……"乔乔说。

"那大概只能做梦了……"我说，"有时候我们做梦会梦见自己。"

"唉，不能做梦……"乔乔叹了一口气。

"那……"我说，"这个，我就不知道了。"

"爸爸，你看看我的眼睛，就能见到你自己了。"乔乔说。

164

我恍然大悟：原来看别人的眼睛能看见自己。

似有高深哲学。

并不是乔乔的智慧达到了某种高度，而是小孩子本能地跟世界上最神秘的事情息息相通。

无论家长多有耐心，多有才艺，但对某些事物的理解和认知，总不如小孩子直接。小孩子跟小孩子，就像情人一样，像地下工作者一样，一个眼神就能交流。

小孩子的世界跟大人的世界是不同的。

对此，《小王子》中理解得非常透。

我们虽怜爱孩子，但不应剥夺他们跟伙伴一起嬉戏的真正快乐。

2005 年 7 月 4 日

十三　自我反思

在饭店里，乔乔玩了一会儿，有些累了。我见有间隙，趁机喂她吃烧鹅、黄瓜。

乔乔的嘴巴被我塞得鼓囊囊的，嚼起来很好玩。

她有耐心，嚼东西非要嚼成烂泥才咽下去。当你喂她吃肉时，需要耐心等待下一次机会——她要嚼啊嚼啊，不知道多久才会停止。我夹着一块烧鹅，静静地等在她嘴边，就像是一辆汽车在等待空位。

乔乔忽然转头问："妈妈，人怎样才能不要孩子呢？"

妈妈说："怎么啦？"

乔乔因为被满嘴的肉食所干扰，瓮声瓮气地说："孩子太麻烦了。"

她都说过两次了，可见小孩子对小孩子多讨厌啊。哈哈。

2005 年 7 月 4 日

十四　臭虫日

今天上午，阳光很好，乔妈一早去学校。我和乔乔在家。

我到七点半起床，搅豆浆，烤面包，一番折腾后，乔乔自己出来了。她说："爸爸，我不会放《小熊维尼》。"

我去看，原来她不仅已经起床，洗脸刷牙了，而且打开电脑，把光盘放进去了。

乔乔的爱好之一是躺靠在床上看动画片。

她是一个真正的懒蛋。

我跟她说，看完这个片子，我们出去玩一会儿。

我是十点钟说这话的，到十一点一刻我们才出门。

到淀浦河边，我们在绿地里玩。乔乔很快就注意到了臭虫，问我："爸爸，这是什么？"

我说："这是臭虫。"

我拿一根小树枝把臭虫拨起来。臭虫爬到树枝上，转来转去，都是道路尽头，似乎不知所措了。乔乔见臭虫这窘迫样，兴致大发。我递给她，她迟疑没接说："爸爸，你拿着，我看。"

我知道她害怕臭虫，就举着让她仔细观察。

乔乔说："爸爸，我们就玩玩，昆虫也是生命。"

我说："知道了。我们观察一会儿，把它放回地上去。"

上次我们给她炖老母鸡滋补身体时，她很郑重地对我们说："爸爸、妈妈，下次你们不要再这样了。小动物也是生命。"

我们这两位"肉食者鄙"之父母暗暗感到很惭愧。

把臭虫放回地面上，我们在小径上走。只见仲春之际，柳荫飘动，小草翠绿。一路上盎然开放着团团簇簇的苜蓿草，圆圆的叶子上，光彩照人。

乔乔不断地发现臭虫，不断地惊呼，大声地笑。

她走路很谨慎，过石板时，总会顿一下，再跨步。换了性急的孩子，也许想也不想，就跳过去了。

我说："今天大概是臭虫日。"

乔乔说："是的，今天是臭虫日。"

2006年4月23日

十五　易牙记

今天是一个历史性的日子：乔乔那颗最早长出来的乳牙，在漫长的摇摇晃晃中，在好几天的紧张期待中，在今天一大早就摇摇欲坠的危险情况下，在顽强地坚持到了晚上又坚持吃了两根热狗肠之后，终于被乔乔自己捏下来了。

对乔乔的换牙，我一直很期待，也总是很忐忑。

小孩子换牙，意味着她们将进入新的生命周期。

换新牙的孩子，就不再是少儿了，而是少年了。

有一种什么样的隐秘力量，在暗暗地计划着这一切。就像春天，一阵微风吹来，树木花草都听到了消息，纷纷苏醒。我们人类也在这种信息的传递中，不经意地完成着人生的各种过程，我们的身体还在接收着这种信息，但我们的心灵已经麻木了。每个孩子都会换牙，大多数哺乳动物都会换牙，这难道不能让我们感到敬畏吗？

本来，我一直建议乔乔，这颗牙由我来下手拔除的。我以为这是一个合格父亲应该做的事情，这也是一个父亲向孩子传递汩汩亲情的自然而然的方式。

我多次暗示乔乔说，就让爸爸下手吧——我就这么一捏，然后这么一揪，吧嗒，就下来了。要么，我就说，我弄根线，给你绑上，那么轻轻一拽，也就下来了。

在乔乔听来，这些玩笑话带着恐怖的气氛。

谨小慎微的乔乔坚决阻止了我的企图。像我这么粗心的一个爸爸，竟然有这么小心谨慎的女儿，实属怪事啊。

关于换牙，乔乔班上颇多趣闻。一个女同学妈妈把她女儿换的牙齿都留着，准

167

备全部收集齐后，打个洞串起来，做一条牙齿项链。

乔乔说得很高兴，但我听她这么说，恐惧得鸡皮疙瘩都起来了。

好在我们家没有这种保存一切细节的爱好。

乔乔研究了一番自己的牙齿，然后把牙齿递给乔妈看。这颗门牙晶莹剔透的，非常精致。

乔乔说："妈妈，还是把它给扔掉吧。"

于是，就扔掉了。

我总觉得把牙齿保留下来，有吃人生番味道，很古怪。

换牙毕竟是一个很重要的人生新开端。这明确地表明，我们家这只小兽，要迈入人生第二个阶段了。

乔乔早就说："等我换了牙齿，爸爸，我就可以像你那样啃骨头了。"

乔乔畅想未来，把什么能力都推到未来。

在未来，她想象自己有如超人。

2006年6月5日

十六　乳牙之后叫什么牙

有点纳闷：小孩子到底是先掉乳牙再长新牙呢，还是相反？

乔乔乳牙后面，小尖笋一样先拱出来新牙。她自己揪掉乳牙前，这枚短小新牙在后面不紧不慢地生长。因为乳牙尚未脱落，新牙位置偏后，似乎不正。不过，人们都说，等长好后，会长齐的。

我们就不担心了。

乔乔问我："爸爸，乳牙之后叫作什么牙呢？"

我一时竟然脑袋空空。只好说："我不知道，等我上班后问问别人吧。"

下班时，在车上，乔乔又问："爸爸，你有没有请教同事啊？"

我居然忘记这件事情了。

乔乔很宽容，没有责怪我，说："爸爸，你下次一定要记住，不要再忘记了。"

我连忙说："好的，好的。"

今天上网搜索，终于知道了，乳牙之后叫作：恒牙。

恒牙之后呢？

我忽然担心起来，万一乔乔问这个问题，我怎么办？

小孩子的问题，不仅古怪，而且没完没了。

有谁知道恒牙之后叫作什么牙？

2006年6月5日

十七　吉利数字

今天是"6"的好日子：2006年6月6日。我收到的好多短信都告诉我，这是千年一遇的日子，六六大顺。

然而，这样一个日子，除了数字上显示吉利，还有什么呢？要说大顺，那是6666年6月6日6时6分6秒，简直太'六'了！

我提前先向四千六百六十年后的未来地球人提前祝贺一下九六大顺！

但是如果是2222年2月2日2点2分2秒呢？

"那简直太二了！"乔乔大嚷道。

我这样一个对日子的流逝漠不关心的人，觉得每个日子都是津津有味的，也是平凡无奇的。

所有日子，都会被忘记，又似乎都不会忘记。这就看你怎么理解了。

今天我送女儿上学，在真北路下桥拐弯后，乔乔忽然问我："爸爸，归根结底，我们家还是很穷的，对吗？"

这个问题比较古怪，我一时不知道怎么回答。我斟酌了一下说："也不算很穷吧。"

"哦……"乔乔沉默了。

我问："宝贝，你怎么想起来问这个问题呢？"

乔乔说："如果我们家有钱就好了。"

我问："怎么啦？要那么多钱干什么呢？"

乔乔说："那就可以买一辆敞篷跑车了。"

我说："那爸爸可买不起。"

然后我又说："如果我有钱，倒也是可以买一辆的。不过，爸爸没有这么多钱，咱们已经有车开了，也没有必要非买敞篷车不可。这个世界上有很多东西，都是我们买不起的。但是，反过来说，我们也不是非要买这些东西不可。"

乔乔说："可是，敞篷跑车兜风很潇洒的。"

我说："是的。"

乔乔说："我可不想做穷人。"

对话至此，传统教育对"嫌贫爱富"的批判和教导在我身上起了作用，我觉得要跟乔乔讲讲道理。我说："乔乔，爸爸跟你说，我们家不算有钱，但也不穷。跑车我们买不起，但我们已经有车了。跑车跟这车区别不大，都是四个轮子。几个座位。我想啊，不是什么东西，我们都要得到它的……但是……"我发现自己理不直气不壮，话也说不圆了。"当然，如果真的很有钱，我们也可以买一辆很潇洒的车兜风，但我们不能为这个事情而烦恼，你说对吗？你看，我们这车也可以兜风。"

乔乔嗯了一下："这车兜风不潇洒。"

晚上，我跟乔妈交流了这个问题，我们从来没有跟孩子谈论过跑车什么的，乔乔有这个念头，估计是从电视的广告片、连续剧或者别的地方看来听来的。上前一个星期，我们去杭州玩，住在中国美术学院前伊莲假日酒店里，酒店旁边是法拉利专卖店、保时捷专卖店，里面都是极漂亮的高级跑车。

美好的东西，谁不喜欢呢？乔乔对保时捷跑车专卖店里的玩具车非常感兴趣，每次散步经过，她都跑过去隔着玻璃看。可能这种种原因，对她产生了影响。

乔乔最后说："算了，等我长大以后赚到了钱，我自己买保时捷敞篷跑车。"

"你自己赚到钱了，那也行。"对此我没有什么可说的了。

2006年6月6日

十八 拔牙记

一个多月前，乔乔自己摇啊摇，把第一颗乳牙揪掉。从乳牙后面长出来的恒牙，已跟其他乳牙长平了。可第二颗恒牙长出来很久，前面这颗乳牙却一直没有松动。

昨天在幼儿园碰到了小项阿姨，她是牙医，我们请她看了看，她权威地说：要拔掉，不然容易长歪。

今天中午，我带乔乔去卫生科拔牙。

拔牙前，我对她做了一番心理安慰。我说："拔牙有点点痛，但也不太痛，我们乔乔是个勇敢的孩子，一定不会哭的。"

乔乔说："我打针都不哭的。"

我说："你很勇敢。"

乔乔点点头，给自己鼓劲。

到牙科门诊，小项阿姨正在里面。我把乔乔抱到椅子上，躺好。她有点紧张，但没有吭声。小项阿姨让她张开嘴巴，往嘴巴里喷点麻醉剂，然后用一根钩子，在那颗要拔掉的乳牙周围轻轻刮了一圈，大概是要把牙龈刮开一点点吧。

乔乔认真地张着嘴巴，很勇敢，就是不哭。

小项阿姨忽然拿出钳子夹住那颗乳牙，乔乔还是紧张，忍不住啊了一声，似乎就要哭出来了。但小项阿姨敏捷一拔，就把牙齿拔出来了。

小乔有点吃惊，有点惶惑，似乎为自己没有哭出来感到骄傲。她咬住小项阿姨夹给她的消毒纱布，侧头看着我，清澈的眼睛里，充满了骄傲。她这样胆小的孩子，能这样勇敢，真是叫人不敢相信啊。

小项阿姨对我说，过五到十分钟再把纱布拿掉，然后呢，可以买一根冷饮吃。

谢过小项阿姨后，我抱着乔乔回到汽车上。

这时，路面气温高达三十九度。离幼儿园虽然不远，我还是开车送她回来。我抱着她，她激动地看着我，很想说点什么，但是止血纱布让她暂时不能开口。对小孩来说，拔牙可不是件轻松的事情，乔乔有理由为自己的勇敢而骄傲。

在走向汽车的路上，我轻轻地拍拍她的后背，鼓励地说："我们的宝贝真了不起！"

乔乔轻轻地笑，轻轻地点头，但并没有忘记咬住那团止血纱布。

来到华东师大七舍下的小卖部前，我对乔乔说："宝贝，爸爸要给你买一盒冷饮……"

乔乔看着我，声音透过纱布："可以吗？"

她喜欢吃冷饮，这我知道。

"是的，小项阿姨说了，等五到十分钟，把纱布拿掉，可以吃冷饮。"我说，"你看看，拔牙也不是坏事呢。"

乔乔嘴边露出了微笑。

"那十分钟到了吗？"乔乔问。

"不一定非得到十分钟，七八分钟也可以吧。"我说，"纱布就是止血，止住了就没有关系了。"

"还是到十分钟吧，要听小项阿姨的。"乔乔说。

2006年6月28日

十九　暑假

暑假是小朋友们最快乐的日子。

吃完早饭，乔乔问："爸爸，我们什么时候去上班啊？"

我愣了一下，说："今天爸爸一个人去，你不去。"

星期一，乔乔去我单位，跟刷子姐姐玩得依依不舍。下午三点钟，钟红明让刷子姐姐回家，刷子姐姐不顾自己已念小学二年级的事实，公然当着我们的面大哭，边哭边看着我们，大概在寻求同情者。然而我们这些大人都笑眯眯的，毫不动摇，非常冷漠，刷子姐姐极其无助。这时，她的真正同盟者乔乔妹妹还一个人在作家书店那边享受着凉爽空调，充分利用里面宽大空间涂抹她的迪士尼填色画呢。

刷子姐姐多么依依不舍，多么不想回家啊。小孩子都爱到父母的单位去玩，这大概是很多人的美好童年记忆。

　　我尾随刷子到楼下大厅，在钟红明去推自行车时，刷子仍然抽泣着。我安慰她说："刷子，我们不哭，星期五我带乔乔再来好不好？"

　　刷子说："可是星期五多么遥远啊！为什么是星期五，而不是星期三？"

　　我说："我们星期五才来上班啊。"

　　刷子还不满意，但稍感安慰了。

　　刷子姐姐是乔乔最好的朋友之一。她们兴趣相投，很能谈一些古怪的、神奇的、私密的话题。在绘画、做手工等爱好上，她们也有很多共同语言。一个孩子待在家里是无聊的，来办公室跟刷子姐姐一起玩耍是快乐的。乔乔渴望跟我一起到单位，我很能理解她的心情。

　　"可是，"我说，"可是，今天妈妈不上班，她在家里。如果你跟我去单位了，那谁来照顾她呢？"

　　乔乔眼睛盯着我，似乎在思考。

　　我继续说："万一妈妈淘气了怎么办？万一她不听话了怎么办？万一她到处乱动，碰电源插座、玩火柴、弄煤气灶怎么办？"

　　乔乔看着我，没有说话，大概脑子在高速旋转，琢磨我这些话的合理性。

　　我继续说："……妈妈一个人在家，会感到孤独的。"

　　"……那，好吧……"乔乔同学恋恋不舍地说。

　　照顾可能淘气的妈妈，乔乔还是很认真的。

　　大人淘起气来，更不得了。这时，需要小朋友去管管他们。

　　除此之外，大人还常常自以为是。

　　这点，圣·埃克苏佩里在《小王子》里早就说过了。

2006年7月13日

二十　小孩子有自己的世界

　　"小孩子有小孩子的世界"，这是某次乔乔严肃地跟我说的。

　　我赞同她的说法。

有时逗她，我会化用说："大人有大人的世界。"据圣·埃克苏佩里的说法，大人的世界是数字、钱和地位等俗常世界，而小孩子的世界才有神性、趣味和艺术性。我用乔乔做过测试，《小王子》里那幅箱子画里的小羊，我一说她就赞同了，并像小王子一样非常关心箱子里（看不见）的小羊。

"可是，这只羊太瘦了……"乔乔说，"它到小王子的星球，会不会被老虎抓住呢？"

"小王子的星球很小，那里没有老虎。"我说。

"恐怕会有狐狸吧？"

"小王子说他的星球很小，只有一朵爱嫉妒的花……"

乔乔知道，小王子最害怕的还是猴面包树，因为他的星球实在太小了。

这两天带乔乔到万科假日风景小区外的沙地上玩。万科社区有玩沙子的地方，还有小孩子玩的攀登设施，社区周边孩子到傍晚都聚集在这里。乔乔平时活动少，胆子小。但玩沙子是所有小孩子的最爱，乔乔立即爱上了。她还跟上小学一年级的月月成了好朋友。她们一起挖沙子，一起玩开船游戏，一起抓住方向舵，大声叫嚷，时不时还说，赶紧放下锚，有海盗船！她们很享受这种在自己的想象和叙述中不断出现的险情和伴随而来的了不起历险。两个人合作无间，逐渐产生了深厚友情。在月月的带领下，乔乔头一回完全靠自己的努力，成功地通过铁梯爬上了空中城堡，并从那个陡峭的滑滑梯隧道里飞速滑下来。（补注：后来我太太在德国北部的不来梅市工作，我带她去住，发现城市的各个社区，相隔五百米左右，都有一个游乐场，里面必定有沙子、滑索、木马、转盘等。第二年我去德国做访问学者，住在科隆西郊六十公里外的朗恩博贺村，发现周边的村子旁边都设有沙场和藤树、吊环等游玩设施。这才是儿童的乐园啊。）

晚上九点半，她们才依依不舍地惜别，约好今晚七点再来一起玩。

我们迟到了半个小时，到游乐场，乔乔兴奋地说："妈妈，赶紧去找月月！"

我说："你自己去找吧。"

乔乔找了一圈，没发现月月。

她非常失望。乔乔太想念这个新朋友了。她跟我们抱怨，怎么也找不到月月。她一脸的着急。我们假装说去找月月，劝她跟我们一起到绿地里走走。一路上，她都嘟囔不停，还说累死了。

我们走了一圈再回到游乐场，乔乔一下子就找到了月月。她们两个人面对面站着，有点点激动和矜持。乔乔说："我到处找你！"

月月说："我也找你！"

"好，我们一起玩吧！"乔乔说。

2006年7月18日

二十一　不可小瞧小丫头

乔妈带着学生们去扬州、南京春游了。

前两天，乔妈一直惴惴不安。她担心自己走后，乔爸不好好辅导乔乔做作业，她担心乔乔早上起不来上学会迟到，她担心乔爸忘记帮助乔乔收拾书包……总之，担心之事不可谓不多矣。

乔乔从小就是我给她洗澡的。其他一应杂事，做饭烧菜、搂搂抱抱，乃至每天晚上给她念诗催眠，大多都是我干的。担心我不好好辅导学习的事情，其实她也是过虑了。往大里吹，咱也是一如假包换的老牌博士，给小朋友解释两个字词，辅导汉字笔画，还勉强能胜任。孩子的数学虽伤脑筋，一年级的我还能跟上。至于以后的数学，只好走一步看一步了——小平同志还"摸着石头过河"呢，我与时俱进还不行么？俺英语发音比较吓人，单词倒是还记得不少；在口语方面，我虚心向乔乔请教；拼写上，我勉强还能对付几年。最不能对付的是弹钢琴了。我这样一个乐盲，乔乔在练习钢琴时，只有恭维的份。只要不是装修电钻声、汽车喇叭声、假和尚敲击木鱼声，我都觉得很中听，而何况钢琴声乎？再者，乔乔练习钢琴的音乐兴趣不太高，资质也平平，我们也是做一天和尚撞一天钟，让她随便练练，但不至于成为像我们这样的乐盲。我小时候，别说弹钢琴了，弹棉花都只能看不能摸。

昨晚，我和乔乔同舟共济，很快就完成了各项作业。她还有空弹钢琴，画一会儿画，看一会儿小人书。到晚上八点时，她说困了。我说困了就睡觉吧。乔乔说，我还要收拾书包呢。

她打起精神，一样一样地收拾，把每一门课的课本分别装入袋子里，然后吩咐我，先放垫板，后放《小蝌蚪联系册》，接着放语文、数学、英语，最后放铅笔袋——事先得一支一支检查，有些钝头的要削好套上笔套。做这事情时，乔乔小脑袋瓜非常明白，条理清晰，有条不紊。接着，她让我下楼去文具店买几本语文写字本。

乔乔说："爸爸，书包我会收拾的，你快去吧。"

我立刻赶赴文具店。

我把写字本买回来时，乔乔已经准备好了一副塑料书皮，在凳子上聚精会神地看小人书了。

包书皮这样的技术活，也是她小人家干的。只见她手脚灵活，思路清晰，先写学校、班级和姓名，接着把写字本的封面和封底分别装入书皮，然后一折，就OK了。我帮她把这本珍贵的写字本放入旁边等待已久的语文资料袋里，按上扣子，装入书包。

一切完工，毫不拖泥带水，也不像乔妈担心的那样，会丢三落四，忘这忘那。可见，在此之前，乔妈对她不放心都是不必要的。小孩子有时有着超越大人的理解力和动手力。有时，在她力所能及时，不妨让她自己做自己的事情，这也是一种合适的锻炼。但有些小孩子暂时不能胜任，或者还较危险的事情，做的时候要严格看护，不能随便放手，比如使用电器、插座、刀剪以及小孩子自己过马路等。虽然总有一天她要自己过马路，但还是训练好再说吧。现在马路太乱了，开车的和走路的，都是杀人不眨眼的绿林好汉，个个都横冲直撞，谁也不让谁。每天早上，只见马路上险象环生，让人无法放心。

但你看看，条理就是这样炼成的。

2007年4月12日

二十二　弹钢琴与弹棉花

乔乔弹钢琴一直是我们的心病。

乔乔虽不喜弹钢琴，对这架钢琴却很宝贝，有一次听我们说要卖掉，很不高兴，甚至尖叫起来。

上个星期，学校选拔她上台表演吹口琴，她爱上了这音乐。我们因势利导，跟她说，钢琴是音乐的老爸，小提琴是音乐的老妈，你要是把老爸学好了，其他的音乐，全都不在话下。乔乔点头。

这几天，乔乔练习弹琴相对主动，已无此前那种百般不愿的抵触心理，甚至还有点喜欢上了。

小孩子的心思，真是风云多变。可见，小孩子脾性不稳定，有些事情不能太着急，沉淀一下，不要匆忙间做后悔事。

我跟乔乔说，你弹钢琴的样子多么美好啊，你演奏的音乐爸爸喜欢极了。想当年，爸爸小时候，最喜欢听的就是人家的弹琴声音了。当然，那不是钢琴，而是走村串巷的弹棉花的艺人弹棉花。这些艺人每年到了一个特定的季节，就会出现在我们镇子上，租借某个空房，开始他们弹棉花的工作。

放学时，我就跑到他们房子里去，停在屋角看他们弹棉花了。弹棉花的一般是一对夫妇，女的上线，男的弹弦。房间里，在有节奏的弹弦之下，棉絮飘飞，他们眉毛上、头发上，都挂满了棉絮，像白胡子白眉毛的老公公。

有时候，我来得不巧，他们正在给弹好的棉胎绷线，我就安静地等着。他们也没有理我，我也不打扰他们。做好一床被子，卷起来，他们又会做一床新的。如果是旧棉被翻新，那就要拆掉，重新弹棉花。看到那些本来褐黑的棉絮，在钢线弹动下，慢慢变成轻柔的白色，我觉得真是神奇极了。

他们在弹棉花时，会从墙角边移下那架神乎其神的巨大弹弓，虚悬在棉花上空，有如空气之于水面——那是一种艺术家般的技巧。其中一位有如我崇拜无比的艺术家，取一个实木制造的类似纺锤一样的工具，轻轻地在手边拨动琴弦，发出美妙如天籁的声音，让那些本来没有生命的棉花翩翩起舞，成为跳舞的精灵。在我看来，那架精巧的弹弓，是世间最了不起的器具。

从我观看弹棉花到乔乔弹钢琴，这期间有着跨越三十年的距离。

三十年弹指一挥间，如今到了我回忆童年的年龄。

现在呢，乔乔到了我当年着迷地沉浸在弹棉花艺人的房间里的年龄。

她在弹钢琴的时候，我就像一只老灰狼，坐在旁边，看得入迷，听得出神。

2007年4月15日

二十三　独立日

仿佛是一次不经意的外出，乔乔在同学穆婉清家玩过一晚后，回家突然要求自己睡了。

此前，我们借助各种理论，一直试图让乔乔在自己房间睡，以培养她独立自主的生活能力。乔乔赖在乔妈旁边，感觉到安心和温暖，她亦似乎很需要这种心理暗示。久而久之，我们就习惯了。

虽理论这么讲得通，但理论也是人总结的，不可盲目尊奉。爱才是最重要的情感，其他的都可以靠边。再说，乔乔是女孩，对她要求可宽松点。女孩依人，不见得不好。

一年级第二学期，在她稚嫩可爱的脸上，童稚气息，日渐消失。学校的规矩、学校的逻辑、成年人的思维，渐渐在她生活中显现。这就是现实。独立要求，是瓜熟蒂落，今天不闹独立，明天也会闹独立。总应淡然顺应之。

去年或前年某月某日，我们让乔乔睡在自己房间里，这位同学说，自己睡一个房间，会感到害怕的。她为了说服我们，道理讲了一大堆，可见大人的想法总故步自封，要说道理真不容易。但我是比较容易接受小孩子理论的，于是我立即被说通了，转而变成了她的跟班帮着向乔妈游说。

乔乔又搬回来跟乔妈一起睡了。

我说："孩子总有一天会长大的，那时你拉着她的手想让她留下，她也要离开的。现在，还不赶紧趁机多迷糊几天，以后就没机会了……"

"我以后总会长大的，妈妈。"乔乔抱着枕头，站在床边，眼睛如水一般，照着乔妈，把这并不坚固的冰块轻轻融化了。

可这次，她自己坚决要自己睡。乔妈反而舍不得了。

乔妈产生了逆向依赖，动员乔乔回到自己身边睡。可小人家很坚决，"妈妈，

178

我要独立了。这么大了还要跟妈妈睡，很丢人的。"

我猜，肯定是在穆婉清家里，被早就独立的穆婉清劝说过了。她记在心里，因此要独立自主。她决心下得挺大。那么小的孩子，坚决得很，嘴角都倔强地撅着，似乎一定要跟黑夜作战到底。

今天晚上，在乔乔房间里，我第二次给她读《唐诗三百首》催眠。

乔乔很累了。《长恨歌》才读了一半，她就已经酣然入梦。

那张已经买了三年多的公主床，终于派上用场了。

我看着她稚嫩未褪的脸，看着她眼睑上扑闪的长睫毛，还有她完美的嘴型，读诗声逐渐降低，以至于呢喃："在天愿作比翼鸟，在地愿为连理枝。天长地久有时尽，此恨绵绵无绝期。"

我读完，熄灭了台灯，一下子，房间沉入了夜的水底。在窗外透进来的暗光中，眼睛慢慢适应，我又看见了乔乔的脸。

可以说，这位爸爸真的有点忧伤了。

从乔乔主动要求自己睡开始，她的神话般的童年时代就扑翅飞走了。作为父亲，我一直努力地、小心翼翼地参与她的童年生活，在陪伴她成长的同时，也得到了无限的快乐，充实并愉悦着。

想到这里，我在幸福中，眼睛发热。

在她的脑门上，轻轻地亲一口，我也在夜之裹挟中，静静地待着。

2007年5月14日

二十四　摔个跟头的学问

乔乔曾经发下一个宏愿：一定要在暑假学会骑自行车！

乔乔跟我说："爸爸，爸爸，给我买一辆新童车吧！"

乔乔此前拥有过两辆童车：一辆在搬家时扔了；另一辆在运动品牌专卖店迪卡侬买的，价格挺贵，属于绣花枕头一类，乔乔骑过多次，毫无进步，扔在阳台上落灰。

我建议乔乔骑大人的折叠自行车。

折叠车不是童车，但性能好，骑行方便。骑着它远足没几次，近行倒是用过不少次。自行车样式很好，质量也不错。

我把车抬下楼，乔乔不相信自己的眼睛："爸爸，我能行吗？"

我说："能行！"

调低座位高度，我把乔乔扶上去，她立即发出尖叫："爸爸，爸爸！"

我说："勇敢点，没问题，有爸爸在旁边呢！"

在乔乔的一路尖叫中，我们上路了。

第一天，乔乔歪歪扭扭的，尖叫不断。她骑了不到二十分钟，就声称屁股疼，打道回府了。

第二天，乔乔还是尖叫，身体不断地往左侧歪。我们在一个花坛边上兜圈。我跑得腰酸腿痛，乔乔仍说屁股疼。

乔乔缺乏信心了，瞪大眼睛看着我："爸爸，骑自行车太麻烦了，你说我能行吗？"

我说："你能行的！骑自行车开始都是这样子的。过一个星期你就会骑了。"

乔乔似乎不相信自己的耳朵："啊？不会吧？"

我出差贵州一个星期回来，第三次，乔乔还在花坛转圈，但是这次平衡感好多了，踏板骑得也熟练多了。她不再尖叫，虽然还很紧张，但脸上露出了笑容。

昨天，我们一起骑车出去兜风，回到花坛，乔乔又被我扶上车。一个四五岁大的小男孩骑在一辆童车上，相比之下显得幼稚，这激发起了乔乔的好胜心。他们瞪视对方一眼，乔乔鼓足勇气，频频超越，战胜了小男孩。

她兴奋极了。

我说："骑自行车好不好玩？"

乔乔说："好玩！"

我说："学会骑自行车很重要，会骑自行车，才能摆脱步行的束缚，感受到自由自在。"

乔乔把握龙头的平衡感觉已经很圆熟了。

今天，一阵雷暴，天气从闷热中凉爽下来。

我们下楼，乔乔再度整装待发。她锻炼出了相当好的平衡感，对自行车的脾性拥有了很大了解，和自行车成了好朋友。

在经过一辆停放的汽车时，我看着前面的一辆，对乔乔说："你能不能骑到那辆车那里？"

乔乔立即惊呼，说："爸爸，爸爸，你别放手，我不行的！"

我说："你不行？好，爸爸扶着你的肩膀，不放手，你尽管放心骑。"

乔乔这才放心地继续往前骑。我的手却没有跟上，悄悄松开了。她单独骑行七八米，突然意识到了。在她发出杀猪般尖叫前，我及时把手掌搭在她的右肩上，"有问题吗？乔乔？"

乔乔看着我，脑子似乎停止了运转。

我说："不要不相信自己的眼睛，宝贝！这不是梦，你真的会骑了！"

乔乔说："我还是不敢相信，爸爸，我真的可以了吗？"

我点点头："你看，刚才我就不小心松手了，你不也骑得挺好吗？如果不是害怕，你完全可以一直骑下去。"

"但是我胆子小，"乔乔说，"你不能放手。"

没有我的扶持，乔乔骑自行车溜行了好几米。这在地球上是微不足道的一小步，但在乔乔的人生路途上是了不起的一大步。成功地学会了骑自行车，对她的激励作用非常大。

该女生天生胆小，凡事都小心翼翼。我不能急于求成一下子完全丢开。接着我真的没有松开手，而是扶着她又骑了一段路。我们一直在反复探讨这样一个简单的问题：乔乔真的是可以自己独立骑自行车了吗？在探讨中，我的手掌慢慢松开。我说："你觉得行吗？"

乔乔不敢说行。

我说："你一定要记住，爸爸就在你身边，你不会出任何问题的。因为，只要你有一点点危险，我就会帮助你。你一定要相信爸爸，好吗？"

为了加重我的语气效果，我又握住了她的肩膀。

接着，我又松开手。

这个胆小的女生，似乎勇气陡然倍增。

她越骑越远，成功的激励，让她精神十足，斗志昂扬。

虽然车把偶尔还是会东扭西歪，但她能自己调整以恢复平衡了。我跟在她后面疾走，我们越来越有信心，骑得也越来越远。乔乔在成功的喜悦中，甜蜜无比。

我又抓住了她的肩膀。

乔乔这次自己说："爸爸，我能行的。"

我说："我知道你能行，宝贝。但你才刚学会骑自行车，不能骄傲，也不能大意，不然就可能出错摔一跤。"

乔乔说："对的。"

我说："不过，你不会摔下来的，因为爸爸就在你身边。"

乔乔说："我知道了，爸爸。"

我说："我保证你不会有问题，至少，我们这几天，爸爸都没有让你摔倒，你一直很安全，对不对？"

乔乔说："对的。"

我们学习掉头，乔乔还不熟练，我帮了她一把。

我说："你看，爸爸帮助你了，你就很容易转过来了。不然，你就会撞到砖沿上。但是，即使撞到砖沿上，也不要紧的。最多就是摔一跤。小孩子都有天生的反应能力，你可以跳开，自行车就让它摔倒好了，不会摔坏的。你是一个能干的孩子，摔一下根本不要紧。"

"那可不行，爸爸，我不能摔跤的。"乔乔说。

不摔跤就永远害怕摔跤，在想象中，就以为摔跤是世界上最可怕的事情。不摔跤，就无法锻炼胆量，无法发展出真正有效的骑车能力。

我想，等她多骑几次，技术熟练，熟练到骄傲自满时，应想办法让她安全地、有惊无险地在意外中，小小地摔一个跟头了。

人的一生中，总要恰到好处地摔几个跟头才好。

【补注】

　　让孩子相信你很重要，言出必行也很重要。父母要记住，你的话，孩子都记得清清楚楚，你做过的事情，他们也看得仔仔细细。言传身教不是一种抽象概念，而是具体的生活。小孩子从成功中得到的总要比从失败中得到的多。

　　前段时间我看到一位中国学者在批判快乐教育，但他只是谈到其中纵容的坏处，并且仍然是一种"挫折教育"的古老思想。但传统教育用戒尺，现代教育用糖果，是鼓励而不是惩罚，反而可以对孩子进行更好的教育。

　　孟子那句"天将降大任于是人也"害人不浅，弄得天下每一个人都要"苦其心志，劳其筋骨"的。时代不同、条件不同，甚至命运不同，每个人都是不可重复的。孩子有孩子的未来，他们的未来决定于现在，也决定于他们未来的机遇。有些孩子遇到挫折了，就永远消沉。有些孩子受到打击，会对社会、对人世产生仇恨的心理。所有这些，都需要具体问题、具体个人、具体分析。

　　在孩子成长阶段，父母需自然而然地坦然面对各种事情。有点小挫折不是坏事，应在这种挫折中，学会积极面对。

　　我仍然相信鼓励式教育，我认为成功的激励、正面的肯定，对一个孩子的成长更有效果。

　　要发现自己孩子身上与众不同的优点，并学会欣赏这种优点。

　　跟同学、跟同龄人攀比考试成绩，动辄说别人家的孩子这好那好，是孩子最讨厌的事情。

　　只要让孩子有一个健康的身体、培育健全的心智、锻炼自如的人际交往能力，并养成持续学习的态度。他们的人生未来有各种可能，孩子只需学会顺时应势地调整自我即可。

2007 年 6 月 29 日

二十五　成功是失败之父

她的膝盖血迹斑斑，她的胳膊全是伤疤，她的屁股有两个大大的黑块，她的脸上满是泪痕……

这不是真实，而是我的想象。

我被自己这梦吓坏了，猛然醒来。

前天傍晚，我带着乔乔学习骑自行车。她在小区里可以自己骑了，这简直是一个小小的奇迹。乔乔天生胆小，胆子简直太小了。一次她经过减速带，没有骑好，碰在路沿上，车侧翻，她右脚下意识支了一下草坪跳下车，虽然发生了意外，人却毫发无损。

我乘机鼓励她说："你看，摔跤一点都不可怕！你自己不就这么简单地下来了吗？"

乔乔不敢相信自己的眼睛。她兴奋地看着我，很想吹牛，却不知道从何吹起。

她接着继续骑，不小心又在另一边小道旁让自行车摔倒在地上，她自己倒灵活地跳下车。最后一次在车库门口，这里的减速带比较高，她每次都能冲过去，但这次前面来了三个疯子般的小男孩，骑着自行车风驰电掣冲过来，把她吓了一跳。她刚冲过减速带，车头就晃动，人就失去平衡，撞在路沿上，反向摔倒了。这次是真正摔跤，自行车倒下来，她人也摔了一个大趴叉，双手撑在地上发愣。就在她还没反应过来时，我跑上来检查了一下她细嫩的手掌，看到没有摔破，我立即对她表示大大的祝贺："你太了不起了，乔乔，你竟然摔了这么一个大趴叉，还毫发无损！"

乔乔说："可是我真的摔痛了。"

我说："没问题，摔一下，你会骑得更好。因为，这下子你终于知道了，你终于亲自摔跤了，你明白了骑自行车摔一跤其实是一点都没有什么了不起的小事情。"

在我的鼓励下，乔乔非常激动。她从小到大小心谨慎，没有想到这次练习骑车，却连续摔了三个跟头。

昨天在新梅广场边便道上，我们练习骑车掉头。

乔乔一开始无论如何也不敢，我一跟她说起，她就哇啦哇啦大叫。

在她掉头时，我帮她抓住车把顺过来。

有一次我没有跟上，她骑到了路尽头，又不会刹车，情急之下，自己把车一扭掉了头，骑了回来。对这个成功，她自己一脸惊讶。她发现自己居然有这种神奇能力，钦佩得五体投地，兴奋地连连说："爸爸，爸爸……"

我说："我看见了，你真了不起，宝贝！"

"爸爸，可是，我真的不敢相信啊。"

"不要不相信自己的眼睛，这是真的，你自己掉转了车头，成功转弯了。"

"可是，爸爸，我还是不敢。"

我说："没事，你不敢就不要掉头了，一直往前骑，爸爸就在你旁边跑，保护你。你想要掉头时，我就帮你，等你骑好一点了，有勇气了，再练习掉头。我们慢慢来，爸爸不着急，你也不用着急。"

我知道，成功激励的效果是巨大的，挫折打击的后果也是巨大的。既然她觉得自己做不到，就不必硬逼着她去做，而是要在不知不觉中，让她自然而然地练习并且掌握技巧。这样成功两三次之后，她就相信自己的能力了。一旦她自己有了信心，就会慢慢地拥有勇气。

我帮助她掉头几次后，她说："爸爸，这次你让我自己来。"

我点头说："唔，你能行吗？"

她说："我试试。"

我说："对，你试试就知道了。不行也不要紧，爸爸就在你旁边。"

乔乔成功地掉头了。

这下，她是主动的，而不是被动的，因此信心大增。

多次掉头练习后，她可以自己骑了。

最后，乔乔被一只远远跑过来的狗吓着了，车骑得快了一点，又没有掌握刹车技巧，掉头时机掌握得不好，车头撞在阶沿上，连人带车摔在地上。不过，这次她也没有摔伤。

训练结束了，我跟乔妈说："摔了这么几次后，明天就不能让她再摔了，不然就把建立起的信心给摔没了。她是一个谨慎的孩子，不爱冒险，需要一点点地积累信心，以鼓励为主。"

今天，她一开始也有些胆怯，但很快就自然地成功掉头，且越骑越有信心了。我小心地保护她，不让她再摔倒。昨天骑得太累，她今天有些蔫，提不起精神，需要稍微恢复一下。

就这样，乔乔学会骑自行车了。

她骑的是一辆成人折叠车，车把比较高，她要学会自己上车和下车还要长时间锻炼。不过，迈出了一步，跟着就会迈出第二步。

这就是小孩子的成长：越来越有能力，越来越独立，最后离开我们，像大蜜蜂一样，扑翅飞走。

2007 年 7 月 1 日

二十六　慢的哲学

今天下午接乔乔，班主任徐老师拉着她的手走到我面前跟我解释说，乔乔刚才跑步时比较慢，所以很伤心。我看她，果然眼圈红红的，小嘴嘟起来。

我问："乔乔，发生什么事啦？"

乔乔说，她们学校二年级八个班比赛，因为她跑得慢，她所在的班级得了第七名。班上有同学批评她跑得太慢了，她很伤心。

我说："跑得慢不是什么缺点，也不是什么错误。这不要紧啊。你们学校是双语学校，又不是运动学校，跑得慢点有什么关系？"

乔乔还是不高兴。

我说，人生而不同，每个人都有自己的长处和短处。有些同学跑得快些，有些跑得慢些，有些人是胖子，有些人是瘦子。有些同学，比如你，热爱英语，所以你成绩好些，上次测验，全班就你一个人满分。有些同学呢，才六七十分。这表明，你也有自己的长处，其他同学有他们的缺点。跑得慢不是你的问题，只能说是你的特点。爸爸妈妈小时候跑得都不快。这又不是奥运会，你们也不是刘翔，不需要参加竞赛。在学校，无论跑得快跑得慢都是锻炼。

回到家，她还是高兴不起来。我们也没有好办法安慰她。

186

我请她帮忙一起炸鸡翅。她沾面包屑，还放几个在油锅里。

我有好几个月没有做炸鸡翅了，现在这种速成的鸡不敢多吃。可惜，这次买来的鸡翅，却因我粗心，在联华超市买时就不新鲜了——在中国做人，真要有眼观六路耳听八方的本领。乔妈咬一口辛苦炸好的鸡翅，让我闻，果然有不新鲜的味道了。看来，化了的鸡翅有变质的危险，以后还是要买冻硬的才行。

这些只好扔掉。

好在我中午炖好了萝卜牛腩汤，再炒个青菜，用培根做了一个老豆腐羹，照样吃得有滋有味。

吃完饭，乔乔的情绪总算好转了。

她把我们给她找的理由，全都复述了一遍，这才如释重负。

2007年11月1日

二十七 THINKING BEE！

春节是偷懒的最好借口。

在春节可以不干活，可以睡懒觉。

我本来要为刚刚写完的三十六万字《莫言评传》添个"莫言年表"的，刚把几本参考书拿出来，乔妈就婉言劝道："大年初一，你还要干活？"

大年初一不干活，这是传统。我不明白这是什么传统，由此似乎可以推知，农民并不都是勤劳的。

不过，既然乔妈这么说了，我只能遵命。

我们每天陪乔乔玩，陪她看动画片。

这两天我们看了好多动画片。现代电脑技术飞速发展，3D渲染技术也突飞猛进，电影里人物和环境的渲染，已经达到了非常逼真的地步。按照电脑发展规律，再过三五年，最多八年、十年，可能真会如好莱坞演员担忧的那样，虚拟人物会抢夺了明星的位置。《贝奥武夫》里安吉丽娜·朱莉的曼妙惹火身体就是电脑渲染的。而《超人特工队》里的环境渲染更是惟妙惟肖。

不过，说到乔乔喜爱的动画片，还是《未来小子》《蜜蜂总动员》《别惹蚂蚁》。我还要加上《超人特工队》。

《别惹蚂蚁》乔乔一口气看了四遍，有些台词她背得滚瓜烂熟。

"The queen of queen!"廖小乔说，"女王之王！"她接着得意洋洋地跟我们说："就是the ant's mother! 蚂蚁之母，是圣母！"

其实啊，就是蚁后啦。

不过，她最爱说的还是：thinking bee——像蜜蜂一样思考。

蜜蜂思考什么呢？

《蜜蜂总动员》里，小蜜蜂主角Bally如好莱坞电影里经典小人物一样有颗不安分的心。他三天小学毕业、三天中学毕业、三天大学毕业。大学毕业后他本来要像所有蜜蜂前辈一样找个酿蜜的工作，终其一生干这份工作。然而Bally却无法忍受这种单调平庸的生活。小蜜蜂有大理想，他想当一个授粉员，飞出蜂巢，畅游世界，面对风险，挑战"蜂"生。在导演安排下，他成功了！耶！Bally不仅当上了授粉员，而且改变了世界：他代表蜜蜂控告人类酿蜜企业的无耻掠夺并成功胜诉。美国警察严格地执行这项裁决，没收了农场主的蜂蜜罐，甚至跑到了"百亩林"，用麻醉枪放倒小熊维尼，从他手中夺下捧了七十多年的蜂蜜罐——要知道，《小熊维尼》是多么风靡、多么畅销的一个动画经典啊！可是小熊维尼也吃不成蜂蜜了。蜜蜂们胜利之后发现夺回来的蜂蜜太多了，多到他们可以永远也不用干活，每天只需吃喝玩乐，开嘉年华party！就这样，蜜蜂不干活之后，整个世界上所有花木都因为没有蜜蜂的授粉而逐渐枯萎了……

世界失去了平衡——小蜜蜂影响了大世界。

乔乔说：thingking bee!

一只小小的蜜蜂尚且能改变世界，实现自己的理想，更何况一个人呢。一个人无论尊卑贵贱，只要有理想，能行动起来，就会向自己的理想走近，并最终可能实现自己的梦想。

这就是"美国梦"的经典核心主题：小人物实现梦想！

2008年2月8日

二十八　一个少女的远征

昨天，年初七，是我上班第一天，乔乔要去马老师家学钢琴。乔乔很想跟我去单位。她说："爸爸，你在家里等我，我学完钢琴，带上我的作业，到你单位做。"

我说："爸爸今天有事，要早点走。"

乔乔很失望，她真的很想去我的办公室。

这么大的小孩子，特别想去父母的办公室。大人的世界，对小孩子来说是一个新奇的地方。最重要的是，在我办公室，她还有李青澜姐姐可以一起玩。她们总是放假时在我们单位碰头。

李青澜姐姐见多识广，打算长大后做鸟类观察者，精通玩各种游戏，对乔乔非常有吸引力。乔乔一到单位就跟着李青澜姐姐疯玩。她带来的作业啊什么的，早就忘到九霄云外了。这是过去一直发生的事情。她们在一起，还是纸杯终结者。一般来说，她们会剪掉三到四个纸杯，说要做什么手工。那些纸杯的残骸，见证了她们的疯狂。

乔乔跟妈妈说：等学完钢琴，给她一张交通卡，她自己可以乘地铁去我的单位。她说她自己可以找到，坐九站下车，没有问题。

我们说，不行。

我说："你自己肯定能找到爸爸的单位，爸爸不怀疑你有这个能力。可车上和路上，有好多坏人，还有冒失鬼。他们像《西游记》里的妖魔鬼怪，见到你就像见到唐僧一样流口水。他们是妖怪变成人脸的样子，这些妖怪很可怕，你对付不了。"

这个勇敢的小姑娘还是不服，她认为自己去乘车一点问题都没有。

可是我们不敢冒这个险。

我们没有冒险的本钱，也没有冒险的勇气。

2008 年 2 月 14 日

后记：孩子的能量有限，要省着用

隔了这么久，一篇篇读这些文章，亲切中又有些感慨。

我本来想用"后怕"这个词的，怕误导读者，尤其是现在不知道怎么地越来越焦虑的家长。按理说，既然社会发展，物质丰富，学校越来越多，招生越来越多，还有更多的民办学校、国际学校，现在的入学机会比以前多得多，家长应该比我们十年前更轻松才对，但谁能想到，现在人们越来越焦虑呢。

但是我们的社会真不是线性发展的，而是"跳跃式"发展的。

前天和太太喝茶，聊了聊上海的房价，十分感慨。

我们现在的工资收入跟十年前差不多，但上海的房价翻了十倍！这就意味着，如果你不买房子，你的工资收入就"轻如鸿毛"了。这让规矩本分的劳动者成了失败者，而让铤而走险的"炒家"成了社会的成功者。

一般来说，在正常社会中小部分冒险者成功是可以接受的，而如果大众全都进入了"炒家"行列，社会就会心浮气躁了。

房事不谈，谈学事。

读我的文章到这里，读者朋友应该看到，我一直强调让孩子有些自由空间的，也强烈反对"赢在起跑线上"。

一个着急忙活的社会，很难沉淀出好的文化。

今年国产影片大面积歉收，已经有专家开始总结得失了。

这个浮躁的领域，很难想象迪士尼公司会有人为《疯狂动物城》没日没夜地花上四年时间来制作吧？教育是应该更慢的艺术，可是我们都急火攻心了。

慢有慢的好处，慢有慢的艺术，慢工出细活。

人生，为什么要按商业模式来生活呢？很多公司总裁信奉"快鱼吃慢鱼"，每天忙得"顾头不顾腚"，完全失去了人之为人的乐趣。有快有慢，有急忙有从容，这才是人生啊。每个人都跑得像刘翔那么快，世界还有什么意思？再说，人生又不是商业。

我们今天的教育，已经被人为制造的"短缺"和"恐惧"控制了。

我们女儿十年前上小学时，我和太太就取得了共识：找家门口的小学，差不多就行，我也不相信名校有什么好的。以升学率、考分而评出的好学校、名校，我都不怎么景仰。我太太是华东师大老师，我们户口可以对口入附小，但我们不去。很多人知道我们的选择，惊呆了，说：附小是名校啊，很多人打破脑袋都进不去！

你们是进不去，我们是不进去。各有选择，各得其所。

我对好学校的判断，是老师有爱、孩子快乐。

小学学校的关键是近，孩子可以多睡一个小时或半个小时懒觉，可以几分钟之内到校，接送也便利。常常是其他孩子已经上了校车开始漫长的上学路，我们孩子还在睡觉。在长身体的关键时期，孩子每天能多睡半个小时，几年下来是一个厉害的数目。这样，孩子的身体要健康很多。一个人不需要学那么多"知识"，很多所谓"知识"都是"死知识"和"垃圾知识"。只堆积知识而不知运用，不懂消化，可能会变成"知识桶"。

孩子身体健康、心智健康地长大，比什么都重要。

我们挺住各种压力，不报任何补习班，不参加任何辅导班，孩子的"语文成绩"忽高忽低，一般总是不太高；数学成绩在中游，能跟上；英语通过有效的阅读而一马当先，一招鲜吃遍天。她就这样糊里糊涂长大，到现在，我们发现这些变成了她的优点和竞争力。

我是"写作界"专业人士，完全可以吹嘘是"写作界大V"，对"语文"那点事了如指掌。我太太是古典文学博士，我是现当代文学博士，我们都对付不了这语文，那还像话吗？

不过，确实不像话。我得承认，我们确实对付不了语文。

按照一些语文老师的要求，别说孩子了，我和太太也考不及格。这不是语文的胜利，也不是我的失败。那不是正常的中文母语学习，也不是有效的中文母语累积。我和太太都很有自信，我们知道，母语学习需要广泛有效的深阅读训练。一个孩子从小学开始，如果能得到好的引导和指导，每年阅读若干本好作品，到初中他们就能应付一些语文作业的要求了，到高中基本就能步步领先了——就连语文考试也是一样的。不要太看重一些头脑僵化的语文老师的成绩要求，中文母语学习要目光长远，要以良好的阅读积累和有效的写作来"对抗语文"，这样培养的孩子才会真正拥有卓越的表达能力和写作能力，才能在互联网时代，在人工智能时代，在第三次工业革命时代，拥有更大的创造力——也就是人生的竞争力。

人生如同弯弓，不能拉满，不然就会断；人生亦如杯中水，最好保持八分，不然就会溢出。

每天都奔忙于各种补习班、提高班，每天都为忙着各种作业而消耗全部精力的孩子，到了他们的青春期，就会蔫掉了，到大学，能量已经被耗光了。而大学时期，才是一个现代人真正需要开足马力拼命学习的时期。

孩子的能量是有限的，也要省着用。小学时期、初中时期就让他们超负荷运转，到了高中、大学，他们就失去能量了。这样的孩子，我见得太多啦。那种不必要的压力，甚至会影响他们长身体。很多青春期女孩子身体肥胖，满脸疲惫，长了各种粉刺，这对她们的自尊心也造成很大的打击。这种体态，我称为"应试胖"。

孩子慢慢来，父母也慢慢来，在这个人比人"鸭梨山大"的时代，家长确实不易。但你要有这样的认识和这样的智慧：人生不是短跑，而是漫漫长路，不争朝夕。

回顾孩子的长大过程，虽然有各种不足，但我觉得是甜蜜多过遗憾。

女儿现在读IB国际课程，十一年级了，她自己选课，给自己选了四门high level，而且信心满满。作为爸爸妈妈，我们有些担忧，怕她跟不上。但她自己觉得可以，连一直中下游的"数学"都选了H，我们"也是醉了"。

前不久，爸爸妈妈"密谋"，觉得小女生学习没有提速，别人都使出了"洪荒之力"了，都是十分、十一分地使劲，她还是不急不慢，使出五分劲来，还在画画，在玩游戏，确实让人着急。

不过，她能应对各门课程，尤其是语言类、人文类、写作类的课程。从小开始的有效阅读积累，在这时显示"洪荒之力"了。不少学生憋很久才能写出的文章，她轻松自如地就写出来了。中文母语写作如此轻松，英文写作也一样轻松。这种积累，对IB课程的学习帮助非常大。即便是应付高考，也从容自如。

看来，我们的"慢"，有了"慢"的效果。

譬如煲汤，不能急火猛炖，而是要小火慢炖。

人生也如此，更何况学习乎？

作为父亲，我觉得可以打七十九分吧。

是不是有些志得意满？是不是有些骄傲自大？

关于冒险探索的推荐阅读书目

1.《丁丁历险记》(全22册),[比]埃尔热,王炳东译,中国少年儿童出版社出版。

荐语:跟着丁丁一起冒险,去非洲丛林,上天入地,在沙漠跋涉,去西藏探险。男生首选的超级探险连环画。

2.《帅猪的冒险》,[英]约翰·塞克斯伯,徐纪贵译,湖南少年儿童出版社出版。

荐语:以猪为主角的小说很多,《西游记》里猪八戒是先驱,《夏洛的网》里小猪威尔伯也是名角,《动物农庄》也由猪来领导革命推翻农场主。另外,不知怎么的,我还想到日本动漫大师宫崎骏的名作《飞天红猪侠》。猪做主角,一定很有意思。

3.《金银岛》,[英]罗伯特·路易斯·史蒂文森,顾均正译,中国青年出版社出版。

荐语:海洋探宝冒险小说名作,科幻小说前辈大家顾均正的译文版本珍贵,独具特色。

4.《鲁滨逊漂流记》,[英]笛福,鹿金译,浙江文艺出版社出版。

荐语:海洋漂泊以及荒野生存经验的最早表达,反映英国海洋文明拓展时期人与自然的关系。鹿金先生此译本为公认权威译本。

5.《格列佛游记》,[英]乔纳森·斯威夫特,白马译,安徽文艺出版社出版。

荐语:格列佛看到的复杂世界,都是人类世界的曲折反映。大人国小人国是很有意思的想象,而比人类还要聪明的慧骃,则应引起我们对人类文明种种弊端的反思。

6.《汤姆·索亚历险记》,[美]马克·吐温,姚锦镕译,安徽文艺出版社出版。

荐语:探险与成长经典小说,马克·吐温的名作,姚锦镕权威译本。少年汤姆·索亚挣脱刻板教育,在冒险中自我成长,走向更为自由的心灵世界。

7.《三个火枪手》《基督山伯爵》,[法]大仲马,李玉民等译,北京燕山出版社出版。

荐语:十九世纪法国最流行的作家大仲马代表作两部,历史与传奇、宫斗与爱情,要什么有什么。李玉民先生译本为公认的权威版本。

8.《堂·吉诃德(上、下)》,[西班牙]塞万提斯,[法]古斯塔夫·多雷绘,孙家孟译,译林出版社出版。

荐语:欧洲文学的先驱之一。模仿着骑士一样试图出去行侠仗义的堂·吉诃德先生发现自己无可奈何地碰到了一个乏味无趣的现实世界。他的随从桑丘,更多是扮演着被吩咐者的角色。西班牙语翻译大家孙家孟教授的译本值得推荐。

9.《巨人传(上、下)》,[法]弗朗索瓦·拉伯雷,[法]古斯塔夫·多雷绘,陈筱卿译,安徽人民出版社出版。

荐语:有这样一个巨人,他的母亲在怀上他时吃了几万头牛,他只好从母亲的耳朵里钻出来。巨人来到巴黎,一泡小便淹死了37万悲催的巴黎人。多雷经典插图和陈筱卿名译。

10.《八十天环游地球》,[法]儒勒·凡尔纳,陈筱卿译,安徽文艺出版社出版。

荐语:科幻小说鼻祖儒勒·凡尔纳最著名的科幻冒险小说之一。在1873年,福格先生与友人打赌说自己可以在八十天内环游地球。那个时代的交通只能搭乘火车与轮船，而且必须紧赶各项车船日程，不能稍有耽搁。这是一个伟大的壮举，这本书对青少年读者产生了巨大的影响，很多人甚至模仿着小说里的福格先生做环球旅游。

11.《哈利波特与"混血王子"》，〔英〕J.K.罗琳，马爱农、马爱新译，人民文学出版社出版。

荐语：《哈利波特》每一本都值得读，这个"混血王子"的真面目出现，真是把我吓了一大跳！原来他就是……他就是……哎呀，不能剧透。新版本设计和印刷都更上一层楼。

12.《波西·杰克逊与神火之盗》，〔美〕雷克·莱尔顿，薛白译，接力出版社出版。

荐语：波西·杰克逊是海神波塞冬的俗世儿子，他开头不知道，只是一不高兴就坐在游泳池底下七八分钟，天赋异禀。后来，才发现，人间竟然散落着古希腊奥林匹斯山十二主神们的孩子，甚至还有宙斯的女儿。这些半神人聚在一起，会发生什么惊天动地的大事都不奇怪。

13.《希腊古典神话》，〔德〕古斯塔夫·施瓦布，曹乃云译，译林出版社出版。

荐语：希腊古典神话是欧洲文明的源头之一，不可不读，不可不知道。推荐曹乃云教授的权威译本。

14.《动物农场》，〔法〕乔治·奥威尔，孙仲旭译，译林出版社出版。

荐语：动物农场里各个动物本来都好好的，也浑浑噩噩地活着，忽然一只被称为"上校"的老猪似乎听到了神秘的预言，号召动物们起来革命。革命胜利后，猪领袖们开始享受权力带来的快乐，在农场里制订各种严酷条律。这部小说是对极权主义最生动的描摹。推荐英年早逝的翻译家孙仲旭精心打造的译本。

15.《树上的男爵》，〔意〕伊塔洛·卡尔维诺著，吴正仪译，译林出版社出版。

荐语："我"哥哥柯西莫十二岁，有一天他爬到树上之后，再也不下来了。在树上，他走遍欧洲，参与了中世纪文艺复兴时期的很多运动。"树上的男孩"让人印象深刻，他在树上成为一个真正脱离日常现实的人，因此，他看问题更加高远，也更加深刻。

16.《飞向人马座》，郑文光，陕西人民教育出版社出版。

荐语：当代中国科幻小说先驱郑文光先生的名作。流浪外太空九年的三位少年，在浩瀚宇宙中重新认识宇宙与自己。

17.《流浪地球》，刘慈欣，长江文艺出版社出版。

荐语：侦测到太阳可能在未来爆炸，地球科学家和顶尖的政治人士开始筹划着把地球驶出太阳系。为此，人们得建立庞大的地球发动机，推动地球偏离环太阳运行的轨道，最后逃逸出太阳系。小说中充满了丰富想象，对人性以及人类历史有深刻拷问。刘慈欣的科幻短篇小说合集，每篇都值得读。

18.《尼尔斯骑鹅旅行记》，〔瑞典〕塞尔玛·拉格洛夫，石琴娥译，安徽文艺出版社出版。

荐语：少年成长小说。调皮捣蛋的小男孩尼尔斯被精灵施加魔咒变成了拇指大小的小人，他骑在天鹅背上，飞遍了瑞典山川，听到了无数典故，克服了自身的弱点，最后返回家乡，成为一个漂亮友善的好孩子。

19."怪医杜利特系列"，〔美〕休·洛夫廷著，赵佳等译，安徽教育出版社出版。

荐语：动物小说经典。杜利特医生脾气古怪，不为人类治病，倒是热心地替动物们排忧解难。他的好心肠传遍了动物界，各地动物生病都来找他求治……他和动物朋友们的关系，超越了他和人类的关系。而听得懂动物的语言，使他不出家门，了解天下事。

20.《纸牌的秘密》，〔挪威〕乔斯坦·贾德，李永平译，作家出版社出版。

荐语：挪威哲学教师贾德先生以哲学小说《苏菲的世界》成为畅销书作家，《纸牌的秘密》同样在探讨生与死、爱与别离的秘密。小男孩在随着父亲驱车从挪威南下去希腊寻找母亲的途中，遇到了令人迷惑的种种事情，这些事情都需要他用心去思考。

21.《白海豹》，〔英〕吉卜林，文美惠、任吉生译，人民文学出版社出版。

荐语：在遥远的海湾生活着一群无忧无虑的海豹，它们不知道这处海滩已经出问题了，只有小白海豹为此感到担忧，而去寻找无人能到的僻静海湾……它在海洋里探寻，还看到了人类残杀海豹的场面，最后终于找到一个海豹们可以自由、安全生活的天堂。

22.《丛林之书》，〔英〕吉卜林，文美惠、任吉生译，广西师范大学出版社出版。

荐语：经典成长小说：小男孩莫格里被狼族收养，在森林里长大。他通晓动物语言，身手敏捷，机智勇敢，打败了邪恶的老虎谢尔汗，也发现了人类遗弃的宝藏。丛林生活的简单质朴的世界，与人类世界形成了对比。这部作品曾被改编成动画片《人猿泰山》，广为流传。

23.《小飞侠彼得·潘》，〔英〕詹姆斯·巴里，杨静远译，中国画报出版社出版。

荐语：关于成长的童话。彼得·潘来自梦幻岛，和很多迷途的孩童住在一起；梦幻岛上还有小飞侠的敌人铁钩船长。小女孩温蒂认识彼得·潘后，对梦幻岛充满了向往，在彼得·潘的帮助下，带着两个弟弟前往梦幻岛，开始了新鲜的冒险生活……

24.《梅格时空大冒险》（全5册），〔美〕马德琳·英格，黄聿君等译，江苏美术出版社出版。

荐语：创造性地结合儿童幻想和科学幻想的奇幻作品，这套书令人联想到电影《星际穿越》等作品。梅格在冒险中以友爱、勇气和善意，不断地克服困难，在这方面，哈利波特是她的忠实追随者。

第五部

故事与阅读

王子和公主

孩子在不断地长大，他们一刻不停地在观察和思考这个世界，进入他们视界中的人与物都会被不断地分类。

有一种基本的分类，是男生和女生；到了童话故事里，是王子和公主。

欧洲童话故事中，王子和公主的故事非常经典，在《格林童话》里可以读到大量类似的篇目。

在经典童话里，"英雄+美女+坏蛋"是核心关系。一般是这样的：（1）美女被坏蛋抓走了；（2）英雄知道之后去救人；（3）英雄杀死坏蛋之后带回美女。结尾一般是"他们过上了幸福的生活"。

这样的"三人组"，一直非常有效，即便到了J.K.罗琳的《哈利·波特》系列里，哈利、罗恩、赫敏三人组，仍然是非常强有力的经典组合。

在"英雄救美"路上，可能会发生各种故事。以现代视角，可以有各种发挥。英雄可能被坏人抓住了，想方设法逃脱之后继续寻找美女。或者，一个新美女出现了，阻止他去救那个被抓走的美女……故事最曲折的部分，在这"救人"段落出现。一个高明的作家或者导演，可以充分发挥自己的想象力，设计各种困难、陷阱来考验英雄。

故事虽然千变万化，但核心仍然有效。

"王子和公主"的故事是女孩子的最爱，男孩子可能更喜欢"冒险"的故事。

孩子进入社会之前，仍是自然之子，对动物充满兴趣，动物故事是他们重要的精神食粮之一。

在少年时代，动物故事成为他们成长中重要的精神基础。很多灵感和想象，都从这里展开。

讲故事和听故事，是孩子了解人类故事的基本方式，也是父母和孩子间的核心关系。

一个会讲故事的爸爸或妈妈，会正面影响孩子的人生。

孩子十二岁之前处于自我探索的时期，阅读应以幻想类、动物类作品为主。

这个阶段推荐的阅读书目，以丰富孩子的阅读视野和激活孩子的想象力为目标，孩子的探索和自我成长，则是另外一个重要的主题。这类书中，以幻想作品为主。

我自己在亲子阅读上，更强调介入，强调游戏，强调对自然、动物的认识和爱。

因此，我不仅选择好的作品与孩子一起读，还自己编一些故事给她听。

在第五部里的很多故事，都是我自己改编或者新编的。有些是随口乱编的，有些是经过思考的。在"新编"和"改编"的过程中，孩子也能感受到不同视角、不同讲述带来的不同效果。这些，同时也是很有价值的思维训练过程。

一　黄金玉米

晚上，我给乔乔讲新编的童话故事：《吃素的大灰狼》。

乔乔说："大灰狼不吃树叶，只有长颈鹿才吃。"

我讲小白兔要把脑袋放进大灰狼嘴巴里，乔乔立即说："不能放，不能放！大灰狼是个坏蛋！"

乔乔是一个善良的孩子，生怕小动物受到伤害，希望它们安全快乐。

这个故事于是没法乱编下去啦。

我于是又编了一个故事《黄金玉米》——

有一个勤劳的好弟弟从懒惰的坏哥哥那里借来一袋玉米种子，准备春天播种，秋天就可以收获啦。可坏哥哥先把借给好弟弟的种子都蒸熟了，这些种子种到地里去，也不会发芽了……

乔乔听到这里，难过得眼睛红红的。

我改变了故事的进程。我接着说，但有一粒特别的玉米，是好心眼的谷仙子悄悄放进去的。

好弟弟勤劳翻地，碎土，播种，浇水。

他种了一大片地，可过了很久，光秃秃的土地上什么也没有长出来。他很难过，每天都去田地里看，心里非常焦急。如果这些地里种不出庄稼，他就要把土地都交给坏哥哥了。

终于有一天，他看到一粒玉米种子发芽了。

他赶紧去施肥、浇水、松土，精心地保护这棵玉米苗。夏天，狂风暴雨来了，好弟弟用木棍支撑着越长越大的玉米秆。到了秋天，玉米秆长成了巨大的玉米树，玉米树上开花结穗，长出巨大的苞谷，每一只苞谷里都结着黄澄澄的玉米。玉米成熟了，好弟弟把所有的苞谷都摘下来。一天夜里，那棵玉米树突然就消失了。

好弟弟把每一只苞谷都挂在墙上晾晒。一天夜里，他闻到玉米的香味，起来察看墙上挂着的苞谷，看到有一只苞谷发出微微的亮光。他剥开苞谷衣，惊讶地发现这枚苞谷上的玉米竟然是金子。

"好弟弟把黄金玉米摘下来，拿去换钱，买回来好多粮食。他们全家再也不挨饿了。"我说。

"嗯！"乔乔点点头，为好人有好报感到高兴。但是我们还没有惩罚坏哥哥呢，我们要惩罚他吗？中国的童话故事通常都是这样的：好人得救，坏人死掉。

乔乔看着我，眼睛很清澈，她还拿不定主意。

我说："要么，我们原谅他？"

"这件事情再说，这件事情再说。"乔乔还不愿意这么快就原谅他，但第二天，她就原谅了坏哥哥，让我编一个坏哥哥变成好哥哥的故事。

爸爸惊呆了，这种故事他太不擅长啦。

2004 年 12 月 8 日

二　新版龟兔赛跑

明天，幼儿园就要搞圣诞晚会了。

老师邀我当主持，问我们出个什么节目。

我说，来个"新版龟兔赛跑"吧。

我编了《新版龟兔赛跑》，让一只大灰狼当裁判。大灰狼已经很老了，牙齿都掉光了，它说自己改行吃素了——《吃素的大灰狼》终于登场啦。

大灰狼裁判说："啊哦，我是好心眼儿的大灰狼！我老了，我已经很老了，我老得睁不开眼睛了，我老得掉光牙齿了，我老得只剩下两根大灰牙了……下面，隆重请出本次、本次比赛的两名美味的选手。首先，是鲜嫩可口——偶——的，滋味好极了的小白兔……"

小白兔出场，它先沿着赛场跑了一圈得意地说："我是跑得像风一样快的小白兔，上次比赛，我得了第二名。"

小乌龟出场，它趴在起跑线上安静地说："我是跑得像蜗牛一样慢的小乌龟，上次比赛，我得了第一名。"

小白兔说："这次我一定要赢。"

小乌龟说："这次我有可能赢。"

小白兔说："咱们跑着瞧！"

小乌龟说："咱们爬着走。"

看着白白嫩嫩的小白兔，大灰狼裁判口水都快要掉出来了，他说："本次比赛，我看好小白兔！上次纯粹是意外。我宣布，谁得第一名，我就亲他一口。"接着，大灰狼自言自语说："希望我两颗大灰牙还牢固，咬得动小白兔的……嫩肉……"

大灰狼宣布："第一个比赛项目是——游泳！"

小白兔惊呆了，尖叫道："啊？救命啊，我不会游泳！"

小乌龟慢悠悠说："那我走先。"

小乌龟是游泳能手，它游得可快了。

小白兔划船去追，得了第二名。

第二个比赛项目是极品飞车。

小乌龟是飙车高手，小白兔则晕车。

第三个比赛项目是跳伞。

小白兔有恐高症，它最害怕跳伞了。小乌龟一点都不怕——猫头鹰解说员在广播上说：它跳出去了！它跳出去了！它跳出去了！

小乌龟一身的硬壳，它怕什么跳伞？

小白兔一身的嫩肉，它不得不怕。

我瞧瞧女儿——她很得意，根本没有恐高症。

小白兔吓得闭上眼睛，合着双手直喊"救命啊救命啊"。

它蹬着门框，死活不肯跳出去。

小白兔搭乘的飞机还在天上盘旋，这时小乌龟已经直接降落在领奖台上了。

老眼昏花的大灰狼以为得了第一名的是小白兔。

它肚子里藏了几十年的阴谋实现了，搂着小乌龟张大嘴巴一口咬下去。小乌龟一缩脑袋，它的硬壳崩掉了大灰狼最后两颗大灰牙。

女儿笑得嘎嘎响。

2004 年 12 月 22 日

三　拇指姑娘原来有翅膀

小孩子天性善良，喜欢美好的事物，同情弱小的动物。

乔乔爱听我讲故事，我觉得现成的故事不是很有意思，常常给她现编。

书房里有一张沙发，我躺在沙发上，女儿躺在沙发背上。然后，我就编故事。

我说："从前，很久很久以前。宝贝，你知道吗？所谓故事就是很久很久以前发生的事情……"好吧，仅仅是为了拖延一点时间，好继续编。

乔乔点点头。

讲故事就是这样啦，没办法。我一开头，就是从前，很久很久以前……

乔乔笑眯眯的，一只手搭在我的肩膀上，静静地等着。

我说："……有一个小孩子，她生下来的时候，个子非常小，小得就像一个大拇指。人们都叫她拇指姑娘。拇指姑娘的妈妈不喜欢拇指姑娘，嫌她长得太小了。于是，就把她放在一片叶子上，让她顺着河水漂走了。"

这是安徒生童话故事——现编一个新故事，可不是那么容易的。

乔乔反驳说："不对，不对！世界上没有不喜欢自己孩子的妈妈。"

我说："故事里有……你别着急啊。"

乔乔不高兴了："这是不对的，不喜欢自己的孩子是不对的。"

"别着急啊，宝贝。拇指姑娘不躺在叶子上漂走了，怎么能碰见最美最美的仙子呢？"我按着她的手，看着她的眼睛。因为拇指姑娘遭到妈妈的厌弃，乔乔眼眶里已经有泪花了。她点点头，"仙子会救她的，对吗？"

"那当然了，仙子很喜欢拇指姑娘呢。"

"好吧，你继续讲。"

我说："拇指姑娘漂了很久，她累了，躺到一朵花里睡着了。这时，来了很多长着翅膀的花仙子。她们绕着拇指姑娘飞上飞下，七嘴八舌地说，大家快来看啊，拇指姑娘怎么把自己的翅膀丢了？你知道吗，宝贝，拇指姑娘原来也是一个花仙子，但是她把自己的翅膀弄丢了。"

"你讲，爸爸，继续。"

"花仙子们找来一对翅膀，给拇指姑娘装上。拇指姑娘扇着翅膀，跟在花仙子后面，一起飞走了。"

乔乔这才放心，说："原来拇指姑娘是花仙子啊。"

2005 年 5 月 6 日

四　小王子与少女的忧伤

上午，阳光正好，给乔乔读圣·埃克苏佩里的名作《小王子》。

第一章里，有两张图。一张是蟒蛇吞狮，一张是帽子——大人都说是帽子，书里却说是一条巨蟒吞食了大象。

小说讲道："我六岁时看到过一本书，书里说，蟒蛇把猎物整个吞下后，就再也不能动弹了，它要花整整六个月的时间来消化。看了这本书后，我爱上了森林、巨蟒和画画，并且画了自己的第一幅画。"

小说里，"我"把这张画给所有碰见的大人看，他们都说是帽子。当"我"说这是一条吞吃了大象的蟒蛇时，他们都劝"我"做点更有意义的事情。

大人总是那么实际，缺乏想象力，也缺乏耐心。他们只关心跟数字有关的东西。比如，你介绍一个人给他们认识，他们不会问"他是否做蝴蝶标本"之类的问题，而是问"多少岁？收入多少？"你跟他们描述有红砖瓦、大烟囱的房子，他们不会明白，可是你跟他们说这幢房子价值十万法郎，他们就会恍然大悟，说那是一所漂亮的房子。

书里说："大人就是这样，小孩子对他们要宽容。"

杰出的作家，会在一个相反的角度看到世界的丰富性，看到动人的美好。

确实，乔乔对我很宽容，她听到这里，宽容地看着我，似乎在夸我还有救。

圣·埃克苏佩里把大人和小孩子的世界精确地分开——大人把想象力丢失了，他们只懂得一些实际而乏味的东西，且常常自以为是。我在想，把想象力弄丢的大人，很有可能过分自负，因为他不懂得敬畏，也不懂得想象，总以为自己才是世界上最聪明的人，总以为自己懂得比小孩子多。在这方面，大人和小孩子一直都无法沟通。

我把书中的那幅像帽子一样的"蟒蛇吞象"指点给乔乔，她看一眼就明白了。

她是一个五岁小女孩，跟圣·埃克苏佩里的盼望完全一样，一看就知道这是蟒蛇吞象的图画，还知道后面"我"给小王子画的那个"箱子"里有一只正在吃草的小羊。

对于一个五岁小女孩子来说，理解《小王子》太容易了。由此，我也发现了圣·埃克苏佩里的高明。他这种感觉不是想象出来的，而是基于自己的切身经验。他是一名没有当成画家的优秀飞行员，在驾驶飞机飞越撒哈拉大沙漠时，出了故障紧急迫降在沙漠中央。在这里，他遇见了来自小小星球的小小王子。这个故事里，核心不是小小星球来的小小王子多么有趣多么特别，而是作家对成人世界和成人趣味的怀疑。

作家一开始就排斥那些平庸乏味、自以为是的大人。他告诉我们，这些人是看不懂《小王子》的。你不要在这里头头是道地谈论大而无当的道理。对于一个小孩子来说，没有比缺乏细腻情感，缺乏想象力更令人沮丧的了。

乔乔画了一幅流眼的小花。

我问："花怎么哭了？"

乔乔说："她没有朋友，很伤心。"

我说："哦？那我们给她找一个朋友吧。"

乔乔问："找什么朋友呢？"

乔乔想到花仙子。

"可是，"她说，"花仙子太吓人了，小花感到害怕。"

我说："找小熊维尼怎么样？"

乔乔说："可是，维尼会伤害小花的。"

"那我们找蜜蜂吧？"

"可是，蜜蜂也会弄坏小花的……"

就这样过了很久，我们都无法给孤独的小花找到一个真正的朋友。这跟《小王子》里那棵爱慕虚荣的、孤独的花多少有点像啊。

找不到朋友还真让人伤心。

2005 年 6 月 12 日

五　就像一条大鱼

晚上，乔乔睡觉，指定要我陪。她在床上翻来覆去，像条刚刚捞起来的大鱼。

我趴在床上，给她讲故事，讲她自己想象出来的"兔子小红"变成了"超兔"，讲乔乔她自己也变成了"超孩"。

故事是这样的："超孩"厉害啊，"超孩"是行侠仗义的大英雄，坏蛋们朝她开炮，她把炮弹接住，像魔术师一样抛着玩。但不知道为什么，"超孩"不用超级力量来对付大灰狼。

大灰狼和小狐狸是森林里的大坏蛋，它们看见"超孩"乔乔和"超兔"小红，就垂涎三尺，舔着嘴唇说："好久没有吃兔子肉了，不知道什么味道了……"

小狐狸说："还有小女孩，也不知道什么味道……"

大灰狼说："丛林法则，我们不吃人类的小孩子……"

小狐狸说："我们不是坏蛋吗？大灰狼老大，我们不遵守丛林法则。"

大灰狼说："有道理啊，小狐狸老弟，我们确实是大坏蛋！"

它们笑眯眯地看着"超孩"乔乔，舌头都馋得要掉在地上了。

"超孩"乔乔说："我不能随便打大灰狼，不然会把他打成肉酱的。"

"超兔"小红说："我也不能随便打小狐狸，不然会把他打成肉饼的。"

小狐狸说："在我的眼里，你们就是肉饼。"

大灰狼说："两个肉饼。"

"超孩"乔乔拿出"魔力鸟"生的彩蛋，彩蛋里藏着魔力棒。大灰狼和小狐狸冲过来时，"超孩"乔乔就说："噼里啪啦魔力棒，变！"

"超孩"乔乔就把大灰狼变成了一只小灰青蛙了。

这些故事都讲完了，乔乔还是翻来覆去地折腾。

问题是小狐狸呢？这个故事还没有讲呢。

从早上七点半起床到现在，她没有午休，一刻不停地玩，仍然精神十足。而我们，都筋疲力尽、口干舌燥了。

2005年7月16日

六　兔子小红和魔力鸟

睡觉之前，乔乔总要我给她讲个故事。

她最喜欢的故事是弹珠警察。我不喜欢，很遗憾，但不得不讲。今天，我要讲的超级棒棒猫博士怎么制造出来黑宝、红宝、蓝宝和绿宝的故事。

然后，我讲"超兔"小红。"超兔"小红是乔乔自己虚构的人物，一只时髦的兔子。兔子通常是白色的，小红却把毛发染成红色，烫了卷。森林里的大灰狼已经老了，牙齿也掉光了，到处跟小动物撒谎说他改吃素食了。但他看见小红还是忍不住流口水。

这就是小乔喜欢的故事人物，我要依据这些人物随意编造。

至于"魔力鸟"，它是一只特别的鸟。"魔力鸟"生蛋，每个蛋里都有一根魔力棒。小红用这根魔力棒，把大灰狼变成了一只小青蛙。

"上次不是'超孩'乔乔干的吗？"我问。

"'超孩'困了，现在任务交给了小红……"乔乔打了一个哈欠，伸了一个懒腰，侧过身去，嘴里仍然嘟囔说，"我睡觉了，爸爸，你继续，你继续讲……"

我就一直讲，讲到我自己先睡着了。

2005 年 7 月 18 日

七　乔乔写小红

"在很久很久以前，森林里住着一只兔子，她的名字叫小红。她可爱得像一只小猫咪。她的头发和耳朵都烫成了卷的。

"然后有一天，她出去采蘑菇，再次碰到了大灰狼。然后，她吓得耳朵上的卷毛都没有了，都变成直的了。

"这次她又把大灰狼打败了。她用了一个非常厉害的棍子，去打大灰狼。大灰狼吓得全身发黄。后来大灰狼再也不敢欺负小红啦。这次小红要去参加舞会。她觉得有点不好意思。所以，这次交给她去表演了。她觉得最合适不过的是采蘑菇。然后，她就一直想采蘑菇。人家告诉她说，这里没有采蘑菇的表演时间了。

"可是小红非要采蘑菇。于是她就脱离了这个舞会。

"于是她回到了家，不想再当一名歌手了。"

——乔乔的故事讲完了，打字的是她爸爸——你们看明白了吗？反正我都看明白了。

2005 年 8 月 5 日

八　和妈妈聊天

今天又带乔乔去宜家玩——实在没有别的地方可去。乔乔喜欢宜家里的"小马兰"，在那里玩得很开心。不过，自从宜家车库8月1日开始收停车费后，我们就一直没有带她来玩过了。

玩好，到二楼餐厅吃小面包，吃薯条，蘸番茄酱。这是乔乔最爱的"垃圾食品"。这一切都满足了之后，大家回家，在车上时，乔乔就说："妈妈，我不要你讲故事了，我们聊天吧？"

乔乔爱听故事，会编故事如我，也常讲得口干舌燥。这阵子，她迷上了自己杜撰的一个故事主角"超兔"小红，天天让我们给编"小红"的故事，还必须把她自己也编到故事里去。前两天在车上，我和乔妈就为此批评了她，说你这样每天都要让我们讲，舌头都讲麻木了，也讲不完啊。

今天她想起我们舌头麻木，主动让步。

我说："好啊，乔乔今天真是进步了。"

乔妈说："我们聊什么呢？"

刚才，我们正好看到了日资企业三得利的广告牌，感慨说："日本企业，真是很厉害的。"乔妈说："刚才聊到三得利，现在聊什么呢？"

我们脑子一下子空白了。

我沉思，乔妈大概也在沉思。

一时车厢安静。

乔乔忽然说："那我们聊聊小红吧。"

2005 年 9 月 20 日

九　蛋糕做不成了

4月2日，本来约好今天要带孩子一起去元祖做蛋糕的。但此前田老师说，这段时间正是上海人清明祭扫的高峰，估计路上很乱，建议不去了。现在谈伊澜生病，也不能去。我说，那只好算了，也给汪俊睿妈妈发消息取消吧。

我上星期一个个通知同去元祖做蛋糕玩的活动，就被迫取消了。

昨天，我还跟乔妈说，他们不去，我们自己去吧。乔乔简直太想去了！反正车多我也不怕，我们哪天不是在车林人雨中小心翼翼地穿行呢？

今天早上六点钟，乔乔就早早醒来，并且发烧、咳嗽了。

乔乔很少生病，因此，我们缺乏经验。我想来想去，就是弄不明白，她昨晚睡觉还好好的，怎么早上一起来竟然就感冒了？

实在让人纳闷。

乔乔虽强烈要求去元祖，但我凭着仅有的那么一点理智，认为还是老实待在家里合适。

于是，我抱着她，给她从头到尾一口气不停地读完了六十八页的《丁丁历险记之独角兽号》，一直念到口干舌燥、嗓子发涩，她这才似乎忘记了元祖的事情。

可是，我刚读完，乔乔就问："爸爸，我们什么时候出发啊？"

我只好跟她解释说："我们不能去了，因为你生病了，会传染给其他小朋友的。"

听我这么解释，乔乔不吭声了。她对会把感冒传染给小朋友这件事情非常上心，真是一个善良的孩子。她竟然因此就再也没有闹着要去元祖了。

然后，我把猪蹄和黄豆炖上，建议乔乔去睡个觉，好好休息休息。为此，我又给她读了半本《丁丁历险记之红色拉克姆的宝藏》。

2006年4月3日

十 王子都是癞蛤蟆

从前有一位王子被巫婆施了魔法，变成了一只青蛙……

这件事情发生在《格林童话》里，我们大家都知道了：因为公主帮忙，青蛙变回了王子。

乔乔看了这个故事，跟我说："有一个王子被施了魔法，变成了青蛙。后来又变回王子了。"

我说："这挺神奇的，青蛙是怎么做到的呢？"

乔乔说："有一个公主帮了他的忙。"

我问："公主为什么要帮一只青蛙的忙？"

乔乔说："请你不要忘记了，爸爸，那只青蛙是一个王子啊。"

我说："可是公主不知道那只青蛙是王子变的，对不对？如果你是那个公主，你会愿意跟一只青蛙一起吃饭，吃完饭之后一起睡觉吗？"

乔乔说："……我……恐怕……爸爸，我觉得青蛙滑腻腻的，有点恶心……"

我说："对啊，青蛙是有点恶心，我想公主也未必喜欢青蛙。可是，既然公主不喜欢，那她为什么答应青蛙的要求呢？"

乔乔说："因为青蛙帮助她把金球捞起来了。"

我问："公主是不是特别喜欢金球，因为金球掉进了井里而伤心？后来青蛙来帮忙，问她，如果帮她把金球捞起来，她会拿什么来感谢他？"

乔乔说："公主说，她可以把宝石项链什么的送给青蛙。但青蛙要跟她一起吃饭，从她的杯子里饮酒，晚上还要睡在她的床上。"

"噢，青蛙的要求还很多呢。"我说。

乔乔说："是的。"

我说："公主可以反悔啊。"

乔乔说："国王命令她必须遵守诺言。"

我问："你觉得公主应该遵守诺言吗？"

乔乔说："……遵守诺言是应该遵守诺言，可是青蛙确实有点恶心死了……"

我说："我虽然不觉得青蛙太恶心，但要是有一只青蛙在我床上，我肯定感到很不舒服，觉也睡不着。因此，我觉得，公主还是不要随随便便答应一个青蛙的要求为好……你想想看，一个青蛙，不好好待在井里，竟然要求跟人家公主一起吃饭，还要从公主的杯子里饮酒！"

乔乔说："因为公主喜欢她的金球。"

我说："如果有一件事情，你很不喜欢，那就不要轻易答应别人。金球掉进井里了，也许还有别的办法可以捞上来。只要不着急，多动动脑筋，就会想到办法的。你想想看，还有其他什么办法？比如，找别人啊，王宫里有很多仆人的。"

乔乔说："……仆人是可以，可是，要是公主不答应，青蛙就变不回王子了。"

我说："但公主可不知道皮肤滑腻腻的青蛙会是一个王子啊。这件事情，其实是很危险的。青蛙真能够变成王子，那当然好，可万一这个青蛙根本就不是王子，而只是一个癞蛤蟆呢？你想想吧，癞蛤蟆都很狡猾，他们常常在人家公主面前冒充王子。"

"爸爸，故事不是这样的……"乔乔终于忍不住了，"癞蛤蟆不是王子，青蛙才是。"

"但是，癞蛤蟆最爱冒充王子了。"我说，"爸爸只是跟你聊，爸爸认为，一只能变成王子的青蛙，在这个世界上几乎没有，也许有一个，不过他已经变回王子了。而且，需要公主帮忙，别人还不一定能做到。所以，把所有青蛙都看成可能是王子，这很危险，你要知道……"

"唉，太麻烦了。"乔乔说。

总之，这件事情我觉得风险很大，所以，公主为了一只金球，就随便答应青蛙的无理要求，我觉得是很不明智的。我很想告诉女儿，这个世界有很多种可能性，其中一种，就是世界上根本没有王子，所有那些自称王子的家伙，其实都是癞蛤蟆。因此，要提高警惕。用现代经济的概念，叫作投资有风险，而且风险很大。一个人如果没有风险意识的话，那么他的人生将有可能还没有起步，就遭受沉重打击。现代人受到的各种压力实在是太大了，房子、医疗和教育，按照媒体总结的说法，是新的三座大山压在几乎每个人头上，这犹如一把达摩克利斯之剑。

公主还好，有国王和国家财政作后盾，一个普通人家的女孩子，如果随便答应一只青蛙的要求，她今后的命运就难以预料了。

2007 年 3 月 3 日

十一　诗歌催眠术

新学期伊始，乔乔又陷入日复一日的作业海洋之中。

现在的小学语文教材，在形式上较以前确实有了一些变化，但内容上却没有多大的进步。我翻看了，也感到无趣，小孩子更是学之无用，如嚼鸡肋。那些充满教化内容的课文，读了让人生气。

我国是文明古国，诗歌沃土，古往今来，从《诗经》到明清小说，好作品无数。小学阶段，不用说别的高深理论，让孩子背一下《千家诗》《唐诗三百首》也好啊。他们正处在记忆力最好、学习能力最佳的时期，却被这些课文侵占了学习的宝贵时间。四五百首诗歌存放在脑子里，长大后光是吃利息也够本了。

从这粗浅理论出发，我觉得孩子在小学阶段，课文学得差一点，未见得是坏事情。影响身体健康的是"垃圾食品"，败坏精神的是垃圾文章。

吃晚饭时，我陪乔乔一起背诵汉乐府《长歌行》："青青园中葵，朝露待日晞。阳春布德泽，万物生光辉。常恐秋节至，焜黄华叶衰。百川东到海，何时复西归？少壮不努力，老大徒伤悲。"

我开玩笑，把末尾这句话改成："老大不努力，老二徒伤悲。"

这样一搞，乔乔笑得一口饭差点喷出来。我道歉，说只是开玩笑。但乔乔因此轻松地记住了《长歌行》，还对诗歌产生了浓厚兴趣。我等乔乔嚼好，再跟她解释，为什么人少壮不努力，老了会徒伤悲。因为时间的流逝，总是向前的，永远不会逆转。一个人老了，再也不会年轻了。古人观察到，中国的河流只向东方奔流，注入大海，不会逆流向西爬上高山。一个人如果年轻时不努力，到老了一事无成，只好徒劳地哀叹，却再也无法返回到少年时代。因此，遗憾是永远的，而不可能挽回了。

乔乔眼睛看着我，很专注。等我说完，她就站了起来："爸爸，我要去做作业了！"

乔乔从来没有这么主动做过作业。可见诗歌影响力很直接，虽然这种影响不见得全是正面的。

睡觉前，乔乔自己先看了一会儿《米老鼠》画刊，然后我陪她诵读诗歌《千家诗》。

这段时间，我每天晚上都给她读《千家诗》，她静静地听着，有时候，我读到一半，她就睡着了。有时候，我从第一篇《诗经·采薇》一直读到最后一篇郑板桥的《竹石》，她都睁着眼睛，笑眯眯的。我只好找来《唐诗三百首》继续读。每次读到李白的"下终南山过斛斯山人宿置酒"这个题目，她就感到好笑，就忍不住要插嘴，但很快，她就扛不住诗歌的催眠魔力了。

《北方有佳人》，我读了几遍，她就已经背得滚瓜烂熟了。小孩子的记忆力就是好，而且一旦背熟，就不会忘记，更不易混淆。不像我，总会把这首诗和杜甫的《佳人》搞混："绝代有佳人，幽居在空谷"，这是杜甫的；"北方有佳人，绝世而独立"，这是李延年的。李延年的"佳人"能够"一顾倾人城，再顾倾人国"，杜甫的"佳人"则"自云良家子，零落依草木"。两位佳人之间，差别可谓大矣。李延年歌咏的这个北方佳人，是想象中的绝世尤物，集中了世间的一切优点。即使她能够"倾国倾城"，帝王们都在所不惜地想得到她，因为"佳人难再得"。而杜甫诗歌里的"佳人"曾经是好人家女儿，但"安史之乱"后家破人亡。

我跟乔乔曾小心地解释说："英国的温莎公爵就是这样的。他不爱江山爱美人，这样的故事，在我们中国两千年前就发生过了……"

乔乔听不懂，我也不再解释下去，因为她困了。然后，我就继续坐在沙发上，一边给她低声地诵读《千家诗》，一边听她在枕头上传来甜美的酣息声。

这很像虚构，却是真实的。唯一的不足是，这样的故事不能经常发生，我不得不搬出来《唐诗三百首》。我书房里的催眠武器多着呢，我威胁她说，你再不闭上眼睛，好好睡觉，我就把《资治通鉴》拿来了。

乔乔吐吐舌头，装睡。

但她的嘴角微笑着，到睡着了，还微微地笑。

2007 年 3 月 12 日

十二　不开灯

早上，乔乔睡懒觉到十点多。起床后，又靠在床头看她的书，如此赖到了十一点半。

乔乔说："爸爸，等妈妈回来，你能不能请她给我烤一个蛋糕呢？"

我说没问题。

十一点半，乔妈下班回来了。

到下午，我才想起来烤蛋糕的事情。乔妈说："哦，家里没有蛋糕粉了。"我们去大润发超市看有没有进口蛋糕粉。可到了大润发，找遍楼上楼下都没有发现蛋糕粉。南方商城家乐福倒有蛋糕粉，但周末人山人海，实在不愿去凑热闹。我原先都是在百盛地下超市买蛋糕粉的。

蛋糕烤不成了，我们回家只好下面条。清水光面再加卷心菜，放点盐，算是真正清汤寡水。我们吃得寡淡，乔乔爱面条，倒都有滋有味。

猪肉涨价了，食用油也价格飞涨。记得上个月鲁花花生油七十多元，现在九十九元。从前，多力葵花籽油五升装六十七元，现在两升半就五十七元。我爱吃四季宝颗粒花生酱，中瓶装，上次买还是九块多，现在是十一块八。每一样商品的价格几乎都涨了近百分之三十。肉类食品对我们这些懒虫来说倒没有什么，我们可以自我安慰说能顺便减肥。但体力工作者就不行了，没有肉食，他们身上就没有力气，肉类食品涨价对他们影响最大。他们的收入也最低，对肉食蔬菜价格最敏感。

虽说清汤寡水，但有虚假的成分，毕竟还放了花生油。原来吃的那种茶树油太贵了，现在改成了葵花籽油。这次在油铺前，一位卖鲁花花生油的大姐卖力地推销，我们不好意思只好拎一瓶。现在物价乱涨，买回家放着也不亏，说不定下个月涨到两百块了。

到家，吃完饭，我们就躺在地板上，没有开灯。一是节能，二是不招蚊子。房间南北通透，凉风习习，路灯光和各种杂乱灯光飘进来，在房间里形成各种光影。

乔乔硬说她怕黑。

我们都笑了。我说："宝贝，这算什么黑啊？你知道什么叫作黑吗？伸手不见五指，那才叫黑呢。"

我小时候，在雷州半岛老家，一到晚上，就像埋进一团油腻的污泥里一样。那种黑，真有窒息感，连手电筒和手提汽灯的光线，都无法切开这黑暗。灯光被黑夜围成一团，在身边绕着无法发散出去，稍微逸出一点，就被黑暗吞噬了。

那种黑夜，是鱼虫的美好时光。

我们坐在家门前的番石榴树下，点着一柄稻草秆捆扎成的稻草棒，一边驱赶蚊子，一边在烟熏火燎中听父亲讲那个没完没了但悬念百出的薛平贵和樊梨花的故事。

我成年后，明白了这故事是父亲为给我们打发漫漫长夜无聊时光而自己编的。他手头没有书，凭记忆根本记不清楚那么多故事。我们这些孩子逼得紧，他须现编现讲，于是就有了薛平贵一次一次挑衅，樊梨花接二连三地打败他的故事。

在父亲讲的故事里，薛平贵老是进攻啊、打斗啊，可是每次不到三回合，就被武艺高超的樊梨花一枪挑落马下。

人家樊梨花小姐对他心存怜悯，不舍得痛下杀手，不然，十个百个薛平贵都被捅成马蜂窝了。

这个故事最后的结局是，薛平贵在走头无路之下，听了足智多谋的军师徐茂公的高见，用了一个可怜的失败男人的最后一个下策：向樊梨花求婚。

那时，我父亲把薛丁山和薛平贵搞混了，本来是薛丁山和樊梨花的故事，说成了薛平贵和樊梨花的故事。但我们不知道，我们照样听得津津有味。不要紧，我们需要的仅仅是讲故事，以及父亲娓娓道来、我们出神听讲的这种形式。这种讲故事的气氛，让我们觉得漫漫长夜并不是那么难熬。

在这样一个各种灯光琐屑地飘浮着的夜晚，我已经见不到小时候那种黑暗了。心情还差可比拟，只是，听故事的人换成了乔乔，讲故事的人换成了我。故事就是这样，一代代讲下去；时间也就是这样，一代代流逝。

为满足乔乔听故事的愿望，我把薛丁山和樊梨花的故事加以改造，把他们放到同一个学校同一个班级，让他们变成了同班同学，一起跟师父学本领。他们的师父是谁呢？让我好好考虑一下，还是选程咬金吧。七十二路神鬼莫测的斧法，这傻乎乎的程咬金只记得三招。但是，普天之下，能抵挡得住程咬金三板斧的好汉已经屈指可数。在他们班级里，每次薛丁山同学想捉弄樊梨花同学，都被樊梨花同学提前识破，最后薛丁山同学被弄得狼狈不堪。乔乔只想知道薛丁山同学怎么被捉弄得更加悲惨，越悲惨越好，她才不管这些人物的故事背景和故事关系合理不合理呢。听故事这种形式，才是她的兴趣所在。

窗外，汽车呼啸而过，而风过树梢，叶声飘摇。这个城市，无数人在忙碌着。人们白天忙着工作，夜晚忙着娱乐。

只有我们三个人安安静静地待着。

乔妈躺在沙发上，我躺在刚吸过灰尘的地板上，乔乔枕在我的胳膊上，我们在聊天，讲故事。

2007 年 8 月 14 日

十三　小红帽识破狼外婆

接着昨天晚上讲故事的兴趣，我给乔乔炮制了一个《新小红帽》故事。

之前乔乔和乔妈已看过好莱坞动画大片《小红帽》了。在这个故事里，外婆是极限运动员，大灰狼是一匹好狼，兔子才是埋藏得很深的大坏蛋。

我对乔乔说："《小红帽》的故事还记得吗?

她说记得。

我问："为什么电影要改成这个样子呢?"

乔乔摇头。

我说："你看，《小红帽》的故事已经被人们讲了好多年。讲来讲去不新鲜了，有人听了觉得没意思了，那怎么办呢? 改编一下，把人物关系、人物性格，还有故事情节改变一下。这样，你不知道将会发生什么有趣的故事，于是这个古老的故事就有了新活力，获得了新生命。"

乔乔还不太能明白我的解释，但不要紧，我也不着急。

这个时代，很多人都在发疯地追求占有和体验。占有物质，体验生活，追求刺激。很多人都精神恍惚，不知道什么才是真正的生活。于是，人们就想方设法尽量占有物质，变着法过夜生活，还要去探险找吃、寻花问柳，好像只有这种人生才是唯一正确的人生。精神上的问题无法解决了，只好破罐破摔了。为迎合这种发疯求新鲜体验的需求，所有休闲娱乐都挖空心思地推陈出新。一个小资喜欢的饭店必须拼命推出新菜，越怪越好。这些朝秦暮楚的家伙，每吃过一家饭店就再也不回头了。他们在网上、在报纸上焦急地寻找各种新鲜美食。他们就像恶狼一样，饥饿的不是肚子而是脑袋。

我问乔乔："我们来思考一下，假如你是小红帽，你怎么识破狼外婆的伪装呢？"

乔乔歪着头，假装在思索。

我说："我给你举一个例子。在我们这个故事里，真外婆掉了一颗门牙，说话漏风——我模仿漏风说话——大灰狼却伶牙俐齿，于是小红帽就把它给识破了。"

乔乔看着我，似乎有所感觉，但还不敢开口表达。我鼓励她大胆一点，我说："爸爸不是你的语文老师，没有标准答案。假设我们是在玩游戏。你看，这个问题有各种各样解决的办法啊。比方说，真外婆从来不说宝贝开门！而总是跟小红帽开玩笑地说：皮皮帽开门！可是大灰狼不知道，它以为小红帽的外婆叫小红帽'宝贝'呢。"

乔乔说："她通过门缝，看见大灰狼的尾巴……"

我赞赏地看着她，鼓励她。

"还有，是因为外婆感冒了，说话不太通气……"乔乔说，"因为小红帽听见大灰狼在找那些东西，盐啊、醋啊、酱油啊、刀叉啊、香料啊……它想吃小红帽，口水都流了下来……结果小红帽听见了……"

"宝贝，你看啊，这就是你在改编小红帽的故事了，你也是一个很棒的作家了。"我说，"旧故事就是这样变得有趣的。"

2007 年 8 月 15 日

十四　癞蛤蟆吃到了天鹅肉

上了小学，乔乔越来越有学问了。

前天大概上过自然课，学到了省电的知识。乔乔回家来跟我们说："爸爸妈妈，家里的电器，不用的时候都要把插头拔掉的，省电。"

"省电？对的。"我说，"我也知道有这种拔掉插头的省电方式，我们一起拔插头吧。"

见我同意，乔乔很高兴。

星期天，阳光很好，我们一起出门，准备给她买一双跳舞鞋。走之前，我们把家里六个空调插头都拔下来。我们还关掉电视机电源，拔掉微波炉和电烤箱的插座。我在家里转来转去，终于发现家里电脑大插座没有拔下来，每个插座口里的指示灯都闪烁着，似乎嘲笑我缺乏省电意识。好吧，拔了。

买好跳舞鞋，我们就回家了。

这次逛街，乔乔收获颇丰，不仅买了舞鞋，还买了一个传统手工式八音盒。她拿在手里，不断转动。在车水马龙、众声喧哗中，她非要我们听她的八音盒音乐。

《生日歌》简单而清脆的旋律，在这嘈杂的街道旁边，显得那么微弱，但是又那么轻盈。走路时，我们在聊天，乔乔抗议说："这么好听的音乐你们都不听。"

我们都为自己的匆忙和漠视不好意思。

是的，干吗这么匆忙呢。可是，我们普通小民，只能随波逐流，哪里有静下来的心情？静心派，慢生活，那都是吃饱喝足的玩主干的，我们听听也就算了，真跟着闹，自己只会灰头土脸。

前天乔妈看到《旅游卫视》有一个节目，说北京某女带着自己的女儿从小出行，游遍了天下。我没有看到细节，今天她跟我说，节目里，该女乘坐的大型房车——国内很少，美国大片里有，那是普通中国人想都想不到的，更是看不到——有司机驾驶，一次来到了云南西双版纳……我听了，不禁产生了一个"哼"。一个富姐，吃饱喝足，游山玩水，自然、果然是愉快的，但要谈到她女儿因此就受到了什么"大自然"的教育，我看未必。那房车舒服悠闲，里面还有大尺寸的沙发可躺可卧，还能随时随地洗热水澡，隔着厚厚的玻璃和车门跟大自然这样接触，好是好的，不劳累，且有亲近自然之美名。但这不过是在炫耀，哪是什么旅行？用《红楼梦》里的话说，"乔什么张致"？这种张致，需要有雄厚的财力作后盾。

单从休闲和快乐来说，我们散漫地散步所获得的精神享受，不会比这对乘着房车出游的母女少。在延安路绿地，乔乔看到了两只旁若无人的大白鹅在凫水。当这两只肥胖的大白鹅游到水池边窃窃私语时，乔乔就说，它们恋爱了。春天嘛，是恋爱的季节。可是，这两只肥鹅漫不经心的，不像是陷入热恋的意思。日在中天，阳光盛大，一只大白鹅收起右脚，单腿独立，站在青草池边，眼睛半开半闭，对旁边的大白鹅爱理不理。根据这对大白鹅身处上海的情形推测，骄傲而矜持的大白鹅显然是一名"美眉"。在上海滩，女性地位高，大白鹅显然也不能例外。

乔乔兴奋得很。

乔乔说："天鹅，爸爸，天鹅！"

我怎么看这都像是普通的家鹅。不过我也不敢肯定。现在天鹅比较懒惰，难得到了上海这样一个"天堂般美好"的地方，或许会留恋不去，吃成肥鹅了也不一定。城市孩子也不可能区分家鹅和天鹅。如今经济社会，一切都向钱看，癞蛤蟆早就吃到天鹅肉了。所以，天鹅并不像以往那么高贵，孩子不认识也罢了。

转到另一边凉亭时，我们终于看见了两只貌似高贵的白天鹅，懒洋洋地在水边浮着，并不在意旁边的喧嚣。这神情，才是真正的白天鹅嘛。乔乔一定不知道它们为什么不飞到属于他们的天空上，而是懒洋洋地待在池塘边游弋。我知道它们可能是被剪掉飞羽了，所以飞不起来。但是我不敢肯定，只好不说。

看到了天鹅，乔乔很高兴。她的高兴是很纯粹的。

我们都为她的高兴而高兴。

回到家里，我插上电脑插头，只听到砰的一声，主机电源烧掉了。

故事讲到这里，产生了反转式变化。

乔乔看着我，不知道该怎么评价这件事情。

我想了好久，不知如何处理这烧掉的电源。后来我上网买了一个Dell电源，收到快递来后拆开机箱，才发现这电源跟我的主板不匹配。我的主板是二十针的电源接口，Dell的是二十四针。从网上店家那里我得到了指点，去徐家汇太平洋电脑城买了一根转换线。我多次强调是要二十四针转二十针的，结果，从店家那里拿回来，到家打开机箱，发现却是二十针转二十四针的。

于是，这台式电脑仍然处在绝对节电状态中。

祸福相依的道理，阴阳转变的道理，古人很早就明白。

我很想跟乔乔谈谈这种道理，但我也是半桶水，怕谈歪了，于是作罢。

2008年3月20日

十五　孙悟空大战红孩儿

　　星期四，乔乔从学校里带回来一本浙江少年儿童出版社出版的插图本《西游记》，津津有味地读着。

　　孙悟空的故事我很早就跟她讲过了。她两三岁时看动画片《西游记》，她把嘴里老是叫唐僧"师父师父"的孙悟空称为"师父"——这符合小孩子的认知方式和命名方式。我们见她这样鉴别不同人物，都感到非常犀利。可见小孩子的初级语言阶段是用声音来定位对象的——她们自有妙计。每个小孩子的身体里都住着一个精灵，我们成年人不懂，总想驱赶这个精灵。把本来住在孩子身体里的精灵赶跑了，孩子就失去了灵性。他们长大也跟我们一样愚钝，一样眼睛黯淡无光。

　　乔乔对《西游记》已经很熟悉了。

　　根据她的要求，我在网上订购了浙江少年儿童出版社古代四大名著插图缩写本，网上打六五折，不收送货费，这样一算，四本省了二十五块多钱。

　　我虽不提倡小孩子看这种插图缩写本古代名著，但乔乔自己要看，也不反对。她先知道一点故事也好。这么小的孩子要领略原著的语言魅力恐怕也还早了一点。如有哪家孩子小学二年级就能捧着一巨册《西游记》来读，我也觉得值得赞扬。

　　我过去给乔乔瞎编过一些孙悟空智斗红孩儿类的故事，是比较搞笑的编撰，乔乔很喜欢。刚才，在去学钢琴的路上，她还缠着我要我讲。这些故事，我讲完早就忘记当时瞎掰的是什么内容了，怎么讲得出来？再说，我开车时都比较集中注意力，腾不出脑子来编撰故事。

　　乔乔因此嘟起嘴巴，有点不高兴。

　　不过，网上订购的四本书马上就要到了，想到这点，乔乔又高兴了起来。

　　我跟她说，等爸爸不开车了，再给你编故事。但要你提醒才行，因为爸爸编过的故事，自己都忘记了，但你还全都记得。

2008年3月23日

十六　IT'S A LONG STORY!

"说来话长！"这就是题目的那句英文。

吃晚饭时，乔乔同学即兴发挥说，story 是故事，history 是历史。就是说，his，他的故事，就是历史。

我们听了大为佩服。

乔妈问："这是老师说的，还是你自己想的？"

乔乔说："我自己想的。"

我们因为英文差劲，不知道这对不对，只好姑妄听之。

不过，我想想，觉得还是很有道理的。

我们国家的传统是官修历史，历史大于故事。所以有班固那句名言定性了——小说家者流不入流。然而，西方的小说叙事却拥有跟历史一样重要的地位。这么推测，history 的乔乔版词源推测，不无道理。

饭后，我查了一下词典，发现 history 果然有叙事性故事的意义。

看来，乔乔无意中说破了历史书写的真相。

不存在所谓的客观的、正确的历史，所有历史都是被写出来的，都带着作者的特定故事视角。司马迁把"鸿门宴"写得那么活灵活现，好像是在现场看见似的。然而，他不过是在写一个"故事"。这个故事并不"客观"，而带着很强烈的个人态度。

2008 年 10 月 21 日

十七　读书节

昨天接乔乔，发现学校的大屏幕显示"读书节"三个字。

读书是好的，可读什么书很重要。大部分书籍，不读也罢。据乔乔说，学校要求学生回家读书半个小时以上。乔乔相反，我们必须限制她，不然超过两个小时三个小时，甚至一整天她都在阅读。她随时随地都会拿起一本书来读，如不限制，她会一直读下去：不吃饭，也不睡觉，还忘记做作业。我反对这么多作业，但胳膊拧不过大腿，在这社会生存，必须顺应。所以，我们要限制她。

昨晚，她洗澡上床，又翻开《哈利波特》第四册。我说："看完这一章就必须睡觉。"

她点头答应。

这套书第一册，她看了五遍，第二、第三册看了四遍，第四册变厚，有五十多万字，她看第三遍了。这真让人感到疯狂。《夏洛的网》她更是看了不知道多少次了。好在《夏洛的网》字数少，十几万字，一会儿就看完了。

过半个小时，她还在看，我让她收起来，已是晚上十点半了。

三年级小学生，睡得这么晚，早上七点多要起来。这么勤快的小学生恐怕不多吧。

2008年10月29日

【补注】

"哈利·波特"是一套最合适9—16岁青少年阅读的作品，往前到7岁，往后到成年以至于我这样的中年，都可以读，而且很好读。我们家乔乔后来说前三册都读了十几遍，第一册读了二十几遍，后面的也起码读了六七遍。她读英文原版是自然而然的。而且因此能在看电影时，对比小说与电影的不同，能发一通很有道理的意见。我也不失时机地在她三年级生日时，耗费巨资给她买了一套箱装的英文纪念版。中文读熟了，然后趁热打铁让孩子听英语音频，看英语原版，就是迅速有效地提高孩子英文水平的最优方法。在我的推荐下，很多孩子都获益，很多孩子可能终身获益。跟我学习的田静怡也爱上了这套书，据她妈妈说，她从头到尾听了好几遍音频，看了好多遍原版，也跟乔乔姐姐上过"哈利·波特"第一册精读课。她本在普通村小读书，因英语成绩超强而升入一所双语初中名校，老师吃了一惊，以为她天天在外面机构补课呢。这就相当于省了几十万。田静怡妈妈乐呵呵地说，她就放心地生二胎去了。

2021年4月27于多伦多

十八　新时代新偶像

赫敏·格兰杰及艾玛·沃特森这二位，说到底是同一个人，或者说，是同一个人的两种不同表现。

"哈利·波特"里的赫敏·格兰杰小姐，美丽、高傲、好学、勇敢、重友情，现实中的艾玛·沃特森小姐，出身高知家庭，父母皆毕业于牛津大学。艾玛·沃特森就像她扮演的赫敏·格兰杰小姐一样，美丽、好学，视金钱如粪土。她的片酬已经高达两百万英镑，后续片约如云，但她仍认定尊奉教育为人生最重要之事，决定到十八岁就去上大学。开头，她认定了剑桥大学，我们家的粉丝乔乔跟着向往去剑桥大学。我们一起到剑桥大学网站上溜达，越看越向往。哇，八百年历史的伟大剑桥，前后有一百二十一位诺贝尔奖获得者毕业或任教于剑桥，从剑桥毕业的学生，后来影响世界科技发展史、影响历史进程的，也成群结队。后来，艾玛·沃特森说，哈佛大学也不错，我们乔乔跟着就喜欢哈佛大学。我们又去找哈佛大学的网站，又，哇！哈佛大学前后有一百六十一位诺贝尔获得者在此毕业或任教。

（注：又接着，艾玛·沃特森去布朗大学读书了。我们本来不熟悉这所藤校的名字，后来一查，又是哇。若干年前乔乔一直迷"爱手艺"的名作《克苏鲁神话》系列，没想到，这本神作的作者洛夫克拉夫特，就是布朗大学的。总之，似乎一切都有冥冥天意，或者说，一切都刚刚好。）

我把乔乔引入"哈利·波特""魔法世界"，一再强调了赫敏（艾玛）的了不起。她们这了不起的榜样，变成了现实的力量，让她悠然向往之。

乔乔学习英文的热情，因此一直保持了高涨的热度。

不管怎么说，这起码是一种顺势的偶像诱导法——我的自创发明。

我因此感到沾沾自喜。

2008年11月2日

十九　名侦探柯南

　　过年，哪里也没去。没去东北姥姥家，也没回广东奶奶家。我们就待在上海，连杭州、苏州都不去。一家三口就窝在家里做"沙发土豆"，天天睡到太阳晒屁股，起来喝几杯现做的米糊或豆浆，中饭加晚饭一起吃。自由自在，不亦乐乎。

　　（注：那时候我们迟钝，不知道有"补课"，要等到初中了，才在某些"鸡妈"的普及下，知道有这种说法。因为迟钝，我们反而获得了清闲。）

　　年前，随大流，我们陪女儿看了一部《喜羊羊与灰太狼》电影版。看完这部弱智到了极点、粗糙到了让人倒胃口的国产动画大片后，我彻底绝望了。这部片子的导演和编剧水平，跟小学语文倒是驴唇对上了马嘴、王八看上了绿豆，极其般配。经这几十年的有效教育，我们的教育体系培养出了数以亿计的"废品"。

　　好在，回到家后，看了《名侦探柯南》剧场版。

　　闻《名侦探柯南》动画剧大名久矣，但我没看过几集。乔乔全都看了，她班上的同学也一样喜欢。我不知其然与所以然，只能想当然。这次被《喜羊羊与灰太狼》倒了胃口，我急需吃点"养胃药"补救。正好，女儿在网上溜达，找到了《名侦探柯南》剧场版，从1997年到2008年，每年一部，共十一部，一部比一部火爆，一部比一部热烈。好莱坞经典动作片、欧洲探案小说、最后一分钟营救、汽车追逐……各种你能想到的大片元素，都综合在这部动画片里了。（注：我们一家三口竟然就一起看完了全部十一部，你说悠闲不悠闲？）

　　这部系列影片的导演和编剧天才地想到，让主人公工藤新一吃了缩小身体的药丸，以此创作出了一个几乎可以无穷无尽地拍下去的人物：柯南。高中生侦探迷工藤新一和他的好友服部，本是英俊潇洒的男生，各有一位漂亮女友。工藤新一被黑衣人袭击，服下缩小身体的毒药后，就变成了真正的"小大人"，但他的智力已经到了高中生的程度，可谓"人小鬼大"。他变小后，假装去远方破案，不让恋人小兰知道自己变小了无法复原的真相。然后他化名柯南，假装是幼稚儿童而回到小兰身边，寄住在小兰父亲毛利开设的"毛利侦探事务所"里，做起了那英雄救美的经典好事。因身体缩小到五岁小孩子的体态，柯南的外貌具有极大欺骗性，别人都以为他是幼稚儿童，不注意他，不在乎他，而被他轻松地骗过，于是他得以进入犯罪现场，并轻松地侦破了那些设计缜密的罪案。

每次破案后，柯南都把功劳让给笨蛋侦探毛利，毛利因而成了全国闻名的大侦探，可是他一点长进都没有，虚荣、低智，令人讨厌。

柯南和小兰，一个小，一个大；一个知根知底，一个被蒙在鼓里。这样一明一暗的设计，随便都能撞出热烈的情节火花，电影想不火都难。电影塑造了个性各异的人物形象：笨警察日暮和白鸟，超级美女警察佐藤，"名侦探"毛利（新一女友小兰之父），几个小不点破案爱好者，同样服食了缩小身体毒药的女孩灰原，以及几乎永远是第一时间就在作案现场的真正破案高手柯南——他总是发现并用无敌旋风腿踢出的足球打昏超级坏蛋。各种流行火爆的元素都有，甚至还有科幻的元素，这部片子想不好看都难。

日本电影人可能是除好莱坞电影人之外，最善于吸收全世界范围内各民族优秀文化为我所用的艺术家。他们的片子里，永远有化用不完的欧洲元素。宫崎骏的动画背景、故事母题和柯南系列里的各种已有的优秀影片艺术元素，都能从欧美的各类艺术经典里找出线索来。

在故事运用的熟练、悬念铺展的精巧上来看，《名侦探柯南》系列甚至超过了真人演绎的《007》系列。

我们三个人一起观看的是《名侦探柯南之侦探们的安魂曲》。

这是十周年纪念版。故事演得更加惊心动魄：神秘委托人找到所有著名的侦探来到豪华的"Red Castle"为自己破案。每个请来的侦探，都被设套戴上了一个VIP版腕表，里面安装了塑胶炸药。名声在外的假名侦探毛利和柯南也戴上了这个腕表。这时，坏蛋出现了，告诉他们真相：这个腕表有爆炸装置，如果他们不能在晚上十点钟之前破案，他们和小兰、灰原以及三个小朋友，都会被炸死。这几乎就是"最后一分钟营救"的翻版。电影最后也是这样演绎的：柯南和搭档服部依靠智慧和勇气，破译了凶手的真实身份是主谋的女友清水丽子，之后他们发现遥控爆破装置遭到了破坏，陷入了对电脑程序的破译中。

最后一分钟营救，时间停留在晚上九点五十九分五十九秒。

以上讲述，并无太多吸引力，大家如果对动画片有兴趣，不妨自己找来看看。

《名侦探柯南》剧场版的魅力，是一个惯用的俗套：坏蛋在现场作案，并隐伏在熟人中间，观众和柯南一起猜谜，找出这个坏蛋来。演绎娴熟，又直截了当，《名侦探柯南》吸引了我们，让我们看得欲罢不能。

《喜羊羊与灰太狼》嘻嘻哈哈的，乔乔曾经也爱看。小孩子是一个大容器，什么都能装下。精美的点心和三聚氰胺，都会被装到他们的肚子里。

今天是年初四，人们要迎财神，鞭炮放得比任何一天都要热烈。这似乎暗示着，我们这个社会，除了"财"，什么都不重要了。在几乎一切价值都崩溃之后，"财神"成了终极的信仰。

财神到，祝各位新年健康，大发其财！

2009 年 1 月 29 日

后记：与孩子一起，创造丰富人生

重新回顾与女儿一起阅读、讨论和编故事的时光，各种情形栩栩如生，觉得人生真是美好。

文字有这样的魔力，会让我们重返逝去的时光。而这种温暖有质感的记录，是人生中点点滴滴的愉悦，如在河边沙地上挖沙、掏洞、堆垒，不是为建造永恒的宫殿，而是创造短暂而美丽的记忆。每个人的人生由这些记忆构成，如同碳纤维构造的蜂巢。

我在很多次演讲时，都谈到"万物互联"和"人工智能"，谈到"大脑扫描"和"人生备份"。一些研究机构十几年前就可以实现对人类大脑的完整扫描，上千亿个神经突触，是产生我们人类意识的核心构成。或许不久的未来，我们的大脑扫描可以完全无损地实现了。但是，还有一样东西，暂时还无法有效扫描备份：我们的经验和记忆，以及我们的态度。如果我们人生经历中最隐秘的经验、最微小的细节，都能"扫描备份"，那么，我们的人生就可以克隆了，我们的人格也可以备份了。

人生备份，就意味着人的长生。

一个人缺乏人生备份，就会只拥有一个单面世界。而如果一个人有人生备份，则他就会拥有自己独特的二次元世界、平行世界。

我们的语文教学有一个巨大的缺陷，是排斥虚构写作。

人类最独特的创造，是从经验写作升级为虚构写作。而只有虚构写作，才对创造力有庞大的需求，并反过来刺激创造力的不断更新换代。充满创造力的想象，会反过来推动现实生活中对具体物质的调用。一种"理想形态"，会在日常现实中塑造出与这种"理想形态"匹配的建筑、城市和各种人工设施。例如，社会主义理想型，曾在苏联、东欧制造出了大量理想形态的建筑，其城市面貌非常不同。

而那些卓越的科幻小说，对半个世纪以来的科技发展，有着极大的推动作用。在美国航空航天局（NASA），很多一流科学家都是英国科幻小说大师阿瑟·克拉克的忠实粉丝。当阿瑟·克拉克写出著名的太空史诗《与拉玛相会》后，他的一名粉丝，NASA的首席科学家金特里·李读完觉得意犹未尽，一直劝说阿瑟·克拉克继续写下去。为此，金特里·李每周末从美国佛罗里达飞往斯里兰卡，与定居在斯里兰卡的阿瑟·克拉克一起探讨，一起写作。最后，他们两人合作写出来后面三本厚厚的续集《拉玛2号》《拉玛迷境》和《拉玛真相》。

很多科学家谈到，他们是在阅读了阿瑟·克拉克的《2001漫游太空》之后，立志探索太空而最后成为探空、探月科学家的。

很可惜，我们的教育思想，一直排斥虚构作品的阅读和虚构写作的训练。很多语文教师年复一年地命令孩子们写那些无聊无趣的题目，从而打压了孩子的好奇心和创造力。

刚刚看到一篇文章，里面引用一个孩子的话说："老师，我们学校的语文课像开追悼会，老师在上面念悼词，同学们沉浸在悲痛之中。"

这个表达很简单，但是非常生动，把语文课的无聊无趣无营养的特点描述得入木三分。因为漠视创造力，打压个性化，很多语文课成了"追悼会"，都在"追悼"所谓的圣贤和先烈。这样的课程，还有什么价值？

反思这种没有价值的语文课，我们自己就要注意，在阅读中，在日常的思考中，引入有趣的、有创造力的图书。在孩子十二岁之前，他们都处在一个"幻想期"，这个幻想期时间很短，这一点常常被我们的语文教育忽视和抹杀了，从而让我们的孩子欠缺创造力教育，缺乏情感教育。

这个时期，幻想类作品和动物类作品，是最重要的，也最合适这一年龄段孩子的心理。

孩子在长大过程中，会不断地在故事里强化自己对世界的认识。因此，好的故事很重要。那些经典故事集如《格林童话》等，已经成了世界文明的核心基础，我们阅读这些作品，就是跟整个世界文明一起，重新反思我们和这个世界相处的方式。

在前面，我提到了与女儿一起讨论《青蛙王子》的特别观点。

"青蛙王子"是一个经典故事，最后也是一个美好的结局。但我专门谈了自己阅读后的特殊感受，即公主不能随随便便答应别人的无理要求，即便对方是一只青蛙。因为，公主一旦答应了对方的无理要求，就必须去履行诺言。如果她不履行诺言，就会变成一个失信者。这样，无论她履不履行诺言，都会被一个随随便便许下的诺言拖下水，从而耗尽精力和能量。

青蛙真的变成了王子，也就算了。但那是童话故事。

现实世界中青蛙到处都是，王子却渺无踪影。

故事是美好的，现实是无聊的。

"美好的故事"不会导致你与现实隔离，只是让你跟无聊社会保持一个适当的距离。

现在因为阅读推广人的拼命努力，绘本已成热点，很多妈妈都在炫耀自己一年陪孩子读了几百本绘本。我在一个著名的绘本公众号里，看到有妈妈说自己一年陪孩子读了一千六百多本绘本。绘本一般是非常昂贵的，这一千多本绘本估计价值四五万元，而其阅读所得，并不见得如妈妈所愿。很多所谓的培养，大多是阅读推广人的空头许诺。

这些妈妈的疯狂亲子阅读可能是真的，我很敬佩。但这是无用功，是一种能耗浪费。一个孩子不需要一年读这么多绘本，与其这样还不如节省点时间去户外溜达溜达。

绘本只是绘本而已，不是解决一切教育问题、成长问题的灵丹妙药。适当的绘本阅读有益于孩子的智力开发与认知深化，但过度依赖绘本，会让孩子停留在浅思维阶段，而无法进行更有效的思考。

一个孩子到了四五岁阶段，就开始观察和思考人与人之间的关系了。这种观察和思考有的来自于做减法和简单化处理的绘本，有来自于提纯加以深化处理的童话故事，还有的来自于更深入地理解人与人之间关系、人与自然关系的儿童小说。

一个孩子在翻阅绘本时所得到的感受，与他在阅读《小王子》时得到的感受很不相同。而当孩子在阅读《丛林之书》或者《野性的呼唤》时，他对这个世界的看法又有所不同。正是这种随着年龄的增长而提升的阅读，让孩子慢慢形成了合理的思维能力和表达能力。

因此，在四五岁阶段开始，就应该不断减少、大大地减少对绘本的依赖（以及迷信），而增加非绘本类、纯文字类文学作品的阅读。

抽象思维能力是人类特有的，而这种思维能力，是以语言文字作为基础的。

语言能力的开发和表达能力的提升，都离不开对文学作品的有效阅读。

而经过一段时期的有效阅读和写作能力的训练之后，孩子会具有应对未来的良好的表达能力和写作能力，而这两种能力，结合想象力和创造力，会成为未来世界中最有效的竞争力。

在工业化社会，人类的生产能力已经达到高层次，我们身处万物互联时代，身处信息社会中，语言表达能力和写作能力会变得越来越重要，甚至具有决定性的作用。

在电脑和互联网出现之前，"知识"无法有效地驱动生产力，因此"手无缚鸡之力"的"百无一用"的书生，在面对一名农夫的"四体不勤，五谷不分"的责问时，几乎很难应对。在农耕时代，这种"无力感"是致命的，同时在道德伦理上，也处于下风。

然而，世界终于来到了万物互联和人工智能的时代。在3D打印时代，我们可以直观地看到，语言表达能力和写作能力可以直接驱动生产力，而无需有"缚鸡之力"——伴生的创造力和设计能力，会直接通过3D打印机来实现。

在万物互联不断深化的未来，死记硬背式的知识摄入已经不重要了，重要的是思维的开拓，重要的是对知识的应用。

一个拥有好奇心的、有创造力的、奇妙点子迭出的人，非常容易地就能得到"高产出"。写文章在公众号上发表，得到读者们的直接打赏而获得收益，是最简单的例子。而实际上，由创造力驱动的实际运用，还要复杂得多，有效得多。随着语音识别的完善和自动驾驶技术的普及，一个人通过语音指令来驱动交通工具，已经是在不久的将来就能实现的。而在VR技术发展成熟之后，虚拟世界将会变成另外一个现实世界，未来的人类将无法，或者无需有效地辨别虚拟世界和现实世界。我们将生活在两个世界中，如同平行宇宙一样。

在这里，有效的表达能力和沟通能力，变成了决定性的能力。

有一个说法非常有益：未来三十年的大多数工作，现在还没有发明出来。

因此，你拼命地去填鸭奥数，去学各种死的知识，都是浪费精力和能量。你要学会面对未来时代。未来不是虚无，那个时代正在成型。

我们必须做好心理准备。

2016年9月25日

关于想象力养成的推荐阅读书目

1.《格林童话》,〔德〕雅各布·格林、威廉·格林,杨武能译,中国画报出版社出版。

荐语： 经典童话集,其中故事如《白雪公主》等都脍炙人口。

2.《意大利童话》,〔意〕伊塔洛·卡尔维诺,文峥、马箭飞、魏怡等译,译林出版社出版。

荐语： 文学大师卡尔维诺亲自搜集整理的意大利童话,语言风格独树一帜,媲美经典童话。

3.《安徒生童话》,〔丹麦〕安徒生,石琴娥译,中国友谊出版公司出版。

荐语： 原创童话第一人,安徒生的作品传遍了世界,《海的女儿》前几年还被日本动漫电影大师宫崎骏改编成了《悬崖上的金鱼姬》。

4.《伊索寓言》,〔古希腊〕伊索著,光明译,湖南文艺出版社出版。

荐语： 短小、隽永的寓言故事,我女儿小时候最喜欢谈论一只落进热汤里的苍蝇：我吃饱了,喝足了,澡也洗了,可以死而无憾了。

5.《列那狐的故事》,〔法〕吉罗夫人,罗新璋译,人民文学出版社出版。

荐语： 列那狐经典故事,是欧洲中世纪最重要的文本之一,也是文艺复兴的先驱。罗新璋先生的译本,目前最值得推荐。

6.《小王子》,〔法〕安东尼·德·圣艾克修佩利,程玮译,广西师范大学出版社出版。

荐语： 经典中的经典,中译本几十种,这里推荐儿童文学作家程玮的译本。

7.《吹牛大王历险记》,〔德〕戈·毕尔格等,曹乃云、肖声译,译林出版社出版。

荐语： 闵希豪森男爵是一个快乐的冒险家,也超级爱吹牛,他讲的故事你真的不能相信——如骑着炮弹旅行,拔着自己头发离开沼泽——但你很可能会听得入迷呢,小心啊。

8.《脑袋里的小矮人》,〔奥地利〕涅斯特林格,夏阳译,人民文学出版社出版。

荐语： 小姑娘安娜父母离异,法院判她归爸爸抚养。一天,一个小矮人钻进她耳朵,住进她脑袋里,不断地给她出主意……这是孩子们在4—7岁之间的一种奇异的共生二次元世界。他们总会想出一个小人跟自己一起生活,并且认为这是真实存在的。

9.《好心眼儿巨人》,〔英〕罗尔德·达尔,〔英〕昆廷·布莱克绘,任溶溶译,明天出版社出版。

荐语： 小女孩索菲被一个好梦巨人抓住,被带到了连英国皇家空军的地图都没有标注的巨人国,她看到了各种可怕的巨人：他们最大的爱好是吃人肉!

10.《洋葱头历险记》,〔意〕贾尼·罗大里,任溶溶等译,中国少年儿童出版社出版。

荐语： 有点像幼齿版《水浒传》,蔬菜国里竟然也有压迫和斗争,所以老洋葱头不小心踩了柠檬王一脚,就被投入了监狱里。小洋葱头在营救父亲的过程中,认识了南瓜老大爷、梨教授、葡萄师傅、小葱园丁等,来了个"菜园大结义",一个好汉三个帮……

11.《天上掉下大蛋糕》,〔意〕贾尼·罗大里,任溶溶等译,中国少年儿童出版社出版。

荐语：在一个挤满了饿得嗷嗷乱叫的人的小镇外，天上突然掉下来一个山一样的大蛋糕，接下来会发生什么事情？这个蛋糕，是某国核试验配方出错的副产品，一爆炸就搞砸了，没有升起致命的蘑菇云，却变成了人人都喜欢的美食。什么寓意？你懂的。

12.《我和小姐姐克拉拉》，［德］迪米特尔·茵可夫，陈俊译，二十一世纪出版社出版。

荐语：从小孩子的角度观察大人世界，令人捧腹的语言，温馨感人的人际关系，连叔叔的妻子怀孕了，在她们那里也成了惊天的秘密，小姐俩决心守口如瓶。

13.《我的宠物是恐龙》，［美］奥利弗·巴特沃司，孙法理译，湖南少年儿童出版社出版。

荐语：小朋友们都爱动物，我家女儿一度沉迷于猫、狗世界中，看了无数的图片和介绍，对猫和狗的品种了如指掌……可是有人家里养过宠物恐龙吗？

14.《尼姆的老鼠》，［美］罗伯特·奥布莱恩，贾淑勤译，湖南少年儿童出版社出版。

荐语：从一个科学实验室出来的一群高智商老鼠，放弃了华丽的居室生活，另外去寻找生活的意义：劳动、充实、幸福。

15.《哈克坡地森林》，［挪］托比扬·埃格纳，石琴娥译，湖南少年儿童出版社出版。

荐语：哈克坡地森林是一个动物世界，这里有各种各样的事情发生，动物有好有坏，狐狸整天要吃别的小动物。森林鼠莫登于是制订了一项法律，规定动物们不得相互吞吃……从此，小动物们快乐地生活在森林里。

16.《会搔耳朵的猫》，［法］马赛尔·埃梅，倪维中译，湖南少年儿童出版社出版。

荐语：法国现代小说大师充满想象力与智慧的短篇小说集。小猫一搔耳朵，天就要下雨，这样小姑娘德尔菲纳和玛丽纳特就不用被送到可怕的麦莉纳婶婶家去受苦啦。

17.《查理与巧克力工厂》（英汉对照），［英］罗尔德·达尔，王怡译，天津科技翻译出版公司出版。

荐语：贫穷的小男孩获得机会进入了一家庞大巧克力工厂里参观，发现这是一个充满想象力的工厂，其中的世界真是匪夷所思。

18.《豆蔻镇的居民和强盗》，［挪］托比扬·埃格纳，叶君健译，湖南少年儿童出版社出版。

荐语：在豆蔻镇这个童话镇里，居民们都善良、友爱、幸福地生活着，可遗憾的是镇上还有三个好吃懒做、游手好闲的强盗。有一次，三个强盗被捉住了，居民们并没有打骂他们，而是帮助他们。这个故事讲的是宽容与友善。

19.安房直子幻想小说代表作系列，［日］安房直子著，彭懿译，少年儿童出版社出版。

荐语：安房直子创造的一个如梦如幻的世界，可以让灵魂安宁。好在，世界上还有这样被创造出来的世界，让我们在单调乏味的现实世界之外，拥有难得的安宁。

20.《小鹿斑比》，［奥］费利克斯·萨尔腾，何野译，湖南文艺出版社出版。

荐语：这是一部经典的成长小说。小鹿斑比在森林里长大，由弱小、怯懦而变为自信、勇敢、负责的鹿王。迪士尼将之改编成动画电影之后，小鹿斑比的形象传遍世界。

21.《小熊温尼·菩》，［英］艾伦·亚历山大·米尔恩，文培红译，湖南少年儿童出版社出版。

荐语：小熊温尼的百亩林世界是一个相亲相爱的动物世界，这里的动物都很特别，尤其是温尼小熊无忧无虑，很傻很天真，总重复地说一些莫名其妙的话。有人喜欢智慧的猫头鹰，也有人喜欢欢蹦乱跳的跳跳虎，各有所好。

22.《木偶奇遇记》，〔意〕卡洛·科洛迪，任溶溶译，人民文学出版社出版。

荐语：一撒谎，鼻子就会变长，这真不科学。但是，童话小说谁会跟你谈科学？童话小说谈的是幻想和趣味，还有一个人的诚实有多么重要。

23.《爱丽丝漫游奇境记》，〔英〕刘易斯·卡罗尔，马爱农译，北京联合出版公司出版。

荐语：爱丽丝有一天犯困打盹，看到一只奇怪的兔子穿着绅士般的衣服，跳进洞里，她也跟着跳进去，结果进入了一个扑克牌的世界……

24.《假话国历险记》，〔意〕贾尼·罗大里，李婧敬译，中国少年儿童出版社出版。

荐语：一个海盗当了国王，为了掩盖自己的真实身份，就开始修改词典，把"海盗"修改为"好人"，把"好人"修改为"海盗"……但小茉莉一开口说话，玻璃就会被震碎啦，更何况假话国里那些谎话连篇的东西呢。

25.《绿野仙踪》，〔美〕莱曼·弗兰克·鲍姆，张炽恒译，北京联合出版公司出版。

荐语：经典儿童成长小说，中译本琳琅满目。两好两坏的四个女巫统治奥兹国，小女孩多萝茜和稻草人、铁皮樵夫、胆小狮一起在奥兹国历险，一路上遇到重重困难，逐渐改变自己。

第六部

画画与音乐

想象力创造新世界

小孩子通常在识字之前，就开始用画画表达自己对这个世界的看法。

美好与爱，奇妙世界色彩纷呈。

小孩子到了三岁以后，就有抓笔画画的冲动，一圈，一线，代表他们对世界的独特观察。小孩子大多天生就热爱画画，如果我们不打击他们，他们到了五岁左右，就已经能画出色彩缤纷、线条复杂的图画了。草地、鲜花、小鸟、风筝、天空、云彩、太阳，都是他们表达的内容。这个阶段，应该让他们放松地去玩，让想象力插上翅膀，在神奇的世界里翱翔；而不能用成人认识世界的僵化方式，过早地压制小孩子的特殊观察和思考。

这个部分有一组乔乔小时候的"涂鸦"作品。至今我都特别喜欢她那种自由自在的心灵，以及这种自在心灵表现出来的美好画面。

在她六岁时，我们的朋友朱大可教授来到家里，看到我们挂在墙上的画，说："乔乔很棒，你们千万别送她去少年宫学画画。"

我们赞同不去少年宫学画画，但一直鼓励她画画，随她想怎么画就怎么画，让她不被各种条条框框限制。我尤其不赞同各种"画静物素描"的死方法。画素描就跟写作文差不多，很多时候都是一种打击孩子兴趣的"妙手段"。无论多爱画画的孩子，让他面对石膏像坐几天，都会变成呆子的。同样，无论多么热爱写作的孩子，让他每天写那种虚情假意的作文，都会痛不欲生。

很久以后，我看到著名画家陈丹青批评国内艺术院校"素描"教法，觉得自

237

己的判断得到了佐证。艺术创造跟自由的心灵密切相关，跟好奇心、生命力密切相关。

我们女儿画画很自由，她把自己的想法都运用在各种漂亮的曲线和缤纷的色彩里。这里有她的幻想，有她的观察，有她的思考。

我觉得她五岁时画《狐狸一家》最有意思。画中的那些狐狸家族的成员，都有新的表现，并不全是传统中的规矩角色，它们的衣裳、打扮也各有不同。可见，小孩子也会时时受到最新的思潮和时尚的影响。

小孩子在学会写汉字之前，也能画出如此复杂、神奇的画。

她自己不会写字，画好之后，起了个很特别的名字，让我给写上去。

那个名字只是一种音译，我还不能很有把握地说，她的意思就是我写出来的那种。

汉字有自己的特殊性，象形、会意都与绘画有关。当你认真地学习甲骨文时，就会发现那些基础汉字大多数是精妙的抽象画，能栩栩如生地表现事物。我们发现，小孩子在上小学后再认汉字，一点都不晚。我们给女儿适当地讲解一些基础汉字的源流和结构，她很快就能认写自如，轻松地超过在幼儿园学了一千多甚至两千字的同班同学。到小学二年级第一学期结束，她在寒假里就能阅读很厚的书了，已经超越了大多数在幼儿园阶段提早学习汉字的"天才"了。

所谓快慢，在人生中，是相对的。但家长要在学校的压力和家庭的放松中找到平衡，确实很困难。

过去，大多数父母在孩子上学后，基本就放弃了家庭教育，把孩子的一切——包括他们的未来——都"上缴"给学校。很多父母只负责接送孩子上学放学，只负责他们吃饱穿暖。至于他们的学习、他们的生活、他们心智的养成，这些几乎全都不管了。

这样做有什么问题吗？过去，似乎人人都是这样长大的。

以人为本的教育却不是这样的。

日本作家黑柳彻子写的《窗边的小豆豆》在大陆畅销不衰，这本书很多老师、家长、孩子都读过。书中的"淘气包"小豆豆因为太淘气，换过好几所学校都不被接纳。最后，父母把小豆豆送到小林校长以新教育理念办学的"巴学园"里。

小林校长是当时日本教育界的反叛者，他从欧洲游学回国，决心实行"以人为本"的新教育理念。在这种富有人性化的教育中，小林校长和学校里的老师，对学生一视同仁，对所有学生都给予同等的尊重，不再区分"好生""差生"，不通过考试排名给他们施加压力。

小林校长遵循孩子们的成长规律，循序渐进，因材施教，让孩子们寻找到自己的爱好，各展所长。同时，小林校长是一个孩子头，他不仅给孩子传授知识，而且还跟他们一起玩乐。小林校长不因孩子调皮捣蛋而谴责他们，不因孩子的活泼好动而压制他们。

"差等生"小豆豆在这个由车厢改造成的"巴学园"里，得到了足够的尊重，度过了人生中最愉快、最重要的学习生涯。跟她一样被其他学校排斥的调皮孩子，以及那些"差生"，都在"巴学园"里获得了尊重，燃起探索性、研究性学习的热望。他们发现，自己的活泼好动在这里不受压制，小林校长还鼓励他们发挥自己的兴趣与专长。他们在"巴学园"可以兴致勃勃地探索自然奥秘，可以互帮互助地结交朋友。

小林校长举办的"巴学园"，把那些被其他学校赶出来的"差生"培养成个性不同、各有成就的不同行业人才。他们中有黑柳彻子这样的电视台主持人，也有著名物理学家，还有自得其乐的普通工人。每个人回想起少年时代，都说"巴学园"让他们感受到了做人的尊严，让他们体会到生命的美好和赋予他们新生命的欢欣。

这样的激发性教育，直到现在都是令人敬佩的。

相反，我们中国大多数孩子所处的教育环境，主要还是压制性的。

我们用各种不适当的规矩压制小孩子的个性，我们用无趣的标准答案破坏孩子的独立思考，我们用各种惩罚伤害他们的自尊。

这些教育问题不可能简单地得到解决。而且，父母们对孩子的未来也有不同的期望。有的父母如果想让孩子在考试中出人头地，就可以把他们送进魔鬼训练营般的"好学校"里，以修炼出过五关斩六将的考试绝活。另外一些父母无法接受让孩子成为考试机器的教育，就想方设法把他们送进外国语学校，或在孩子小小的年纪就送出国做小留学生。

但在体制内学校就读的孩子仍占大多数。

作为父母，我们也许需要与学校教育协调，在学校拧紧螺丝时，帮孩子松一松；在学校的教材知识含量不足时，帮孩子补点营养。

互联网打破了知识垄断的格局，让知识真正实现了自由交流和自由获取，我们对世界的认识，对已有知识的学习，早就应该超越闭环的学校校园的概念，而应该是一种流动的、各种不同层级、不同专业、不同兴趣的人充分交流的新学习形态。在这种新学习模式中，家庭教育占小孩子成长的三分之一，父母绝对不能放弃。

我们投入多少，孩子就会得到多少。

作为一名父亲，我从来不放弃的有两点：第一，有时间就陪孩子玩，跟她聊天。第二，在适当的时候给她讲故事，陪她读书。

教育的核心是爱，其次是耐心。

一棵大树，是从小苗长起来的。在它还小时，你不知道它是豆芽还是巨杉。

教育也需要耐心地等待，就如同等待一朵花在风中慢慢绽放。

我女儿读到高二时有了自己的新目标，要学生物学。为了这个目标，她已经自己选课，能够自主学习了。然而到了现在，她在大学里学了一年的神经生物学，觉得做实验这种学习不太符合自己的想象，又改成了认知科学和英语文学双 major。现在，她的学习目标终于基本稳定下来了。因为有中文写作能力和英文读写能力的超强基础，她是少有能在这类人文学科里如鱼得水的中国学生之一。中国学生主要是学数学、生物、经济、金融、财会等实用专业，不像我们女儿学的是"无用"的专业。

现在看来，广泛有效的阅读，一定量的文化典籍的积累，并学会加以思考和运用，是学好文学、历史、哲学等各类文科的基本方法。这样，除了之前提到的那些文学类图书，到了小学高年级和初中阶段，孩子们还应该阅读一些相应的基础图书，为自己的未来学习与研究打下坚实的基础。

在知识重新融合、文理再度不断交叉的现代知识体系里，阅读、思考、写作，已经成了一个现代人的必备技能。而这其中，如陈寅恪所说的"独立之精神，自由之思想"，是最关键的。

以下部分，是我们长期观察孩子绘画等的学习过程，可以作为一种参考。

2021年第三次修改于多伦多

一　爱画画的少女

对小孩子，每个父母都有美好的想象。

刚入幼儿园时，小孩子幼稚，家庭气氛还正常。到中班时，情况就不对了：家长暗中竞争，似乎较上劲了，大都担心孩子输在起跑线上。

校门外，各种补习班的广告人员，如鲨鱼般麇集。接一次孩子，起码能碰到十几张广告。

有次家长会，很多平时见不到的家长突然闪现——他们平时太忙，不自己带孩子，都是丢给祖父母——个个都神情严肃。发言时，有人对幼儿园的宽松环境表示不满，要求学校教小孩子文化知识，并制订教学大纲。

我发言时说："我对幼儿园阶段的孩子要求不高。只要孩子能够健康、快乐、心智正常地成长，我就很高兴了。"

话是这么讲，但没有引起多少共鸣。

很多家长都有一种强烈的自我暗示：我的孩子是天才，将来一定会成为大人物！

这其实是一种不合理的推测：假如孩子是天才，你是埋没不了他的——即使你是他的父母，也没有能力埋没他，除非你是"埋没界"的高手。

有大量事例证明，天才在任何条件下都能茁壮成长。我读过很多伟人传记，几百年前、上千年前的伟人，他们面临的生存条件比现在恶劣十倍百倍，也照样以几乎不可能的方式成才。天才的成长方式是不可预料的，除非你自己是天才。而且，每一个天才的成功模式都独一无二，不可克隆。并不是条件优越，就一定能够培育出天才。

我有很多好友，都是各方面的顶尖专家，他们大多从条件艰苦的偏远山村走出来，其学习条件之差，学校和教师之不尽如人意，在大城市的孩子是根本无法想见的。

有人以为我从小就是好学生，读的是好学校。其实我从小到大读的都是"烂学校"，乡村小学、小镇初中、小镇高中，大多数考试都不及格。逃学、游泳、爬树、抓鱼、摸虾，还算是中等好手。河唇乡高级中学原本连文科班都没有，在我强烈要求下才开设的。我高二毕业参加高考，英语二十三分，数学三十二分，自然名落孙山。我父亲说，你去补习一下，看看行不行，不行就回家卖凉茶。我于是进了县一中文科补习班，发现这里早就有一百一十八条男女"好汉"济济一堂，坐在后排的连老师的脸都看不清。补习班同学中有些补习了七八年，成了"考场仙人"，他们都脸色淡漠，各怀独门绝技。我向不同的仙人请教不同学科的不同问题，他们虽然不情不愿，却也倾囊而授。就这样后知后觉、没日没夜，也有点后发制人的拼命努力，我在高考时竟然鬼使神差地考出了全补习班第三名的超高分，进了华东师范大学中文系。总分第一名的李裕清同学则进了复旦大学外语系学法语。能通过高考这件事情，我至今仍然不敢相信是真的。在大学里，我继续逃课，创造了补考六门、补考九次的华东师范大学补考纪录（我自己猜测的），毕业时连学士学位都没有拿到，只是拿了个大学本科毕业证书。之后，我又后知后觉，拼命努力，才考上研究生，然后读博士生。

人生有多长，学习就有多长，我的人生之路就有多弯弯曲曲。但回过头去，看着也都是好的。

我不是天才，也不是蠢材，中等之资，走出了自己的小半人生。

因此，对待无论哪种孩子——聪明也好，愚笨也好——最明智的做法，是尽可能创造宽松条件，让孩子能相对自由、心灵自在地发展。

当一棵小芽刚刚长出来时，我们无法一眼看出这是豆芽还是参天大树，只有等待它慢慢成长。在这期间，我们不需要特别去关心、呵护，只要让它自然而然地长高长大就行。如果我们过度关心，每天去看、去摸、去拔草、去浇水、去施肥、去松土、去踩两脚、去遮风挡雨，那么这棵小芽还没有长出来就可能被弄死了。

给孩子创造相对宽松的环境，这不是放任，而是让他们的个性得到自由发展的充裕空间。

理论是一回事，实际做起来又是另一回事。在我们国家，这种想法要实行起来很难，空间也极其狭窄。我也没什么好办法，只能这么打算：在幼儿园阶段，让孩子好好多玩一玩，到小学、中学，就随大流，到哪儿算哪儿了。我一个普通小民，哪里拗得过这种社会的疯狂大潮？在滔滔大水上，随波逐流虽然没有个性，但不至于很快就溺水。在中国这种社会结构里，老子的智慧总是最好的护身符：和其光，同其尘。

前面我曾写到，我多次答应女儿带她去锦江乐园玩，之后却爽约了。女儿失望的眼神让我感到深深的内疚。我的工作还不算忙，时间相对宽松，竟然还为各种杂事而困扰，精力不继，从而推脱。其他家长，每日朝九晚五上班挤公交、地铁，劳累是可想而知的。他们要好好陪孩子玩，不仅没有时间，也没有精力。

我们刚搬到新家时，也打算让乔乔学钢琴。我们先是找老师——李老师是基础钢琴教育的权威，对乔乔印象也很好。在李老师的介绍下，我们去买了一架钢琴。一切齐备之后，乔乔去学了几次，也记得了谱子，能弹出了几个小曲。李老师甚至鼓励说，下个学期她就可以给小朋友们演奏了。这时乔乔姥姥生病，来上海动手术，养病一年多，乔乔学钢琴的事情就耽搁下来了。

这架钢琴于是变成了摆设。

我们只好调整思维，看来乔乔对音乐不太有天赋，等她上小学后课业加重，再一起"迫害"她，让她继续学钢琴。我们也不盼望她能成名成家，只要懂得一点音乐，在朋友聚会时，可以偶尔露峥嵘即可。她长大后，大概也是个白领丽人什么的，肯定要去参观展览会，听音乐会。有些音乐基础，她就能听得进去。从小养好一些修养，就可以了。

这样想，我们也就想通了。

乔乔爱画画，我们就让她画，给她买各种画笔，买各种纸张。她想画什么就画什么，随便涂鸦，我们不管，也管不了。她现在的绘画水平，虽然很幼稚，但画出来的画色彩丰富、线条多样、表现力强，已经远在我之上。她的画我只有欣赏的份，不能提出什么意见了。我们还给她报了幼儿园开设的绘画班，每个星期三下午上一次。一年下来，我们失望地发现，她在绘画班上照着老师的模板画出来的画，远不如她自己在家里涂鸦时画得那么生动、传神。我们于是决定，从十二月份开始，不参加绘画班了。小孩子，还是自由一点，让她在家里，自己爱怎么画就怎么画吧。她那么一点干净的、可贵的想象力，不能这么早就被绘画老师的成年人固定思维污染了。至于技法，等她长大点再练也不迟。

就这样，人生的决定总是反反复复。

进固然不错，退也自有妙处。

2005 年 8 月 22 日

二　乔乔同学在工作中

前两天贴了乔乔几幅画到博客上，得到朋友的鼓励，于是，我和乔妈一时兴奋过度，失去了理智，以为乔乔有画画天分，不可以让她放任。

今天下午放学，从金沙江路上内环高架，一路直奔宜家口下，在宜家二楼上给乔乔挑中了一张桌子，作为她学习、工作和战斗的地方。

回到家，立即安装好，摆在她的房间里。再摆上了一些工具，打开工作台灯，很有那么一点意思。

兵马未动，粮草先行啊。

做父母的，总是要为孩子做点什么，生怕埋没了小孩子的天才。其实，就这么满足一下她的涂鸦兴趣，也很不错啊。

2005 年 12 月 2 日

三　乔乔战斗和工作的地方

这张也是乔乔的工作照，照片中的她在给一本《我是大师》的线条画册里的图上色。这里面似乎有毕加索、莫奈等大师的名作，编辑很有心地编成了线条，留出了空白，爱涂鸦的小孩子，可以在上面涂抹，填上自己喜欢的颜色。

这是有一定益处的练习，不见得有什么实际的功效，但是小孩子可以玩，他们在玩乐中，增进自己的各种感受。

家长都会有所偏爱，我还是很喜欢让她自己随兴所至，胡乱涂鸦。小孩子对色彩的感觉非常特别，她总能选用一些我根本想不到的色彩搭配在一起，却让人感到很协调，很美好。

涂鸦嘛，色彩感很重要，发展孩子的色彩感十分重要。

2005 年 12 月 2 日

【附注】

现在孩子长大了，在色彩感上非常有自信心，她对于绘画、建筑、服装设计等，随便说几句，都把我们唬得一愣一愣的。她是野生画手，不是美院的专业学生。她有自己的画画圈，这些孩子在微博、QQ 上认识，后来长大了，散落到世界各地。她与很多人现在还保持着联系，形成了她自己的生活圈，我觉得很好。

四　花仙子

这幅画的名字叫作《花仙子》，乔乔七月份随手画的，画好就贴在书房门上。算是"素描"吧，呵呵，看着挺素的（注：她五岁时画的这幅画仍然贴在书房门上，已经十六年了）——看看，有一个画盲爸爸有什么好的——或者是工笔素描，嘿嘿。我觉得《花仙子》裙子上的向日葵有意思，很有装饰性。至于眼睛上，那眼睫毛往上一扬，很骄傲了，这让我感到很犀利。

五岁的孩子最爱画画了。从刚能把线条画直，到能把圈圈画圆，再到画出这么复杂的线条，她竟然只需要一年多的时间。这些画充满了儿童的天真气息。孩子的成长真的像竹笋一样迅速，他们的潜能真是无可限量。

2005 年 12 月 2 日

五　狐狸国王

这是今天上午乔乔画的狐狸国王。

我问她："宝贝，这个国王很神气的，是不是上课时田老师教的啊？"

乔乔说："不是田老师教的，是'画神闲'教的。"

"画神闲"是东方少儿频道的一个节目主持人，是一个很会画画的大哥哥。他能一边对着麦克风说话，一边在板上画画，而且画的卡通人物很有意思。

乔乔到了这么大，开始爱上画画了。五六岁，是小孩子艺术感觉发育的时期。她开始用画笔主动地表达自己想象中的世界，用画笔再现自己观察到的世界——这个世界色彩斑斓、神奇美好。

乔乔非常爱看"画神闲"的节目。

五岁的乔乔画了狐狸一家。这个是"狐狸国王"，它头戴皇冠，坐在宝座上，神气活现。她还画有狐狸王子、狐狸公主和狐狸王后，眼下，正在上色呢。

不过，有一个狐狸国王的客人，已经被她贴到窗户玻璃上去了。

刚才吃饭，我跟她说："你不是恐龙么？怎么吃饭这么慢？"

乔乔说："我不是恐龙。"

我问："哦？怎么不是恐龙了？难道你是河马？"

乔乔说："我是恐龙中的一个。"

我说："我知道了，你是剑齿龙。"

乔乔说："对的，生活在六千五百万年前的白垩纪。"

我说："六千五百万年前的剑齿龙，吃饭是这么慢的么？"

这个问题击中要害，乔乔加快了咀嚼的速度。

看来，当一个剑齿龙也不是那么容易的。

2005 年 12 月 3 日

六　狐狸国王的亲戚

　　这张《狐狸国王的亲戚》被我看到的时候，乔乔已经用胶水将之贴到窗户玻璃上去了。我和她妈妈心里一阵抽紧，感到很心痛。杰作啊，起码在我们眼里，是独一无二的杰作。但是，没有办法，如果要把它弄下来，就会把它撕碎的，只能让它在窗玻璃上待着了。我呢，赶紧用相机把它拍下来存档。

　　画上那两个字是我写的，日期也是我签的，要记住是她五岁时画的，怕时间久了，忘记是什么时候了。但是，很不合适，跟整幅画不融洽。

　　我看到这个亲戚，感到眼前一亮。

　　这个小狐狸，的确是很可爱，谁家有这么一个亲戚，都不会感到厌烦的。问题是，为什么它是狐狸国王的亲戚？为什么这个亲戚这么可爱？我越看越觉得，在小孩子的脑袋里，藏着神奇的东西。每个人都是独特的，即使是你自己的孩子，你也不知道她在想什么，她有多么的聪明，有多么美好的念头……这些，都需要父母想办法让小孩有自由玩耍的时间，让她们自己找到自由表达的方式。

2005 年 12 月 3 日

七　狐狸公主

　　五岁的乔乔画的狐狸公主是狐狸家族最时髦的宝贝。

　　画面上看，她头戴公主王冠，手拎时尚坤包，身穿漂亮长裙，脚蹬高跟鞋，浑身上下打扮得非常时尚。

　　在乔乔的想象世界里，狐狸们不再是蒲松龄在《聊斋志异》里写的温柔典雅、善解人意的狐狸精，而是时尚圈里大出风头的时髦人物。

247

　　该狐狸公主收拾停当，神采奕奕，似乎马上就要去出席一个时尚派对了。每一个细节处理，都是精心的。可以看得出，小孩子对世界的观察仔细而敏锐。

　　如果不是亲眼看着她一笔一笔地画下来，我真不敢相信自己的眼睛。让狐狸当时髦女性，算是她的原创吧？

2005 年 12 月 3 日

八　狐狸王子

　　这两天乔乔迷上了画狐狸。她创造了整个狐狸家族，国王、王子、公主、国王的亲戚，各种不同性格特点的狐狸都有，而且情态各异，身份各异，特点鲜明。

　　这是狐狸王子。

　　虽然它不如狐狸公主可爱，显得比较严肃，但是王子有王子的尊严，严肃点，也是可以理解的。

　　人家是王子嘛，王子殿下可不是能随便开玩笑的，他要继承王位，继续在王国统治下去，所以必须威严，必须目光炯炯，必须……装腔作势：只见他身披斗篷，腰佩钝剑，身上装饰繁复，看上去不像一个勇敢王子，倒像是花花公子。该王子有点鼠头獐目，不像是要出征，倒像是去泡妞。

2005 年 12 月 3 日

九　狐狸妈妈

　　今天乔乔画了一个狐狸妈妈。

　　狐狸妈妈穿白色衣服，打扮素淡、稳重，跟狐狸公主比起来朴实多了。毕竟狐狸公主是要去参加派对的，而狐狸妈妈可能是去购物的。她逛街回家顺便还可能要买菜。

　　狐狸妈妈对孩子是很关心的，她在严肃中，带着一种慈爱。

248

可能在乔乔的理解中，这很符合妈妈通常的身份。

2005 年 12 月 3 日

十　狐狸宝宝

这是狐狸宝宝。作为狐狸家族最小的成员，他身穿白色儿童衣服，梳两根稀松长辫子，戴一副大墨镜，看不到眼睛，观察不到表情。

我们都觉得这个宝宝不得了，看起来像法国动画片《婴儿城》里的婴儿黑社会老大，脸部因为愤怒而通红。在他温柔外表下是一颗奔腾的小心灵，可能动不动就会大吵大闹。

法国动画片《婴儿城》是一部想法极有意思的动画连续剧，可惜引进时成年人的配音太老成，不够流行。

每次我们看到婴儿城黑社会老大们腰佩奶瓶到处打劫奶粉时，就忍俊不禁地大笑——他们叼着奶嘴，呼啸进出，欺行霸市，在店里一打响指，要的不是咖啡，而是："小二，来一瓶牛奶！"

2005 年 12 月 4 日

十一　狐狸爸爸

五岁的乔乔对狐狸爸爸的刻画是生动的，判断是准确的。真实的爸爸外表没这么花哨，但谁也阻挡不了他有一颗七彩的心、运动的心、健康的心。这身装扮，自然更合适好莱坞花花公子，但在一个平民百姓老爸身上当作焕然一新的行头，我看行！

2005 年 12 月 4 日

十二 美女

这位美女是乔乔最近画作中最动人的形象之一。该作她是特地为吴雁阿姨画的。很遗憾，原作画完随手送了，不在我手上。好在我事先拍照备份，不然岂不是连看也无福看一眼了？根据《版权法》，该画的物权归吴雁阿姨所有，但是著作权还属于乔乔。

想到这点，我稍觉宽慰。

小孩子都爱画画，我对这种爱好，一直是鼓励的。

乔乔色彩感好，她画的人物看着简单，但生动活泼、天真可爱。

2005 年 12 月 5 日

注：吴雁阿姨前几年不幸去世。睹物思人，倍感唏嘘。

十三 瑞比和小猪

这幅画我非常崇拜，是乔乔的杰作之一，代表了五岁小女孩的最高成就。

这幅画整体构图生动有趣，瑞比和小猪的关系和谐、自然，整体画面温馨、和善，颜色感觉太好了。他们头顶上的太阳宝宝，灵感来自电视连续剧《天线宝宝》。

这种友善的关系，是我特别欣赏的。画里的瑞比形象和《小熊维尼》动画片里的形象不太一样。在这里，乔乔把瑞比时尚化了。他穿着时尚、健康，好像刚刚从马尔代夫海滩度假回来。小猪则有些稚气未脱，对世界充满好奇。

一个小孩子，绘画技法怎么样不重要，重要的是想象力。这种想象力如果根植于她和善的心灵，则更加美妙。

我愿意跟各位朋友分享这种美好的感觉。

2005 年 12 月 5 日

十四　大名李薇薇

五岁乔乔最近很喜欢画人像。

这个小女孩画得非常可爱。她用这种颜色来给小姑娘涂脸部肤色，真是非常特别。小女孩身穿白裙子，上下两部分各有不同表达，裙子上还有个漂亮兜兜。看来乔乔喜欢白裙子，之前她已给狐狸宝宝、狐狸妈妈用白色描画衣服了。

她的命名也很古怪："大名李薇薇，小名李雍微。"根据她的发音，我们姑且这么记下来，不知道她是怎么喜欢上这样的一个音节的。也许只是随便想出来的，也许是某个人名被她记住了，后来又记混了？

2005 年 12 月 6 日

十五　新白雪公主

这幅画有点"妖"气，但我非常喜欢。乔乔说这是白雪公主。我看不是《格林童话》的白雪公主，而是健康、开朗、活泼的印第安人小公主。她背后的墙上还有挂画，看起来是站在博物馆的展览厅里呢。

这令我想起美国后现代主义作家巴塞尔姆的小说《白雪公主》。在他新改写的《白雪公主》里，白雪公主和七个小矮人生活在现代纽约城，被庸俗时世弄得焦头烂额。

2005 年 12 月 7 日

十六　骨折的兔子

这个兔子名叫"土小春"，这是乔乔起的名字，也是她自己写的字。她说兔子受伤了，瞧，脑门上有一块血迹，不知道是她自己不小心摔了一跤，还是被坏蛋猎人打了一枪——看来不可能，脑门受伤可不得了。

兔子躺在床上，鼻头耸起来，有点不解，有点迷惘，有点无辜。

我们都吃完晚饭了，乔乔还在磨蹭。我就说："乔乔，你怎么吃得这么慢呢？饭菜都凉了。你吃土豆片倒是很快。饭有营养，要吃饭吃菜才能长高，零食吃多了不好。"

乔妈说："以后我不吃零食了，改掉这个坏毛病。"

乔乔说："可是我又不是故意的，是嘴巴要吃的啦。"

乔妈说："嘴巴要吃，你不能管管它吗？"

乔乔说："可是我又管不了嘴巴啰。"

2005 年 12 月 8 日

十七　想象妈妈小时候

这幅画，乔乔说，是妈妈小时候的样子。

我发现，小时候的妈妈有一张大人的脸，她穿小孩子的衣服，撇小孩的嘴，头饰极其复杂；她左手拿着跳绳，胸前挂着小包，头顶戴着帽子或包着头巾。整个打扮，包括她身上的裙子，都过于现代，也太时尚了，不符合妈妈小时候的时代特征。不过，三十年前的时代特征，连我们都印象模糊了，小孩子也不会知道。

现在小孩子的物质条件比我们小时候真是好多了，希望她们的非物质内容，也能够比我们更加丰富。

我回忆一下自己的少年时代跟大家分享。

上公社初中时，我的班主任吴卓寿老师跟我说："县城去过吗？"

我说："去过。"

吴老师说："县城好，我做梦都想去县城工作。"接着，他又问，"湛江去过么？"

湛江是地区首府，母亲带我去过两次，都是在动物园里看猴子。我在哈哈镜面前走过时，激动得屁滚尿流。

我点头说："去过。"

吴老师说："湛江是个好地方。如果我能去湛江工作，死也够本了。"他看着我，最后问了一句："广州去过没有？"

广州！我连摇头的勇气都没有。广州这个金光闪闪的名字，不是我们这种小孩子可以随便摇头来亵渎的。

好在吴老师没有强求，他自己替我摇了头，说："我想你没有去过广州，连我都没有去过广州。广州是天堂。那里的人吃的是山珍海味，穿的是绫罗绸缎，过的是神仙的日子……我问你，你想不想去广州？"

我睁大眼睛，看着吴老师那能够把稻草说成金条的生花妙舌。只见吴老师在薄雾中，在他一边吸着一边袅袅吐出的水烟筒的熟烟中，如梦如幻地说："想？那你就好好念书吧。念好书，考上大学，你就可以去广州了。你还可以娶一个城市妹子当老婆，你们的孩子，就会过上幸福生活了。"

吴老师后来果然到湛江郊区一所初级中学教书。

我果然考上了大学，毕业后娶到了一个城市妹子当老婆。

我们的孩子果然过上了幸福生活。

吴老师和我都实现了自己的梦想，世界真奇妙。

2005 年 12 月 10 日

【补注】

后来得知，吴老师竟然住进了广州，是退休后住到了儿子在广州的家里。这让我太嫉妒了。我一直无法实现到广州这个人间天堂去工作和生活的理想，美中不足啊。

十八　女孩肖像

每到周末，乔乔就要起得比平时早。

我们对此百思不得其解，问她："宝贝，为什么平时上幼儿园，叫你起床，你都赖赖唧唧的，死活不肯起来。可到了周末，你却起得比我们谁都早呢？"

乔乔说："都到周末了，我要使劲地玩。"

关于她早上起床哼哼唧唧的问题，我们曾跟她展开过多方会谈，问她为什么早上会哭鼻子。她说："我又不是故意的啰，我又管不了鼻子。"

她的话有一定道理。她既管不了自己的嘴巴，也管不了自己哭鼻子。由此可见，在五岁乔乔的身体里，这个王国是不统一的，中央政府权威，无法影响下面各个自治省。她只象征性地发发命令，然后，鼻子嘴巴们爱怎么就怎么了。

2005 年 12 月 11 日

十九　打雪仗的女孩子

最近乔乔一直喜欢画女孩子。这幅《打雪仗的女孩子》，我也非常喜欢。

我跟乔妈研究了一下，发现打雪仗的女孩子身上衣服非常漂亮时尚，领子上那一圈小缎带，裙边上那一条黑线条，都让这件式样看起来简单的粉红色衣裳显得不一般的出彩。胸前的一朵花，还是布花，放在那里，感觉也不多余。

小孩子的感觉真是美好。这未经强行修剪的灵感，可能是天赋予的。在幼年时期，每个孩子都是那么美好、聪明，带着神性光辉。每个人来到世界上，随身都带着神授的礼物，但我们在长大过程中，却把这个礼物弄丢了，再也想不起来那礼物到底是什么。更多的人，完全忘记了自己曾经得到过礼物，但自己把它丢失了，却为此诅咒神的不公。

在中规中矩的绘画教师眼里，这种"小儿科"的涂鸦肯定有各种各样的技法错误——但我却觉得这种错误也是好的。技法是外在的，心灵才是真正的宝藏。人长大到某个阶段，经过一定时间的训练，一般都能掌握熟练的技法，但如果人的心灵枯萎了，就只能成为一个画匠。

不知她是自己想的，还是从哪里看来的。估计是看到过类似的衣服，她就把多种衣服样式综合起来，合成她自己喜欢的样子。

以前一直没有把这个博客的链接告诉朋友们，现在《打雪仗的女孩》传上来了，忍不住要"显摆"一下，就发邮件告诉了一些朋友。

著名诗人舒婷回信说："你害得我的近视又加深了两度。我已经很久没有一次性读过这么多图片和文字了。从前，总为我喜欢儿童题材的影片、文章、绘画而害臊，觉得自己太幼稚了。有叶开同志和叶小乔同学的循循善诱，我可以理直气壮了。谢谢！"

著名作家莫言则给我回了一则顺口溜（注：我可能顺便向他约稿了）："好爹一个！可为楷模。稿子没有，牢骚许多。国际交往，基本杜绝。深入下层，是我绝活。遭遇攻打，反击猛烈。谣言四起，怕他什么。回家种田，猪羊满圈。吃饱喝足，准备冬眠。万事如意，明春再见。"

还有很多其他老师或朋友，如著名作家王蒙老师、孙甘露兄，他们都"发来贺电"，但我不能全都贴出来，要珍藏，每次写博客贴一点。这很好玩，跟写日记似的，还可以记录一点真情实感。

湖南《文学界》杂志做一个关于我的专辑，责任编辑易清华兄选了我博客里的一些文章，这篇也选进去了。

2005 年 12 月 12 日

二十　窗花剪纸

很多爸爸妈妈不敢让小孩子玩剪刀，但乔乔一岁多我们就给她买了安全剪刀，让她剪纸玩。小孩子的潜能永远超出你的意料，很快，她使剪刀就得心应手了。她剪的窗花，就很好看了。

乔乔性格小心谨慎，很注意安全事项，至今还没剪到过手指头。

剪窗花是她跟姥姥学的，但这幅图案，她加上了自己的想法。我感觉比较复杂、奇特，尤其是小的那张。作为爸爸、妈妈，我们的手比她笨是一定的。在这点上，我们只能欣赏她、称赞她，而不敢对此有任何微词。

随着小孩子的长大，我越来越感到惭愧。我们这些大人身上被掩盖了的缺点，在小孩子的光照下，显得越发丑陋。我一直认为，小孩子是我的老师，在她面前我是不合格的小学生。我必须好好学习，才能天天向上。

很多父母觉得自己理所当然就是权威，有资格当总裁判，对孩子的一切指指点点，还不容置疑，总爱板着一副权威面孔，似乎上知天文下晓地理，万事万物无所不通。这种权威面孔到处都是——我也在小学老师脸上看到最多——让我感到很遗憾，而且很不安。对这种父母和老师，我都非常敬畏，敬而远之。中国至今尚未培养出一位诺贝尔奖获得者，但是每个父母和家长，都是一副超越整个世界的权威模样（注：现在有了2012年诺贝尔文学奖获得者莫言老师，他早在2005年，就给我们家孩子的小画"发来贺电"顺口溜了）。

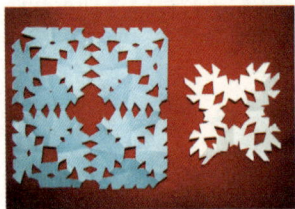

后来我才明白，权威面孔都是装的，人越无知，就越无畏。

对于我记载乔乔行状的博客，前辈作家王蒙老师发给我一封邮件，里面只有三个字："太棒了！"

看起来是表扬我们乔乔的，而不是表扬我的。

像乔乔这么大的孩子，每一位都很聪明。我常去幼儿园接送小孩子，跟乔乔的同班同学打成一片，一起玩一起碎嘴，他们也都很喜欢我。我深知小孩子都是天才，这不是大道理，只需要我们虚心承认。乔乔在班上，各方面都只是中规中矩而已。

乔乔的不同之处，可能在于她有一个诚心以孩子为师的老爸。

2005 年 12 月 15 日

二十一　神奇的电话机

这是乔乔画的电话机。

她不画狐狸了，不画小女孩了，改画电子产品了，呵呵。

电话机看起来非常复杂，也挺智能的。这幅画的特别之处在于最下面的这条电话线，竟然跟整个画面构成了一个整体。上面的数字不能多看，看多了会"晕菜"，尤其像我这种数学成绩一塌糊涂的老爸。

今天，按照惯例，乔乔在周末起得比谁都早。据后来乔妈揭发说，七点钟多一点她就起床了，而那时我们都还在睡大觉。我八点半钟起床，来到客厅时，发现空调正在运转，一时有点迷惑：我昨天晚上肯定是关了，不会是自动打开的吧？我一阵心痛，心痛电费。好在我还不算太糊涂，坚信昨天晚上已经关闭空调了。

我研究了一下，乔乔并不在客厅里。我返回客卧——也就是说，我享受客人待遇，住在客卧里——发现乔乔也不在。过了一会儿，乔乔居然从客卧出来了。她一看见我，就大叫："爸爸，你到哪里去了？难道你梦游了吗？"

"是啊，爸爸梦游到了客厅……"我开玩笑说。

乔乔疑惑地看看我。

很快我就知道了，原来乔乔是先到卫生间帮我挤好了牙膏，接好了一杯水，然后到房间里催我起床——我们俩相互寻找对方，正好错过了。

乔乔早上起床，自己穿好了衣服，洗漱完毕，自己开空调，自己看儿童节目，还用微波炉热了一杯豆浆。这还不算奇怪，神奇的是她自己开了一瓶新的利乐装豆

257

浆。那个塑料盖子妈妈也抠不开，她却弄开了，还把里面的锡箔戳穿了一个洞，把豆浆倒出来。她很小心，一点豆浆都没有洒在地上。

这些事情，她一定是平时暗暗留心的，等她终于有能力了，就一下子干好了，也就一下子长大了。

我去卫生间洗漱，乔乔又说："爸爸，我给你去热豆浆。"

乔乔像超人一样，从早上七点多钟一直玩到了晚上九点四十分，才依依不舍地上床。超过了十点，我在书房里，还听得见她在卧室里跟妈妈热火朝天地聊天。

这会儿，她突然没有了声音，估计睡着了——足足十五个小时一刻不停地运转啊。空调我们都是轮流开关的，怕开久了会过度发热出问题，该女生却一直良好地运转着。不过，下午四点多钟，有朋友来我们这里坐，乔乔处于困顿期，心情非常烦躁，情绪极其不佳，一直让我们小声点，因为我们的聊天干扰了她看电视里的儿童节目。他们走了，该女生又恢复了超人本色，一刻不停地玩：剪纸，折纸，造王子和公主，还用餐巾纸给公主做了婚纱。

简直太恐怖了。我们两个人都精力不济，根本陪不动她。

白天陪她玩时，她还口授让我写了一封"感谢信"。该感谢信必须请小孩子来读，我们这些脑子僵化了的大人，读了要失去理智的。但是为了折磨一下大家，我还是要录下来：

"不得感谢信，乔乔、小乔、廖小乔，等等等等。之外，不得男女寄信。真是不敢相信，会有这么多这么多情况。真让人不敢利用。还有，除了这个方面，你能猜出它是什么机器吗？"

著名作家孙甘露兄也给我留了言，我竟然现在才发现，真是迟钝。照例是表扬的话。好话听起来就是受用，让一部分人先失去理智吧："你这个女儿真的厉害，画得好啊。"

2005 年 12 月 17 日

258

二十二　公主

　　图中这位女士，乔乔说是公主。她头戴王冠，身上衣服比较复杂，不知道是公主裙还是百衲衣。这么复杂的样式、花边、颜色，真的漂亮。这幅画，乔乔随手画在我带回家作记录用的便笺上。可能她就是随便画来玩的，只是一次普通的练笔而已。谁想到她有这么一个爱显摆、爱臭美的老爸，随便什么东西，收藏起来都当作宝贝呢？

　　收藏孩子的作品，这也不是我的独创。前一阵子，美国作家诺曼·梅勒把自己的一大堆手稿以及其他乱七八糟的垃圾，共十几吨重的资料，以四百五十万美金的价格卖给了一所大学。

　　普通人看起来像是垃圾的东西，在有些人身上却变成了宝贝。四百五十万美金啊，同志们！换算一下，按官方牌价的汇率，或私下里找黄牛的汇率，我算我算，我算算算。可惜，我的数学太差了，算不过来，总之，是一笔巨款。如果我们能够弄到这么多钱，可以好好"腐败腐败"，天天吃烤羊肉串了。

　　对于金钱，每个时期、不同的人，都有不同的态度。

　　西门庆大官人把银子说得很精辟："兀那东西是好动不喜静的。"

　　然而，历史上可能没有任何一个时期，像我们现在所处这个时代这样如此唯钱是瞻。你只要有钱，癞蛤蟆都会变成王子——童话里，青蛙和王子不是常常能够互换么？看来，先贤作家早有预感。我们每个人都处在这个疯狂的时代里，被巨大的漩涡席卷而去，个个都身不由己。我也不能免俗。也许我也会变得失去理智，慢慢地也要疯狂了。但是，且慢，让我们放慢精神分裂的步伐，暂时把目光投向别的地方吧，在金钱之外，在万事万物各有的光辉中。其实，人们也不见得能把所有的欢乐，都确实地建立在银子这堆无情无义的阿堵物上面。

　　在美国著名作家小库尔特·冯内古特的中篇小说《囚鸟》里，跨国公司的最大股东是一个拾垃圾的老妇人。她的最大商业理想是把整个地球收购为她个人所有。然而，她的最终理想却是散尽金钱为全世界所有穷人造福。这样一个巨大的理想让她成为一个特立独行的超人——虽然这是一个不可能实现的任务。

还是童话世界更加有趣。所以，我喜欢经常记载一些小孩子的奇思妙想，来照亮我们成年人世界的无聊生活。这样的时期很短暂，我越来越不安地知道，孩子这么神奇的时光很快就要结束了。我们，我和孩子的妈妈，都对小学有着巨大的恐惧。我们觉得，小学，就是美好童年时代的终结者。

让我们来祈祷吧，愿天下的小朋友在上了小学之后，都还能够获得足够的快乐。

这个愿望如果能够实现，那么我就变成《囚鸟》里的老妇人了。

2005 年 12 月 19 日

二十三　生孩子的海豚

这是乔乔的画：生孩子的海豚。

海豚妈妈临产了。她躺在手术车上，打着吊针，一切都准备就绪了。

海豚妈妈神态安详，沉浸在将要当妈妈的快乐当中。

想当年，乔乔即将降临人世的那个上午八点多钟，乔妈也是这样被推进去的。

当时，目睹此情此景，我感到很惶惑，也有点心慌，胸口有什么堵着。九点半钟，乔乔就被医生剖出来了。

可是，我经验不足，剖腹产手术快要结束时，才想起来相机没有买电池，连忙跑出去。等我买好电池跑回来，护士已经把乔乔抱出来找过家长了。

是乔乔姥姥，而不是我——妈妈除外——最早看见乔乔。不过也好，刚生下来

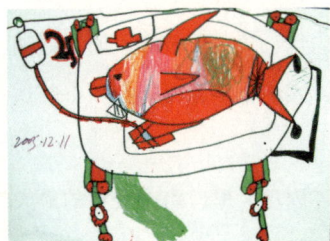

的乔乔，样子想必不堪，神态也许有点狼狈，总之不算最美好。我看到她时，该女生已经被洗刷干净了，被包成了一个漂亮的蜡烛，端到我们面前了。她那时的表情，非常安静，不动声色。看样子，好像对这个世界已经了然于胸，不在乎，

不激动，极平静。

　　转眼间，乔乔就长这么大了。

2005 年 12 月 21 日

二十四　我爱我的裙子

　　这是乔乔用一张背面已经画过的废纸随便画下来的画，我作为她的"御用"垃圾收集者，如获至宝地收藏下来。

　　画里的人物，脑袋塞在左上角，身体、衣服，则顺着纸张的宽幅，自由舒展下来。她穿的好像是一条紧身长裙，裙子外还披了风衣。

　　这张类似素描的图画很像服装设计师的草图，没有加以仔细润色，具体样式并不固定。但是，我们都觉得她画下来的带有浓重设计色彩的衣服，非常时尚。我们一直很喜欢她画的衣服，似乎无师自通得很时尚。

　　今天是圣诞节。这节日自然是欧洲的，但在我们国家——主要是在大城市，在年轻人群中——过圣诞节的气氛越来越重了。小孩子最容易受到影响，我女儿的嘴里，整天叨念着圣诞节。

　　我给张闳发短消息，他中午十二点半钟才起床回消息。给朱大可发短消息，他下午四点才回复，说在悉尼晒太阳。给李西闽发短消息，说在三亚。

　　我和乔妈吃完中饭后，在乔乔的软磨硬泡下，陪她画了一幅《被打扰的狐狸》。画到一半，乔妈在房间的床上睡着了。她的行为被乔乔打了一个最高分"3"，一个最低分"2"。而打着哈欠、坚持听从乔乔老师指导的我，则荣幸地得了最高分"200"，最低分"20"。

　　我也睡着了。

　　这就是我们的圣诞。我给乔乔和乔妈各送了一盒巧克力。妈妈的有彩纸包装，乔乔嫉妒了。我的圣诞礼物，失败在细节上！

261

现在是晚上七点，我们在考虑外出逛街。

如果张闳夫妇不来，我们就出去。

2005 年 12 月 24 日

二十五　小鸟和神奇树

这是乔乔画的《小鸟和神奇树》，也是两个星期以前画的。

这段时间，乔乔创作热情高涨，同样高涨的还有做手工的热情。因为太多，我来不及贴她的画。

这棵神奇树，一目了然，确实很神奇，同一棵树的树枝上长着各种水果，新鲜诱人。

我本以为小鸟要去啄食这些水果。仔细观察，发现它可能是在欣赏——小鸟的两爪有些僵直，也许不知道一棵树上为什么会长出这么多完全不同的水果。它大概不能明白，一棵由五岁小孩子栽种的神奇树，就是这样的。但小鸟虽然惊讶，情绪却很稳定，它悬停在空中，好像一架飞机正准备降落，神情安静。

2005 年 12 月 28 日

二十六　向日葵

这幅画是乔乔昨晚在家里画的。她先趴在客厅茶几上画，画累了大叫："爸爸，你来帮我涂一下！"

我来了。但我说："我不能帮你涂，宝贝，因为我不会画。"

不会画画还不会涂色吗？对，不会画画就连颜色都涂不好。色彩的浓淡、深浅、搭配，都可能很呆板。

乔乔只好自己继续涂色，蜡笔在她小手上捏着划过纸面。过了一会儿，她又累得不行了，又叫："爸爸，爸爸，你来帮我涂一下。"

我又重复了一遍说不会涂。

"可是，我真的很累了。"乔乔说。

我说："累了你就休息一下吧，明天再画。"

乔乔说："那可不行，我明天要送给田老师当礼物的。"

原来，这是乔乔要送给幼儿园班主任田老师的礼物。这张画真的非常好看，在她还没有画完之前，我就喜欢它了。画面中央的向日葵，是她用手工纸折好，再用双面胶粘在纸上，并涂了颜色的。这样拼贴好，画面就有了立体感。

但是她要送出去了，我很惋惜。这个礼物，我觉得比买一束花或送一盒巧克力，更加珍贵。因为这是小孩子自己创造的，比用钱购买的礼物，包含着更多的情感。

后来，我劝她回自己房间画。她房间里有书桌和椅子，很适合坐得笔直地画画，姿势好，也不太容易累。

乔乔回房间里画。

在房间里，她也画得精疲力尽。

晚上九点半，她终于画好了，也困了。

我提议这次可以例外，于是允许她不洗脸洗脚，就上床睡觉了。

今天早上，在忙碌中，我抽出一分钟时间，用数码相机把这幅画拍下来留作纪念。

2006年1月11日

二十七　七仙女

这幅《七仙女》是乔乔去年画的。一年就这么过去了，很多事还不及细味，就成了旧忆。有些事情过去了，通过回忆重新想起，会带来新的感受。每次我写文章，都是在回忆，并在回忆中感受着美好。

每到周末，乔乔总是最早起床的人——这话我似乎说过好多次了。等我们爬起来时，该同学早就在客厅里看好一会儿儿童节目了。这已经形成了规律。她精力充沛，会从早上一直玩到晚上，连续十二小时到十四小时，一刻不停地玩，颇有抓紧

时间玩的意味。一般是到最后关头，该同学就会达到类似电脑死机的临界状态，脑子彻底失去理智。该闹的闹了，该哭时也抽泣片刻，最后才恋恋不舍地，被妈妈连哄带骗甚至加上恐吓，上床睡觉去。她上床了，还不肯即刻睡，还要聊天，要听故事——那本美国作家E.B.怀特的《精灵鼠小弟》，不到几天就被我从头到尾给她读完了。

"七仙女"的故事人人都熟悉，毋需费墨。我没有给乔乔讲过七仙女，因此不是乔妈说起过，就是她在幼儿园听到或从电视里看到过这个故事。

上面这幅《七仙女》并不算生动。唯一的亮点，是七位仙女不同的裙装：有长有短、有宽有紧、有时尚有含蓄，不同风格同时显现。仙女们的辫子变化不多，脚下的鞋子虽然现代，但也比较雷同。因此，我给出的评价是中等。

2006年1月15日

二十八　饮茶系列

这是乔乔去年年末画的。

一晃，去年就是去年了，时间过得真快，比墙上的壁虎爬得还要快——我偏不用白驹过隙。

作家须一瓜在邮件里问："那女孩怎么不画了？"

不是她不画，而是我懒了。我更新慢了。

《饮茶系列》是素描，乔乔画了好多点心，有包子、馒头、烧卖、饮料等，都是一些让人精神抖擞的好东西，非常适合慢慢享用。

中间这个笑眯眯的，不知道是不是包子姑娘，我没有找乔乔求证，就算是吧。都被蒸熟了，要被吃掉了，她还这么笑眯眯的，可见包子姑娘是一个乐观的人。她的崇高品格，她的伟大精神，值得我们好好学习。我们要学习她马上就要

264

被吃掉了还笑眯眯的美好情操，学习她舍己为人填饱肚子的高尚品德，学习她被蒸得胖乎乎的仍然保持乐观的良好风貌。总之，要学习做一个快乐的牺牲品。

谢谢！新年了，祝福大家！

2006年1月22日

二十九　大眼睛女生

从上星期五开始，乔乔放寒假了。

在家里待的时间太长，我们觉得也不好。可是出去，又不知去什么地方好。我今年隆重推出"拒绝消费"新举措：像去年那样一有空就开车出去兜风的不理智行为，要大幅减少，尽量不被奸商抢钱。

想到开车出去，要交这个费那个费的，十公里一升汽油，我就觉得是发疯了。

昨天，拉着乔乔和乔妈走路去南方商城。降温了，天气寒冷，这二位三天没有出门了，不走走路实在是说不过去。乔乔是典型的宅女，能赖则赖，一动不动地待在家里，干什么都行。把她说动，实在不易。

在南方商城，乔妈去鞋铺逛，她一直想换双新鞋子，可找不到合适的。稍微可以的，那价钱都往七八百狂奔，简直在抢钱。而她最不能习惯的是这个时代的拼贴流行风。说流行靴子了就满大街都是紧身裤、短腿裤配长筒高跟靴，这跟当年红卫兵流行穿军装戴军帽，并没有太大的差别。而乔妈要跟上这种时尚，就必须连带更换自己的裤子。

这就是所谓时尚的本质。时尚，就是人为地制造需求。

逛来逛去，未果。

乔乔让我带她去乘观光电梯，上上下下好几趟，非常满意。

2006年1月25日

265

三十　两个新潮女生

这幅图画里的女生发型比较特别，我姑且将这幅画名之曰《新潮女生》。这是我作为一个成年人的命名方式。乔乔的命名，永远都在我想象之外。

图画里的两个女生，不仅发型比较特别，着装也综合了各种时尚元素。左边的女生，扮相上有澳洲土著的色彩，绿色的裙子则是某年的流行色——模仿电视等媒体的说法。总之，她们是时尚的，而我什么也没有。

昨天晚上，上海作家协会举办一年一度的迎新活动。老例是由蒋丽萍和顾绍文主持，一个普通话，一个沪语。当老顾用上海土语说话时，乔乔和李青澜都在起哄说：听不懂，听不懂。从蒋丽萍和老顾（去年以前，还一直有沈善增）两人来看，作协的面貌的确是垂垂老矣。表演节目，也都让人打不起精神。好在还有小孩子凑兴。机关干部的女儿演奏琵琶，颇可一听。创联室吴佩华女儿赵一诺跳的独舞也比较好玩。

轮到乔乔和李青澜两个人上场了。

我先前就建议她们一起唱那首 "Farmer has Bingo Dog"，这样有借口拉上一直拒绝参加表演的李青澜姐姐。

她们就开始唱了。先是合唱，接着一人唱一段，每次都有变化：唱的内容越来越少，其他的节奏用拍手来表现。重复到第三次时，人们以为她们唱完了，就鼓掌。实际上，她们还要继续重复的，这是歌曲的特点，但是观众以为她们唱不完了。

我就请她们停止了。

两个女孩的表演得到大家的表扬。乔乔以为表演了就会有礼物的，没想到没人给她礼物，于是不高兴了。她一直嘟嘟囔囔说："哼，没有礼物！哼！哼！"

我那时候还不是很明白她的情绪，只是安慰她。

后来散会，去吃饭的路上，肖元敏老师过来说，孙颙老师让自己的司机给买了一个玩具，要单独奖励一下乔乔，让我们去挑选。可乔乔已经被失望演变成的愤怒所控制了，她大叫说：不要不要不要。我一直安慰她，让她不要难过。后来，我给她挑了一个《小熊维尼》里的卡通人物驴子屹耳，还打电话让在街上逛的乔妈给买一个"芭比娃娃"系列里的魔幻飞马。

哇，哭还是很有效的，这位同学一下子拥有了这么多的玩具，情绪这才略微好转。

吃饭时，王安忆老师和王小鹰老师都问，是不是我教乔乔唱这首英文歌的。我说，不是，现在幼儿园的小朋友都会唱的。我的英文发音多烂啊，我可不敢教乔乔唱英文歌。她们班上有外教，是从爱尔兰等地来的老师。我英文字母和单词倒是认得很多，可从小学的都是哑巴英语，不能开口的。

每天下午接小孩子时，都有很多人散发传单，怂恿家长给孩子报名参加这个班那个班。对此我们一概拒绝。在幼儿园，我们报名参加英语班，是因为班上所有的同学都报名了，我们不报名的话就只有她自己一个人在教室里玩，这样会孤独的，不好。

可以这么说，我们是被"劫持"学英文的。

我总觉得，学外语不需要在幼儿园这么早开始。小孩子从小打好母语基础，外语到小学五六年级再开始学都不晚。我有位中学女同学，上大学时进了法语系，之前她对法语一窍不通。但从上大学时再开始，也完全来得及——唯一问题可能是发音不能地道了。根据语言专家的说法，儿童学习语言的天赋随着他们的年龄增加而逐年衰减，到十二岁之后，他们学习语言就会被母语的发音习惯暗中左右，而永远不可能发出纯正的口音。

但作为一名无法改变自己肤色的亚洲人，而且在中国本土生长，其实也不必追求发出什么纯正的牛津音、纽约音，只要能流利地进行交谈，自如地阅读英文文章和报纸，就够了。语言的核心目的是交流和获取知识，而纯正的口音是副产品，用来赢取别人惊叹的。

我的一位大学女同学，研究生毕业之后在对外汉语学院教书，被派去意大利佩鲁贾学意大利语。她后来在米兰教汉语，待了几年下来，她的意大利语说得似乎也很流利了。北京有位诗人，原是驻外大使馆文秘，现在北京写诗。他自己介绍说是上大学后才学的法语。可是，这位诗人却得到了法国的嘉奖，说他的法语水平超过了法国作家。即使这是善意的褒奖，也足以证明，语言从大学时开始学习也还来得及。

2006 年 1 月 27 日

注：我前面谈到过，现在改变了观点，发现英语还是要打好发音基础。

三十一　王子和公主

从湖州"社会主义新农村"回来，乔乔一到家就拿起粉笔，在黑板上画了这幅《王子和公主》。

这是典型的童话故事人物，相信是她思考了很久，自然而然就画出来的。这应该是公主被救了之后，和王子手挽手、心连心，一起回到自己的城堡去，准备过幸福日子了。

我们都觉得有趣极了，可惜粉笔画不能保存，于是赶紧拍下来留念。只不知右边 "BN" 两个字母是什么意思。

我们小老百姓，自然没有这么浪漫，也折腾不起。但我们有自己的生活乐趣。

今天是年初六，我早上八点多起床，九点出门去超市买肉，然后散步去菜场买蔬菜，回家包饺子——还是包饺子，又是包饺子。

我走了一个多小时，快十一点才到家，乔乔和乔妈还赖在床上没起。我把面和好，乔妈起来，说既然包饺子，那请朋友们一起来吃吧。

于是分别打电话发消息，朋友们很捧场，纷纷致电说参加饺子节。接着乔妈否定了我买的芹菜，认为还是韭菜做馅比较好。我又穿上羽绒服，出门去买韭菜。就这么一会儿，气温下降了许多。上海的天气，一直温和，春节过了，倒像要猛烈冷下来的样子。韭菜买好回家，我切肉馅。才切了一小块，三位朋友就来了。

切肉馅好吃，但考验人的耐心。

肉馅拌好，准备擀皮，已过去一个多小时了，三位客人看起来有了饥饿感。一问之下，他们竟然都没有包过饺子。朱大可说包馄饨他倒是会，包饺子可不会。网上有人说，央视主持人朱军在春晚上说过年时全中国人民都包饺子这话是无知，并建议把中央电视台改成中国北方电视台。中国地域广大，各地风俗习惯有极大差异。春晚既号称为全国人民举办，就该兼顾全国各地，我的广东老家也从来不包饺子。但这央视晚会越来越北方化了——小品一律是东北方言，主持人一律是舌头打结北京土语。

反正我不看春晚，随它去了。

看网上回帖，南北文化差异大，观点分歧也大，南北网友相互对骂，用词激烈。这倒是先前没有料到的。

饺子包好，煮好，吃好，大家都觉得不错。我包饺子主要是图个热闹劲。从没包过饺子的张闳，帮着揉面，吴雁压扁，乔妈擀皮，合作很愉快。我在煮最后一锅时，发现他们吃得太猛了，等我上桌时，饺子已经所剩不多了。

2006年2月3日

三十二 粉笔画小女孩

宜家的带架黑板/画板设计得非常人性化。

这是乔乔画的第二幅粉笔画：一个漂亮的小姑娘。

朋友们总戏谑讽刺我为中产阶级，但我还要继续表扬宜家，宜家实是无产阶级趣味：简单、牢靠、实用。在中国怎么就变成小资了？它的家具方便实用，设计感强，价格实惠。这款画架不贵，适合小孩子涂鸦用——我还看到一些饭店用来写菜单。乔乔有兴趣时就涂几笔，随性勾勒。画家也许觉得这些画不怎么样，但像我这

样的爸爸见黑板上出现这样的图画，首先惊叹，继而佩服，接着拍照保存。黑板上，我只想到粉笔字，最多是几何图案。乔乔画的这个美少女生动有趣，实在令我佩服。

黑板反面是一个白板，可以直接用可擦水笔写字，或用卷纸画画。

画板上的小姑娘手里拿着的是什么呢？是一朵花，还是一个太阳宝宝？

2006年2月5日

三十三　我爱我的娃哈哈

这张画是乔乔在我书房书桌上随便画的。她说："爸爸，我要画一张画，给你贴到网上去。"画完之后，她说，这幅画叫《我爱我的娃哈哈》。

她要开始讲自己的故事了。

虽然不懂她为什么取这个名字，也不明白什么意思，但我立即照办。

最近乔乔喜欢画连环画，有故事有内容，还解释得头头是道。乔乔说："这幅

画，就是一只小鸡被苹果砸了，一只小鸡在笑话她，一只小鸡吃苹果，一只小鸡在跳舞，两只小鸡在游泳，一只小鸡在擦车。Happy狗在看着它们。我是我的娃哈哈，这就开始了。"

呵呵，她这样说，我这样写。看不明白，也实录。

这就是六岁小孩子的思考方式。

2006年2月10日

270

三十四　美丽的花园一天

今天一大早，手机就响了。乔妈接电话，我还赖在床上跟周公探讨新儒家呢。结果，是著名诗人舒婷打来的电话。

朋友们总爱叫她"婷老"，戏谑而不失尊敬。她说特地晚点给我打电话，是猜我仍在睡懒觉，没想到这么晚了还没起床。原来是中国作协在上海开全委会，婷老算是领导（主席团成员或副主席？我糊涂）。这次会议，我们《收获》杂志主编李小林也在名单上，舒婷说见到了名字但没见到人——她眼睛高度近视可能没看见。我还没怎么清醒，她说到了上海，想着要给我这上海滩"小开"拜个码头云云。

我起床，洗漱毕，头脑清醒后，再发消息去，说是已经开会了，并说安排了要去洋山深水港参观。总的来说，上海就东方明珠、磁悬浮、外滩这些地方可以参观，现在造好了东海大桥，各单位都发动老百姓去参观。乔妈单位也组织过，乔妈回来说是那地方空空荡荡的，风很大，冻得要死。

乔乔又画了一幅《美丽的花园一天》。这古怪且似乎不通的题目是我女儿起的，我没这本事。她在开学前抓紧时间画画，这是几幅中的一幅。幼稚，没训练痕迹，但我喜欢这种幼稚。

2006年2月25日

三十五　溜旱冰的兔子

这幅画我之前没有做过记录，是"溜旱冰的兔子"。她对兔子真是喜欢啊，关键这只兔子还时尚得很。你看这兔子的打扮，窄身短裙，短袖鸡心领，还戴着手套，看来是一只溜旱冰的高手。兔子的旱冰鞋系带还很复杂，两只鞋的打结法不一样，但对比很有趣。

儿童画的特点，是不太遵守绘画的透视规范，孩子喜欢怎么样就怎么样画的。她有自己特殊的感受，让这些图画有自己的神奇魅力。

她把自己的名字题在一个瓶子上或口袋上。这就让人感到奇怪，不知道什么意思。她很可能从哪里看到过这个插花瓶，觉得形状漂亮，就在这用上了。

这个时期，她对时间也很敏感，竟然精确到了分钟：2006年2月2日19：45。这是孩子对时间的认识到了一种新的程度。这种认识，通常与社会文化的传递有关。通常来说，小孩子不是很关心这种日期的，他们只关心自己的生日啊、节日啊这些重大日子，但对时间流逝的感受，并不敏感。因为快要幼儿园毕业了，就要上小学了，乔乔似乎一下子感受到了时间的紧迫。这种紧迫感，更多是成年人传递给她的。

因此，时间有一种特殊的社会属性。

2006年2月26日

三十六 美女的线条

乔乔对画画的兴趣保持很长一段时间了。她较喜欢画少女，且是长头发、马蜂腰的美女。

这幅《美女》是她以前画的，分开画了几个部分，然后剪下来贴在一起的。画面上的美女身材那个好啊，现代女生对这身材只能嫉妒吧。美女的头发和身体是分别拼贴到一起的，美眉的小屁屁竟也被乔乔画了出来，微微一拧，样子十分生动。乔乔过去画美女的腿总画得很修长。这位美女也有长腿。美女脸颊底下的两块黄色的物件到底是修饰呢，还是耳环？

星期天朋友们来吃饭。朱大可夸奖乔乔画线条画特别好。我因为不懂绘画，对此不敢相信，但朱大可说他对此有研究，他认为非常好。至于那些水粉画——我一直将之说成了油画，惭愧，惭愧——他感觉还得以后再看。朱大可说应该给乔乔找一位好老师辅导辅导，张闳说刘大鸿嘛。朱大可说刘大鸿可能不合适，应该找那种对儿童画有心得的老师。

朋友们这番话，让我听得心花怒放，但又让我感到诚惶诚恐。

　　我和乔妈都觉得，幼儿园阶段的小孩子个个都聪明。乔乔班上同学都画得很好，乔乔在班上，也只是中等资质。她们班的小孩子都是天才，但孩子们的长大过程是一个损耗的过程，谁损耗得少，谁就保有更多的才华。一个人长大成人后是不是有才华，要看她能把这种儿童时代的艺术天分和想象力保存下来多少。人类的才华也是一个衰减的过程，就像一碗水，随着人长大，才华不断挥发，不断减少。

　　有些人的才华，甚至会被蒸发光，只剩下一个光秃秃的碗底。

　　然后，人长大了往往就这样变成了庸才，以至庸人。

2006 年 3 月 1 日

三十七　美女小今小刀

　　乔乔得了病毒性感冒，食欲不振，体重一下子减轻了两公斤，成了一个苗条少女。这跟她喜欢画的美少女身材多少有些相似之处。

　　《小今小刀》实在不知道是什么意思，她就这么起名字的，也许是同音字。小孩子对文字的音节非常敏感，也许她只是觉得这两个词好听，说出来舒服。

　　这幅画里的色彩非常鲜艳，符合人们对春天的美好想象。希望春天的到来，让大家都心情舒爽、四体通泰。

2006 年 4 月 6 日

三十八　福娃和她的背景

　　这段时间乔乔感冒，在家休息。她跟病毒战斗，体力消耗很大，体重减少很多，人也变得慵懒了。不过，昨天她画的这幅《福娃》还是挺有意思的。

　　去年在幼儿园上绘画课时，老师让乔乔班上同学照着画过奥运吉祥物"福娃"。但是那种照着描的画，乔乔画得很呆板，远不如这幅生动。

　　她完全是自己琢磨，没有什么人教，先勾勒线条，然后涂油彩的。我和乔妈都觉得她画的这个福娃的头发很有意思，很像北方的年画。而福娃的样子，又多少有

273

点像"套娃"。

在这幅画的边框处，乔乔还别出心裁地画了一些荡秋千的小人、一条小溪、一座小桥、几所房舍等，说是福娃的背景。但为什么是这种背景呢，我怎么也想不出来理由。

我觉得画面有点乱，起先没传到博客里。不过她的想法有自己的道理，我只是片面意见，不见得有多少道理。我还是把"背景"这一幅传上来，请比较。

（校订附记：我这个爸爸还真是够笨蛋的！那些小人背景不就是奥运会各种项目吗？她想出来这些项目，然后画上去，表明福娃是奥运会的吉祥物。现在奥运会早就过去了，当时可谓是全民奥运啊，连幼儿园的孩子，都在配合着做宣传。现在一晃奥运会过去了八年，孩子也长大了。）

2016年4月14日

三十九　打伞的小女孩

时间过得真快，一晃三年如烟，朦胧中，还有什么似乎看不真切，在烟雨江南中，花飞草长，梅子黄时雨纷纷，而小娃娃长成了小姑娘。

乔乔就要从幼儿园毕业了。

明天他们要拍毕业照。为此，乔乔一直激动地唠叨不已。好在天公作美，明天晴朗，乔乔可以穿漂亮裙子去拍照了。这可是她有生以来第一次毕业啊，从此之后，她将会经历一次又一次的毕业典礼，但今后的每一次，可能都不如这次有纪念意义。因为这是孩子的第一次毕业。

幼儿园的孩子还处于天真烂漫、活泼可爱的阶段，等上小学了她们将会遇到什么样的老师，结识什么样的同学呢？这些，靠想是想不到的，只有——经历过，才会恍然大悟。

这段时间，乔乔画得比较少，我传得更懒，一个多月没有更新了。居然时光像泥鳅一样从指缝间溜走了！我们都在忙什么呢？

这幅是她昨天在宜家的儿童乐园里画的。

小姑娘如过去一样可爱，色彩也一样的鲜艳迷人。

2006年6月8日

四十　黑板美女

这是乔乔画在宜家商店儿童区黑板上的粉笔画。

前天中午，我们带乔乔去宜家，准备到"小马兰"玩，不料被告知要到下午两点半这儿童乐园才开门。我们只好带她先上楼玩了。在宜家这架黑板上，乔乔一时兴起，画了这幅画。这个黑板架，两年前我们就给她买了，是作画的好帮手。但因粉笔较脏，乔妈不让她多玩粉笔，乔乔通常是在卷纸上画。

好几个小朋友在另外一架画架涂抹。一个跟乔乔差不多大的小女孩，也在画一个美女。但是她太精益求精，总是修修补补，涂涂抹抹。乔乔都已经画完了，她还在为美女的眼睛和眉毛而犯愁呢。那小女孩大概跟老师学过画，很雕琢。乔乔一直是自己涂鸦，很自由，很随意，技法上虽然幼稚，但构图好玩。她动笔，总似胸有成竹，很少见到有停顿，在什么地方加上什么，她拿起笔来就画。这个年纪的小孩子，是真正的天使。她主要是以画画的方式，来表达自己对世界的看法。技法啊什么的，都不是最重要的因素，重要的是她的感受。

乔妈的诺基亚6280能够拍照，我们赶紧拍下来。

2006年7月6日

四十一　发圈、地铁、恐龙和少女

星期四。太阳暴晒，有时有风，有时有云，有时有雨。

这样的天气不得了。

天气比前几天凉快了很多，这是确凿的。乔妈有课，一大早就起床走了。

我和乔乔在床上赖到九点半。

乔乔先起来，她说："都九点半了，爸爸，怎么还不起来啊？"

我说："好吧，起床。"

早餐完毕，我去菜场买菜。

我对乔乔说："宝贝，你一个人在家里，我去买菜，一会儿就回来。"

乔乔说："爸爸，你去吧，我不会乱动的。"

我买好菜，飞快地回来，乔乔已经上厕所完毕，在房间里画画了。她画的是《骑马少女》。我认为神气生动，画面有趣。这让我惊讶极了。乔乔没有参加过绘画班，但她用铅笔勾勒线条，竟然也画得很像回事。这实在让人惊讶。我不懂绘画，一个鸡蛋也画不像，对她这种绘画能力，只能表示望尘莫及、甘拜下风了。

窗外儿童乐园里有很多小孩子。玩声、闹声、追逐声，声声入耳。可乔乔不为所动。乔乔天生是个懒洋洋的女生，只想在房间里享受凉丝丝的空调。小资产阶级贪图享受的思想已在她身体里发芽了。

乔乔很盼望今天来办公室跟刷子姐姐玩。

她自己找衣服，自己刷牙洗脸，让我给梳头编辫子。吃完早餐后，我们出发。

不料外面刮起了大风。等我们转过楼角快要出小区边门时，乔乔突然叫了起来："爸爸，我左边的辫子散了！"

我一看，是扎在下面的橡皮圈掉了。

我说："掉了就掉了吧。"

乔乔说："不行，我最喜欢这个Kitty猫了。我们必须原路返回，找到它！"

我们原路返回，一路寻找。转过墙角，乔乔一眼

276

就看到了那个Kitty猫的橡皮圈躺在地上。好在没有被汽车碾过，不然它会被压碎的。拾起橡皮圈，乔乔非常高兴。

我说："等到了地铁上，我再给你编辫子。"

在地铁上，我们找了一个两节车厢接缝的门旁角落，站定后，我给乔乔编辫子。我嘴巴里含着她的发圈，右手捋着她鬓发，左手梳子轻轻地梳顺，一圈圈缠上发圈。这样的情形，在围观者看来，可以作杨白劳般的控诉，也可以作父女情深的央视叙事。但于我们，是很自然很简单的。她舒服地靠在我身上，随着地铁的开动，轻轻摇晃。

乔乔喜欢乘地铁。在她的眼里，地铁有趣好玩。我一直乘地铁上班，但对地铁里那种挨挤的盛况、冷漠的表情、空洞的眼神，都很不习惯。可见，观察的角度和心态，决定了一个人的情绪。

乔乔能高兴就好。

从陕西南路地铁站出口走到巨鹿路，照乔乔的步行速度要十分钟。走到长乐路口，她已经脑门出汗了，小脸也红扑扑的。

推开办公室门，看见刷子姐姐已坐在电脑面前，乔乔很高兴的。

她们先玩了《吞吃鱼》——我不懂，最近很流行——接着喂乔乔带来的两只恐龙（一种电子宠物）。那两只恐龙有时听话，偶尔不乖。乖时，她们让小恐龙睡觉，还给它们弄吃的。不乖时，她们就惩罚，把恐龙四脚和尾巴都绑起来。

总之，她们太喜欢教训恐龙了。

2006年7月14日

四十二　朵拉和布茨

作为一个骄傲而毫无艺术才能的老爸，我不得不承认：乔乔在某些方面真是挺了不起的。该同学在昨天画了一幅《朵拉和布茨》让我感到骄傲：人家才六岁，在家里自己胡乱涂鸦，毫无名师指点，就能够画出那么像模像样的画来。我这三十多年浑浑噩噩算是白活了。我还曾吹嘘说自己能画鸡蛋，现在我连画鸡蛋都不敢吹。

这是乔乔照着儿童书《朵拉》某一页画的。对比一下，这幅画不仅很像，还有她自己的想法。朵拉和布茨的对话，就是她小人家设计，并且请我帮忙题写的。该同学还没有正式上小学，目前认字不多，我估计小学二年级后，请我帮她题字的工作会宣告结束（校订补注：我预言准确，一年半后的小学二年级寒假，她已经捧着厚厚的"哈利·波特"看得津津有味了。看来，有了很好的故事基础，认字是水到渠成的事情，根本不需要着急）。画中，地上的毛毛虫，是她自己加上去的。而"一只"毛毛虫中的量词"只"也是她的原话，我没有修改成"一条"，保持原味，没有修改必要。她说是"一只"就一只吧，她是老大，她说了算，反正也没有犯什么政治错误（校订补注：我觉得，"一只"带有拟人性，似乎很生动）。

在这幅画里，朵拉的头部画得很生动，双手似乎稍微差了一点。乔乔自己说猴子布茨不太像，但我们觉得倒挺可爱的。

我注意到一个有意思的现象：乔乔在用铅笔勾勒人物线条时，会自己琢磨着修改，会用橡皮涂掉不满意的线条再加改动。这都是她自己琢磨的。她没有参加过绘画班，可谓无师自通。绘画班老师可能会教一些技巧，但小孩子心中美好的情感可能会被一些缺乏同情心的老师毁坏。成长在她们身体深处的小树，在阳光、水分恰当时，会慢慢长大。如果没有被人为破坏，就能成长为一片森林，拥有属于自己的一片天空。

我们成年人早就被各种尘俗念头污染了。我们早已是物质人，是被物化了的人，我们对如乔乔这样的孩子，除了欣赏、学习外，还感到需要谦逊，并略微有些羞惭。我们自己觉得，实在没有资格对她们说三道四。

2006年7月15日

四十三　怪兽

这是乔乔让我写下来的一段话：

今天，比丘兽和亚古兽、甲虫兽、海狮兽、仙人掌兽后来它们遇到了贝壳兽，亚古兽说："亚古兽进化——暴龙兽！"暴龙兽把贝壳兽扔到了海里。当暴龙兽变回亚古兽，亚古兽说："我饿了！"于是，所有人都笑了。再见！

以上的灵感来自日本动漫《数码宝贝》。这部动漫精准地针对学龄前后的儿童，用变形的方式，让普通的动物获得超能力，从而具有更强烈的故事张力。而变形，一直是小孩子最感兴趣的元素。

这张画叫作《百合传》，是乔乔刚画的。上面是她的作文，灵感来自《数码宝贝》。但她还不会写字，所以要我代写。

这位同学天天看《数码宝贝》，脑子里全部都是各种怪兽。

我只好说："我是爸爸兽，现在进化成了小狗兽！"

然后，我在乔乔粉嫩胳膊上咬了一口。

她哇地惊叫一声，闪身逃开了，变成了暴走兽。

2006年7月29日

四十四　乔乔的公主们

上小学后，乔乔自由涂鸦的时间大大减少了。

早上七点钟，我们起床，穿衣服，洗脸，刷牙，吃早餐。七点三十五分，我把折叠自行车拎着，背着她的硕大书包，带她下楼，然后出发。小学离家近有好处，一分钟我们就到达了。她比家住得远的同学起码能多睡半个小时。这是黄金般珍贵的半个小时。女人美容的两大秘诀：多睡觉，多喝水。乔乔睡眠很好，就是喝水不主动不积极，因此，她还不能算是会保养的美女。

昨天，匆忙之下，我下楼时忘带乔乔的喝水壶了。下午放学，乔妈接回家，说乔乔一天都没有喝水了。

我因跟曹元勇、海力洪等"啸聚"喝酒，晚上十一点才到家，洗洗就睡了。

我早上六点半钟起床，把晚上泡好的豆子倒进豆浆机里，然后刷牙洗脸。还没有到时间，就听到乔乔在房间里对乔妈说："妈妈，已经六点四十五分了。"

然后就是起床，以及一应复杂琐碎事宜。

吃早餐时，我问："乔乔，昨天没有带水壶，你一天都没有喝水？"

乔乔点点头。

我说："那真是太糟糕了。"

乔乔说："不过，下次忘记的话，我可以跟徐老师要一个塑料杯子。"

我说："对，真聪明。人们做事情不可能每次都不出错的，知道怎么补救是最重要的。"

我正感慨她聪明，忽然想到，这个主意大概是昨天晚上我没有在家，她们聊天时乔妈提醒的。乔乔记住了，把这话拿来跟我说。

这里有一组少女画，是上个星期乔乔信笔画在纸上的，大概可称为素描。我外行看热闹，觉得很有意思，童趣飞扬。这不是老同志、老革命、老艺术家故意装出来的童趣，而是乔乔这个年龄段的、发自内心的、天然的"世界观"的体现，是天然去雕饰的情感表达。这可不是发嗲、撒娇的产物，而是她的美好愿望。

乔乔特别喜欢画美女，她画的美女身上的衣服很有些特点，这些美女都比较雍容、典雅，带有古典主义的气息。偶尔，她也画一些当下流行的背心类衣服，但这类作品不多，更多的还是公主和她们的服饰。

这么大的孩子，心灵是水晶般纯净的，我们都尽力呵护，生怕让她蒙尘。但无论窗户关得多么严密，总是难免有灰尘飘进。

我们不知道，进小学后，随着她接触的人的增多，遇见的事情的日益复杂，思考问题的不断增进，这种纯净还能够保持多久。

我喜欢顺天由运，很多事情，能做就做，不能的话也不应强扭。

不是住在真空世界，心灵难免蒙尘，但只要勤拂拭，仍然能保持一些透明的晶亮。高僧云："离名离相人不禀，吹毛用了急须磨。"

不过，看到乔乔的这些美女画，我就满足了。

四十五　自由鸟

昨晚，在南航工作的胡艳春师妹来我们家作客，乔乔兴奋不已，把自己的作品扛了出来向胡阿姨一一介绍。

胡艳春比我晚两级。我们对母校、对那时的老师，有很多共同记忆。这样的故友，聊起天来真是让人欲罢不能。回忆多了，人就似垂垂将老矣。不过，人生的趋势谁也无法阻挡，该享受该回忆，也不必作态遮面。胡艳春是当年夏雨诗社的美女，我是小说社的社长，但联系不多，倒是毕业后反而常联系。她是我博客的热心支持者，可以说，我写这么多琐琐碎碎的东西，跟她鼓励也有关系。

胡艳春对我女儿可谓了如指掌。她送给我一瓶蜂蜜露，直指我女儿便秘核心问题，深情厚谊，可谓难得。

这些天，乔乔在放学之余，抽空画了一些作品。有些作品，让我感到很欣喜。她说进步是很明显的，但日后会怎么样，我们不作期盼。小孩能于涂鸦中得到乐趣，并健康长大，我们就很高兴了。

上边这是一只鸟，线条非常复杂。看来看去不得其法，我建议叫作孔雀。画中孔雀，跟佛教里的大明王有些相似。这样看来，佛教那些画，有孩童视野。释迦牟尼从孔雀腹中破背而出，这位孔雀明王身份以此尊隆。本来是吃人孔雀，经过转换，变成了一种温和的、美丽的象征。

另外有一幅画是用萤光色笔画成的。图里有四只小鸟咬着礼物向上飞翔，在云彩中间，自由自在，颇为齐整。其中，第五个是一个小女孩，她的手臂像翅膀一样，她的双脚有点点像礼盒。看来，礼盒对乔乔有吸引力。能跟小鸟一起飞翔的小女孩，看来很不简单。

还有一幅飞翔的小鸟。它们色彩各异，向前飞去。每一只小鸟的头上都戴着皇冠，可见出身高贵，是皇家作派，飞翔姿势也优雅。虽无"抟扶摇直上九万里"的气概，但自由自在的生活，颇让心灵受禁锢者向往之。

我希望乔乔长大后，能生活在这样自由的社会环境里，精神不再受到禁锢，灵魂可以自由呼吸。

2006年10月21日

后记：享受孩子长大的奇妙过程

我常常接到各种家长的咨询，问我孩子应该报什么班，应该读什么书。

我问孩子多大了，大多数都是说四至六岁。

我说，多玩玩吧，少读书。

我对于玩的看法，由来已久。

我在之前也说过，孩子在小学前阶段，我们都不会特意教她认字，更不会去报辅导班、课外班，学奥数、学外语，而是带着孩子到处玩。有时候，也给她讲故事。

孩子画画（涂鸦），也是"玩"的一种方式。

我很同意这种看法：十二岁之前，是孩子自我认识期。这种自我认识包括他们对外在世界的观察、思考、表达；也包括他们对自己、对人生的思考和表达；还包括他们通过运动（追逐、游戏）等方式，对自己身体的认识——例如，奔跑、平衡感等，都是需要在运动和游戏中发展的。很遗憾，因为我和太太都不热爱运动，女儿在运动和游戏这方面做得不够，她的运动能力不强。我们只能以孩子各有长处的理由为自己开脱了。

在技能类的锻炼方面，很多父母都追求专业教练，我觉得这很对，也不太对。例如游泳、羽毛球等，专业教练是很好的，但是，不是每一个孩子都必须寻找专业教练来训练。专业训练对身体、对运动量的要求与业余训练完全不同，在孩子的日常学习大负担之外，他们很难坚持。我们只能做到，让孩子会骑自行车、会游泳、会打羽毛球等等。而这些都是我自己教会的，很不专业。但是，我们没有运动天赋，我觉得这就可以了。专业训练，对孩子来说，的压力可能太大，何况时间也不允许。

对于修养类的学习，则一定要找专家。例如学习钢琴、小提琴、绘画等，一定要找真正专业的人士来指导。学习绘画如找不到真正专业的专家，我宁可让孩子自由地涂鸦。我们孩子坚持到现在，从手绘到板绘，全都是自学的。她的画看起来没有专业人士那么厉害，但是，她自己喜欢，一直坚持，我也给她买了准专业的影拓手绘板，她自己也找来专业的绘画软件来自学。在互联网时代，知识共享越来越普遍，一个人的学习，完全可以打破学校院墙的封闭观念，而在更广阔有效的互联网世界中，学会探索、交流、思考、学习，从而提升自己。

在这个时代，就仅仅学习知识而言，"学校"确实不是必要的了。

我之所以把孩子送进学校里，还是希望她跟同龄人在一起。无论你多有时间多有爱多有童心，你都只是一个成年人，你无法代替同龄人与她一起长大。你只是虚拟，只能虚拟，而实际的、具体的生活细节，还需要她在与同龄人的相处中经历，一起发展。

我一直很推崇"哈利·波特"，介绍给各种孩子看，似乎没有孩子讨厌这套书。

我刚刚还跟女儿探讨，"霍格沃茨魔法学校"的吸引力，是罗琳女士创造出了一所特殊的学校，这所学校让每一个孩子都能在那里学习魔法，拥有超能力，并与好伙伴一起冒险。这部作品，包含了欧洲早期的"罗曼司"结构，是典型的探险、冒险主题的延续，同时，又有最核心的"王子与公主"的结构。"英雄+美女+坏蛋"的情节设定，是这种结构中最有价值，也一直最有效的方式。同时，其他作家也可以再度开发，例如可以对"哈利·波特"里"哈利+赫敏+罗恩"的三人组合，结合"金妮"和"马尔福"等其他相对次要的人物，然后进行重新的排列组合。

这样的学校是梦幻学校，在现实世界中是不存在的。

每个孩子，都有梦幻，而魔幻小说是他们内心世界最完美最有效的投射。

一般来说，有热爱，自学足够了。

在前文中，我曾认为，孩子不需要过早地学习外语。

现在女儿已经进入了高中，正在读高二。她之前积累的阅读能力和有效提升的写作能力，使她现在读IB国际课程时，选了四门high-level课程后仍然能比较自如地应付，而且她学习的情绪也不错。

现在，我对于语言学习的观点有些改变。

现在看来，我们在早期对孩子的语言、音乐、画画、运动之类能力的提升，是有效果的。一个孩子，要在十二岁之前打好这些基础。

要注意的是，中文母语和外语，都要在听说两方面，尽量地做到比较精准。我们过去的方法，是找动画片里的小熊维尼来教孩子发音，二十六个字母，一个个跟着维尼读。那时，孩子学的是纯正的美音；后来迷上了《天线宝宝》，她又学会了英音。可能是一种机缘巧合，最终，我们孩子通过各种电影电视——如《唐顿庄园》《神探夏洛克》等等——掌握了英音。这在中国比较少见，大多数孩子都是学习美音的。

无论学习中文母语还是学习外语，都要有扎实的基础，还需要广泛有效的阅读的积累，思考和写作，都建立在此之上。

至于数理化，如果在小学阶段就拼命地参加各种补习班，学奥数什么的，那么就会事倍功半，损耗孩子的精力和能量。这些科目，平时在课堂上能跟上老师就好，到了初中高年级之后，完全可以"临时抱佛脚"，通过刷题什么的，提高分数。但是，中文母语的能力，尤其是写作能力，是不能通过临时抱佛脚而获得有效提升的。

孩子能健康、快乐地长大，抱有好奇心、探索心，拥有良好的人际交流交往能力，有持续的自我提升愿望，这是我对教育的最大追求。

我的孩子已经长大，不报任何补习班，不参加任何辅导班，这样十年下来，我们身上的压力不可谓不大。看着同班同学都在父母的带领下，没有休止地奔走于各种课外班，我们只能佩服，也坦诚面对孩子在班上成绩中游的情形。

这样一路走过来，真不容易。

事实证明，孩子会慢慢长大，家长一点都不用着急。孩子拥有更为健康的心志，更为丰富的心灵，更加敏锐的感受，这些更加重要。虽然考试成绩差一点，但是他们会慢慢地走得更远，也会走得更好。

与大家分享这十年来的心得，发现很愉快，没什么不好的。

别人要赢在起跑线上，我们根本无视起跑线；别人要争第一、得优秀，处处钻营，我们适可而止、留有余地。这个社会人人精进，我们自得其乐。

老子曰：众人熙熙，如享太牢，如登春台，我独泊兮其未兆，如婴儿之未孩……俗人昭昭，我独昏昏；俗人察察，我独闷闷……

与各位共勉。

2016 年 9 月 25 日

关于文化积淀的推荐阅读书目

1.《美国国家地理少儿版百科》，［美］美国国家地理学会，阳曦、陈曦译，浙江少年儿童出版社出版。

荐语：《美国国家地理杂志》团队有针对性地为少年编写的百科全书，是了解各科知识的基本图书。

2.《剑桥少儿百科全书》，［英］马克·卡沃迪恩等，苏千玲等译，中国宇航出版社出版。

荐语：内容丰富，历史、地理、生物、科技冶于一炉，图文并茂。一开始就讲恐龙！

3.《昆虫记》，［法］法布尔，陈筱卿译，湖南文艺出版社出版。

荐语：前面推荐过日本绘本大师熊田千佳慕先生的《彩绘法布尔昆虫记》，现在这里给大孩子推荐文字版《昆虫记》，看蜜蜂看蝉或者看蚂蚁，都可以，我印象深刻的有"屎壳螂"，哈哈。全译本为花城出版社10册，太庞大，这部陈筱卿译本为《昆虫的习性》和《昆虫的生活》两册合译，入门阅读足够了。

4.《果壳里的宇宙》，［英］斯蒂芬·霍金，吴中超译，湖南科技出版社出版。

荐语：给宇宙写历史，大概是霍金的奇思妙想。要知道现代科学家对宇宙演变的认识和对各种天文学、宇宙学研究成果的简明而有趣的叙述，读这本书是很好的选择。

5.《万物简史（彩图珍藏版）》，［美］比尔·布莱森，严维明、陈邕译，接力出版社出版。

荐语：从宇宙大爆炸写到人类的诞生，再写到人类文明与现代科学的出现，是极好的科普著作。有朋友指出翻译不够好，但是没有可替代的版本，只好这样了。

6.《人类的故事》，［美］亨德里克·房龙，刘海译，陕西师范大学出版社出版。

荐语：美国著名畅销书作家房龙的《人类的故事》，更多是从文明的角度来叙述，以欧洲为主，旁及东方的佛陀与孔子。

7.《变形记》，［古罗马］奥维德，杨周翰译，人民文学出版社出版。

荐语：普通读者读过古罗马大诗人奥维德《变形记》的可能不多，但这本书记载过的古罗马神话故事，是欧洲文明中极其重要的内容，了解一点，更容易理解欧洲文化。

8.《白鲸》，［美］赫尔曼·梅尔维尔，成时译，人民文学出版社出版。

荐语：海洋探索与冒险类经典名著。那条令人难忘的白鲸又叫莫比·迪克，它与小说里的主人公、捕鲸船装廓德号船长亚哈的缠斗，是海洋世界波澜起伏的象征。

9.《老人与海》，［美］欧内斯特·海明威，黄源深译，译林出版社出版。

荐语：推荐了《白鲸》之后才突然想到要加上《老人与海》。这部与海洋有关的名著，中译本琳琅满目，张爱玲、余光中、吴劳、汤永宽等名家都翻译过，这里推荐我的老师原华东师范大学外语系主任黄源深教授的译本。

10.《霍比特人》，［英］J.R.R.托尔金，吴刚译，上海人民出版社出版。

荐语：居住在洞穴里的小矮人毕尔博·巴金斯其实是富裕的中产阶级，他的洞穴装潢品位不俗，但是他有一天突然就离开了，与老魔法师甘道夫及其他小矮人们一起闯荡江湖。同名电影全球热映，孩子们"趋之若鹜"。建议读读伟大的语言学家、牛津大学语言学与文学教授托尔金匠心独运的伟大玄幻世界。

11.《魔戒三部曲》，［英］J.R.R.托尔金，朱学恒译，译林出版社出版。

荐语：激动人心的史诗大作，不看原著不知道这部作品如何开创一个新世界。这是想象力的辉煌胜利，但以托尔金教授丰富的语言学及文学修养为基础。中土世界的人、魔、兽，全都混杂在一起，只有勇气、爱和友情，才能挽救一切。

12.《2001太空漫游》，［英］阿瑟·克拉克，郝明义译，上海人民出版社出版。

荐语：硬科幻的鼻祖之一，但里面不乏柔软部分。瑰丽的想象，严谨的推演，很多人因为读了阿瑟·克拉克的科幻小说，长大后迷上了航天事业。这套书写到，人类早就被银河系高智慧生命监控了，一百万年前，他们在地球上放了一块黑色大石板监视并促进地球智慧生命的诞生。一百万年后，人类终于登上月球，发现那里也有一块与地球一模一样的黑色大石板，不知什么材质制造的，无法明白，难以理解。当人类来到月球发现这块石板并开始研究时，石板把地球文明达到了星系内航行能力的信息，发射到木星的一个卫星上，然后传到高智慧生命的控制中枢……然后，一切都改变了，人类的宇宙飞船开始向木星飞去。而那些深奥莫测的高智慧生命已经开始打算点燃木星，让它成为第二个太阳。

13.《银河帝国：基地七部曲》，［美］艾萨克·阿西莫夫，叶李华译，江苏文艺出版社出版。

荐语：美国科幻大师阿西莫夫在《地球以外的文明》里经过精密计算，发现银河系里类地文明少之又少，因此偌大个银河系，三千亿颗以上的恒星，可能真的只有太阳系里的地球诞生了智慧文明，因此，在科技取得进展之后，人类不断地飞出太阳系，殖民银河系，并最终形成了一个银河帝国。而在银河帝国稳定了一万八千年之后，一个来自偏远星球的年轻数学家谢顿发现，银河帝国的衰败和征战不可避免，唯有发展出独特的心理史学，精确预见未来，才能缩短银河系动荡时刻，挽救千亿银河系生命。这个故事恢弘磅礴，据说是阿西莫夫先生阅读英国史学大师吉本所著《罗马帝国衰亡史》所得到的灵感。

14.《海伯利安四部曲》，［美］丹·西蒙斯，潘振华译，吉林出版集团有限责任公司出版。

荐语：美国科幻大师西蒙斯以英国天才诗人济慈的杰作《海伯利安》为核心，虚构了一个银河系特殊星球海伯利安，在那里有一种可怕的生灵叫作伯劳，它来自未来，为超级杀戮机器人，只有特殊的朝圣者，才能破解这个星球和伯劳的秘密，而人类文明以两百多个星球所构成的核心，正面临人工智能的抛弃。制造了远距离传输器的人工智能才是这一切的背后操纵者。一部分激进的人工智能认为，人类已经没有什么用处了，要把他们去除干净。还有一部分人工智能比较温和，在保护人类。而在普朗克空间，还有另外一种更高智慧在关注着人类，阻止人工智能对人类的大屠杀。这一切，都跟一个小女孩有关……不读这部小说，不知道人类的想象力已经达到了何种程度。

15.《沙丘六部曲》，［美］弗兰克·赫伯特，潘振华译，江苏文艺出版社出版。

荐语：在银河系某处有一个怪异的"沙丘星"，它极度干旱，整个星球覆盖着茫茫无尽的沙漠，但沙漠里生长着一种最大能长达一公里、张开嘴巴半径上百米的巨大"沙虫"。它们是沙丘星上的巨无霸，但这种出产银河系独一无二香料的沙虫只能生存在干旱的沙丘星上，因此，这座星球引发了银河系各大家族的暗战……小说想象力极其震撼效果，而在细节描写上，却让人联想起了中东地区或不同教会之间的矛盾。现实世界催生科幻世界，阅读这样的作品，会让你欲罢不能。

16.《看诗不分明》，潘向黎，生活·读书·新知三联书店出版。

荐语：著名作家潘向黎系出名门，其父潘旭澜为复旦大学资深教授。在这样的家学渊源中，潘向黎从小就熟读古诗，这些古代文化精品，如同流淌在她身体里的血液。所以，"诗是空气"，诗也是生活。在唐朝，不会写诗连强盗都看不起你。深入浅出、娓娓道来的唐诗以及其他朝代古诗的故事，精简有趣的分析，都让你读了为之会心。这本书是古诗入门。

17.《唐诗百话》（全3册），施蛰存，陕西师范大学出版社出版。

荐语：阅读唐诗，理解唐人，体会唐代文化，最好的读本莫过于施蛰存教授这部博识通达、精要不繁的《唐诗百话》。亲子阅读，能明白自己的浅陋，从而知耻而后勇，读书以明志、养性、通达。这本书1987年首先由上海古籍出版社出版，后来收入华东师范大学出版社出版的《施蛰存文集》中作为第六卷，现在的三卷本为新修订版。

18.《宋诗选注》，钱锺书，生活·读书·新知三联书店出版。

荐语：这是钱锺书先生精心编选的宋诗解读，是了解宋代诗歌的最佳入门书籍。宋人规范了诗歌格律和各种条条框框。然而，宋诗虽然精湛得度，却缺少了唐诗那种大气度。王国维先生在《人间词话》里说得好："太白纯以气象胜，'西风残照，汉家陵阙'，寥寥八字，遂关千古登临之口。后世惟范文正之《渔家傲》、夏英公之《喜迁莺》，差足继武，然气象已不逮矣。"

19.《澄衷蒙学堂字课图说》，［清］刘树屏，吴子城绘，新星出版社出版。

荐语：在读到这套书之前，我一直认为汉文化教育应该从汉字的认知开始，但我不知道识字课本应该是什么样子。现在才发现，一百年前的先贤早就编好了最合适不过的"字课本"，而且解释和裁度极其精确、平和，值得我们和孩子们一起好好阅读。

20.《汉字王国：讲述中国人和他们的汉字的故事》，［瑞典］林西莉，李之义译，生活·读书·新知三联书店出版。

荐语：我多次推荐瑞典汉学家林西莉教授这本讲述汉字和中国人生活的名著。这本书是感知汉字、了解汉字最好的入门图书。

21.《汉字百话》，［日］白川静，郑威译，中信出版社出版。

荐语：日本汉学泰斗白川静先生穷通汉字，观点新颖，解字生动，例说详尽，对一些长期习惯性理解的字形，他从宗教角度理解，有了新发现。如"问"字里面的"口"，是用来祭祀的盛器，而"门"不是先民们的草庐柴门，而是庙宇的大门。值得细读。

22.《白鱼解字》，流沙河，新星出版社出版。

荐语：流沙河先生年高德劭，精研汉字几十年，对于一些我们习以为常的汉字，他的解释，会加深我们的印象与记忆。同时，中国汉字与中国文化的隐秘联系，也能从中感受到。

23.《汉字树：活在字里的中国人》，廖文豪，北京联合出版公司出版。

荐语：读这本书，发现原来汉字跟人自身有关的竟有五百个之多，古人早就明白"认识自己"的奥妙了吧。

24.《玄奘西游记》，朱偰，中华书局出版。

荐语：著名经济学家、历史学家、原南京大学教授朱偰先生对玄奘西游的事迹考证极其详尽，且在叙说上细节生动，分析有趣，是了解唐代文明和外来文明的最好图书之一。

25.《中国古代文化常识》，王力主编，马汉麟执笔，姜亮夫、叶圣陶等审校，刘乐园修订，世界图书出版公司出版。

荐语：这本书把中国古代文化的各种知识，分门别类地加以介绍，而编写者都是当时的大师级人物，非常值得早些阅读。

26.《万历十五年（增订本）》，［美］黄仁宇，中华书局出版。

荐语：万历十五年是公元1587年，这时天下太平，没有什么值得一说的大事情发生。明朝也在逐渐走向衰亡中，但还要延捱六十多年才灭亡。这个时期，似乎没有什么值得一说的，但著名历史学家黄仁宇先生，却从这似乎无事可写的地方入手，以明代六位著名人物为主角，逐一把隐蔽的历史事件一一发掘出来，从而让我们发现，看似最平静的历史时期，隐含着可怕的风暴。这部历史作品有司马迁《史记》的千古流风，也算是"纪传体"，经过中华书局语言功力精湛的老编辑修订，更是意味隽永，颇耐咀嚼。本书被评为改革开放三十年影响最大的三十种图书之一，对很多知识分子产生了重大的影响。

27.《陈寅恪的最后二十年（修订本）》，陆键东，生活·读书·新知三联书店出版。

荐语：一代传统文化大师陈寅恪的晚年，在这本书里写得非常沉郁而生动。大知识分子在一个不尊重知识与知识分子的时代，遭到了从精神到身体的剧烈摧残。这可以说是中国文化的悲歌，而陈寅恪就是这个时期抱着一块石头沉入汨罗江的屈原。他与传统文化一起，遭到了毁灭性打击。在他之前，他的好友、同为清华国学院四大导师之一的王国维自沉昆明湖，同样也是殉葬了一个被贬抑的"旧时代"。时代无所谓新旧，而只有过去与未来，但不反思过去，则没有未来。

28.《封面中国》（全2册），李辉，长江文艺出版社出版。

荐语：著名学者李辉先生耗时十年的倾力巨作，通过美国百年名刊《时代》周刊的特殊角度，写出了近现代历史中那些著名人物的精神世界和人生历程。也是真实了解这段历史的最好图书之一。

29.《中国近代史》，蒋廷黻，上海古籍出版社出版。

荐语：要了解鸦片战争以来的中国近代史，蒋廷黻先生的这本通透、晓畅、慎思、言必有据的历史名著为最好的入门。

30.《中国大历史》，[美]黄仁宇，生活·读书·新知三联书店出版。

荐语：把历史、人物、地理、气候和政治制度综合起来思考，就有了对中国历史更为独特、更为丰富、更为全面的论述。

31.《东周列国志》，[明]冯梦龙，黄钧校注，人民文学出版社出版。

荐语：先秦历史波澜起伏，人物事件精彩纷呈，而能从这么多的历史事件和人物中择其精要，纲举目张地叙写周幽王被杀至秦始皇统一中国的五百多年大历史，最佳读本则非明代冯梦龙编写的七十万字的《新列国志》莫属。冯梦龙此书据明代余邵鱼编著的《列国志传》原本增订改写，文字通晓畅达，故事人物生动有趣，论述天下兴亡、臧否人物也极其得当。推荐亲子阅读。

32.《中国通史》(全7册)，傅乐成主编，九州出版社出版。

荐语：台湾历史学家傅乐成教授针对普通读者和中学生主编的这套《中国通史》，每本控制在10万字以内，而且历史观端正，资料详尽，语言典雅，是了解中国通史的最佳图书之一。

33.《中国历代通俗演义》(全8册)，蔡东藩，北京燕山出版社出版。

荐语：没有空读"二十四史"？读不懂文言文的"二十四史"？没关系，民国的通俗演义小说大师蔡东藩先生已经为您准备好了。这套书在出版之后，一纸风行，深受读者的欢迎。最可贵的是蔡东藩先生以持中的历史观评价历史人物，极其得当，精妙纷呈，绝非当今的捕风捉影、极尽夸张之能事的简陋历史故事所能媲美。想偷懒，又要读中国历史，就读这套吧。

34.《镜花缘》，[清]李汝珍，张友鹤校注，人民文学出版社出版。

荐语：中国版《格列佛游记》。落第秀才唐敖与商人林之洋、博学多才的老者多九公一起游历海外世界，最后出家成仙。这部小说充分展现了清朝前期人们对海外世界的想象，而这种想象更多是对自我文化的演绎。

35.《隋史遗文》，[清]袁于令，刘文忠校点，人民文学出版社出版。

荐语：隋末唐初是一个豪强四起、激动人心的大时代，后世写到这个时期的相关小说达到二十三部之多，其中写得最好、最精致的就是这本《隋史遗文》。前不久美国著名汉学家何谷理教授在接受采访时，还回忆了自己发现和推荐排印这本书的往事。因为遭到清代禁绝，《隋史遗文》绝世三百年，二十世纪三十年代著名的版本目录学家孙楷第先生在大连满铁图书馆首次发现这本书。七十年代，著名文学理论家夏志清教授的高足何谷理教授据日本早稻田大学馆藏图书拍摄的缩微胶卷而编校出版了这本书。反映隋末唐初这段历史最有名的是《隋唐演义》和《说唐全传》。后者是神魔演义，与历史事实已经关系不大了，其中隋末十大好汉纯粹以力量大小排名，非常缺乏技术性。《隋唐演义》则是全盘抄袭《隋史遗文》五十三回的主要内容，混入隋炀帝与朱贵儿和后世唐玄宗和杨贵妃的转世投生的言情故事，纯粹是掺水、糊弄。鲁迅先生作《中国小说史略》时还没有看到《隋史遗文》这本书，以为《隋唐演义》所本为《海山记》《迷楼记》。这也是一个小小的文史趣事。